U0572278

钱曾怡文集

第八卷

山东大学中文专刊

社会科学文献出版社
SOCIAL SCIENCES ACADEMIC PRESS (CHINA)

本卷目录

汉语方言研究的方法与实践

目　录…………………………………………………………………………… 3

汉语方言学方法论初探………………………………………………………… 5

汉语方言调查中的几个问题
　　——从山东方言调查所想到的……………………………………… 24

世纪之交汉语方言学的回顾与展望…………………………………… 31

简评《语文研究》创刊 10 年来的方言论文…………………………… 40

从汉语方言看汉语声调的发展………………………………………… 49

论儿化……………………………………………………………………… 65

官话方言调查研究对汉语史研究的意义…………………………… 89

山东方言研究方法新探………………………………………………… 98

对编写山东省方言志的认识和初步设想………………………… 124

山东方言的分区………………………………………………………… 137

胶东方音概况…………………………………………………………… 163

文登、荣成方言中古全浊平声字的读音……………………… 187

山东诸城、五莲方言的声韵特点………………………………… 193

山东诸城方言的语法特点…………………………………………… 204

山东肥城方言的语音特点 ……………………………………… 213

平度方言内部的语音差别 ……………………………………… 224

济南话的变调和轻声 …………………………………………… 237

济南方言词缀研究 ……………………………………………… 252

河北省东南部 39 县市方音概况 ……………………………… 263

嵊县长乐话语法三则 …………………………………………… 274

嵊县长乐话的特殊语序 ………………………………………… 288

嵊县长乐话的一二等群母字 …………………………………… 303

回忆丁声树老师 ………………………………………………… 309

从 1979 年的复查情况看烟台方言的发展 …………………… 317

后　记 …………………………………………………………… 327

订　补 …………………………………………………………… 331

汉语方言研究的方法与实践

目　　录

汉语方言学方法论初探 …………………………………………… 1

汉语方言调查中的几个问题 ……………………………………… 20

世纪之交汉语方言学的回顾与展望 ……………………………… 27

简评《语文研究》创刊 10 年来的方言论文 …………………… 36

从汉语方言看汉语声调的发展 …………………………………… 45

论儿化 ……………………………………………………………… 61

官话方言调查研究对汉语史研究的意义 ………………………… 85

山东方言研究方法新探 …………………………………………… 94

对编写山东省方言志的认识和初步设想 ………………………… 120

山东方言的分区 …………………………………………………… 133

胶东方音概况 ……………………………………………………… 159

文登、荣成方言中古全浊平声字的读音 ………………………… 183

山东诸城、五莲方言的声韵特点 ………………………………… 189

山东诸城方言的语法特点 ………………………………………… 200

山东肥城方言的语音特点 ………………………………………… 209

平度方言内部的语音差别 ………………………………………… 220

济南话的变调和轻声 ……………………………………………… 233

济南方言词缀研究 ………………………………………………… 248

河北省东南部 39 县市方音概况 ………………………………… 259

2　汉语方言研究的方法与实践

嵊县长乐话语法三则……………………………………………… 270

嵊县长乐话的特殊语序…………………………………………… 284

嵊县长乐话的一二等群母字……………………………………… 299

回忆丁声树老师…………………………………………………… 305

从 1979 年的复查情况看烟台方言的发展 …………………… 313

后记………………………………………………………………… 323

汉语方言学方法论初探

20 世纪 80 年代,在我国历史上是不同凡响的腾飞的年代,经济的改革和科学技术的发展,收到了相得益彰的效果。在科学研究领域内,新的方法是推动科学顺利发展的关键。对于各门学科方法论的探讨,已日益显现出至关重要的地位。

汉语方言的调查研究,虽然在十年动乱当中曾一度中断,但以后却有了长足的进展。随着浩瀚的汉语方言资源的不断被发掘,语言学家越来越清楚地看到汉语方言学在整个学科网络中不可忽视的地位和作用。本文的作者在具体的调查研究实践中,有感于方言学乃至整个语言学研究的现状,深深体会到唯物辩证法的哲学思想对本学科的重要指导作用,几年来反复思考了有关汉语方言学方法论的一些问题,现在初步整理出来,期望收到抛砖引玉的效果。

一　求实观

实事求是是众所周知的基本原则,却常在无意之中被忽略。

方言是客观存在的某地区人们共同使用的语言实体。所以称之为实体,因为语言的声音是物质运动的结果,词汇和语法无不通过语音这一物质外壳来表示。语言是人类社会赖以维系的工具,虽然看不见、摸不着,却是切切实实的存在。从这一点来说,方言

2　汉语方言研究的方法与实践

跟一般的语言并没有什么不同,但对于存有方言差异的一种语言来说,方言是这种语言在其分布地区内某一局部地区的实际存在形式。邢公畹先生说得好:"语言对方言的关系是一般对个别的关系,语言是一般,方言是个别。"①语言借方言而存在,汉语的实际存在形式是在其整个分布地域内各局部地区的北方、吴、粤、闽、湘、客家、赣诸方言。离开了这些具体方言,汉语就不存在。

不能把方言和语言看成是部分与整体的关系,民族共同语也不是各种方言的总和。应该说,共同语是跟方言相对而言的,又是以方言为基础的。假如共同语被推广,方言的差异一旦消失,这样,共同语就成了统一的民族语言。由此可见,共同语是依存于方言的。另一方面,方言的实体意义比起共同语来要大得多,而人的能动作用相对来说则又比共同语要小得多。这是因为:方言有自己的语音系统、基本词汇和语法结构,有自身的发展规律;共同语就不那么绝对,在不同的历史时期可以有不同的要求,人们在口头使用中还常常会受到本方言的影响。例如福州人说的普通话往往跟上海人说的有所不同,而且共同语的标准是可以由人们制定的,像现代汉民族共同语就是"以北京语音为标准音,以北方话为基础方言,以典范的现代白话文著作为语法规范的普通话",对这个标准的认识和具体掌握,也是有一定伸缩性的。

方言既然是客观存在的语言实体,方言工作者调查这一实体、研究这一实体,理应绝对尊重客观存在的语言事实,任何的主观臆断和猜测,都是方言调查研究工作之一大戒忌。当然,也应该有假设,作推断,但这必须在事实的基础上,有客观的规律为依据,而且即使是按规律的推论,其结果还都是要有事实来印证的,否则,仍然难以绝对排除失误。这是因为方言中无限丰富复杂的现象常常为人们始料所不及，例如：北京"爹"_{古知母}读[t-]、"打"_{古梗韵}读[-a]、"跑"_{古平声}读上声，济南"论堆""把土堆起来"的"堆"_{古端母}读[ts-]、"做饭""做衣裳"的"做"_{古箇韵}读[-ou]、"岂"_{古上声}读阳平。② 这些字音都不符合各自的语音发展的一般规律，非逐一调查不可知。由此可见，只有方言的实际才是检验方言研究科学性的惟一标准。

　　在强调方言调查求实原则的同时，顺便强调一下"实干"的工作态度也很必要。方言工作者有机会多做一些实地的亲身调查，对推动本学科的繁荣发展肯定会有十分积极的作用。

二　系统观

　　语言是以其各要素按自身的结构方式组合而成的系统。在这个系统中，语音、词汇、语法也都是成系统地存在，既相联系又相制约。以语音系统来说，汉语的语音系统就是声母、韵母、声调的排列和组合，各方言不同音值的声韵调按不同组合规则的排列构成了本音系的特点。

　　我国音韵学家对汉语语音的系统性是早就有所了解的，他们无论在对汉语古音类的探求上，还是对各种韵图的制定等，都是基于对语音系统性的认识。对语音系统性的认识，是研究语音发展的客观规律的理论基础。方言语音的系统发展，往往是通过构成音节的声韵调的内部调整来实现的。方言音系发展中声韵调互为条件的例子很多，这里不细举。按照相同条件有相同变化，也就是"类同变化同"的基本法则，可以对方言的某些语音现象作出其历史发展的推断。例如：胶东方言中，中古"蟹、止、山、臻"四摄的合口"端"系字今读开口呼，像"对岁、暖酸、吞村"等字分别读[ei]

4　汉语方言研究的方法与实践

[an][ən]韵母；另一方面，在胶东的福山、烟台等地，声母中没有[tʂ tʂʻ ʂ]，中古"知"系字的一部分在这些方言中读为[ts tsʻ s]（另一部分读[tɕ tɕʻ ɕ]），而"蟹、止、山、臻"四摄的合口"知"系字在这些方言中读[ts tsʻ s]拼[uei][uan][uən]韵母，如"税、闩、春"等字。由此可以推知：胶东方言中上述四摄合口字在"端"系声母后读为开口呼的历史要在"知"系字的一部分读为[ts tsʻ s]之前。因为如果"知"系字的变化发生在前的话，就会造成"税岁、闩酸、春村"分别同音读为[suei][suan][tsʻuən]的情况，这样，"岁酸村"一类字如何有系统地与完全同音的"税闩春"一类分化开的问题就不好解释。一般情况下，这样的推断是合理的。

　　认识到语音系统演变的规律无疑是汉语语音研究的一大进步、一大功绩，但是过去不少音韵学家在对这一规律的认识上，又存在绝对化的偏颇，以致得出在语音制约性的发展过程中不可能有分化的结论。实际上，方言语音中不乏类同变化不同的例子。

表　一

中古音类	例字	烟台老派	烟台新派	普通话
精组洪音	造操臊	ts tsʻ s	ts tsʻ s	ts tsʻ s
知系甲组	罩抄捎			tʂ tʂʻ ʂ
知系乙组	赵超烧	tɕ tɕʻ ɕ	tʃ tʃʻ ʃ	
精组细音（尖）	焦锹消		tɕ tɕʻ ɕ	tɕ tɕʻ ɕ
见组细音（团）	交敲枵	c cʻ ç		

表一是烟台新老两派五组字的声母跟普通话的读音比较，[③]它说明："知"系字烟台新老两派皆分化为甲乙两组，其中的甲组字跟精组洪音合并。新老两派的不同有二：老派分尖团而新派不分；"知"系乙组字老派读[tɕ tɕʻ ɕ]跟"精"组细音合并，新派则读[tʃ tʃʻ ʃ]自成一类。值得注意的是老派已经合而为一的"知"系乙组跟"精"

组细音,新派又成系统地分化开。烟台方言中类同变化不同的明显例子还有古平声次浊声母无规则地分归两个调类,见表二。④

表 二

例字　　　古音类	平　　　　声					
烟台调类	蟹开一 明	咸开一 泥	宕开三 来	臻开三 日	遇合三 疑	流开三 以
平　声	媒	南	凉	人	鱼	油
去　声	梅	男	良	仁	余	由

这种次浊平声字在音类完全相同的条件下分化为两个调类的情况在胶东不限于烟台一点;同一类声调在同样条件下分归不同类的情况也不限于次浊平声。如果说烟台方言新派"赵超烧"跟"焦锹消"的分化可以解释是受了普通话和东面荣成一带方言的影响,那么次浊平声的分化又是什么原因呢?岑麒祥先生在《历史比较语言学讲话》中说到:"任何语言或方言的语音演变规律,都是只在一定时期内发生作用的,而语言或方言在发展中会不断地受到外来因素的影响,可是过了这段有效期间,虽有相同的发展条件,也不再跟着发生变化了。"⑤这样,可以设想烟台等胶东方言的次浊平声字原读一种调类,当这类字逐渐向另一类过渡时,由于某种原因停止了过渡,就造成了今天无条件一分为二的样子。这种推测如果能够成立,也仅仅可以为语音发展的分化找到一种解释,而不能否定语音系统发展中存在着类同变化不同的客观事实,不论其造成的原因是什么。

王力先生晚年出版的《汉语语音史》对过去认为语音发展不可能有分化的观点作了修正:"有分化而无合流,语音系统会变得太复杂了,不利于交际;有合流而无分化,语音系统会变得太简单了,也不利于交际。因此,分化与合流交相为用,这是语音发展的规

6　汉语方言研究的方法与实践

律。"⑥可以说，音类的分化和合并在语音的系统发展中是相互制约的两个方面，而且经常是交错进行的。例如：中古"精""见"两组字在今北京话中分别按韵母的洪细分化为[ts tsʻ s][tɕ tɕʻ ɕ]和[k kʻ x][tɕ tɕʻ ɕ]各两套声母，像"精"组的"糟、焦"和"见"组的"高、交"，但是分化之后总共只有三套声母，其中两组的细音字"焦"和"交"同音归并了。这样的例子并非少见。

　　音系演变中分化和合并的机会并不均等，其强度和范围也会有所不同。李如龙、陈章太两同志《论闽方言内部的主要差异》一文讲到语音演变规律时说："方言语音的演变是有规律的，这种规律往往不是一对一地变，而是有分有合的。有时古代一个音类，现代方言一分为几；有时古代几个音类，现在合而为一。一分为二可能一大一小，合二为一也可能有全有半。"⑦张世禄先生1936年在《中国语音系统的演变》一文中总结汉语语音系统演进单纯化的趋势时说："由上古音变成古音，由古音变成现代音，必定是随着同一的方向在那里演进；演进最先进的方言，它的语音系统上单纯的现象也最显著。"⑧1979年在《汉语语音发展的规律》一文中重申了"古音繁、今音简"⑨的观点。这一结论说明汉语语音的古今发展是合并的趋势大于分化。

　　语音系统处于不断重新组合的过程之中，方言音系的发展规律是客观存在，要由人们从现象中加以总结和认识。但是因为任何事物都不是单一的存在，也不是简单的发展，方言的实况是系统之外也有不合系统的成分，规律之外还有超规律的因素，所以在确立语音成系统发展这一主导思想的基础上，也不能忽略了还存在不成系统发展的事实。例如，对于古清声母入声字在今北京话中分读为阴平、阳平、上声、去声这样的疑案如何认识？"无条件分化"，是否也可算得是古清声母入声字在北京话中的读音规律？

　　研究汉语语音演变规律中的例外是许多语言学家十分关心的课题，岑麒祥、李荣等先生对此都曾有过专门的论述。⑩规律的例外，就是从某一系统中分出，其实质也是属于分化。有的情况，是属于例外，还是属于系统分化为几类中的少数一类，是难以截然划分的，更不能以单纯的字数多少来加以判断。例如：《方言调查字表》中所收的一百四十二个"溪"母字，今北京声母读[kʻ]的有八十五个、读[tɕʻ]的是五十个，这两种读音属于以韵母洪细为条件的系统分化毫无问题。剩下的七个字，"恢诙、诘、溪墟隙、噢"，分别读[x][tɕ][ɕ]和[tʂʻ]四个声母，可以看成是例外，但除"噢"以外，就其余六个"恢诙"和"诘""溪墟隙"的发音部位的不同来说，还是明显受到韵母洪细这一条件的制约。

　　也可以从不同的角度来分析例外。例如"产"，《广韵》上声产韵"所简切"，属于"生"母。这个字在今北京及多数汉语方言中读塞擦音，按照古"生"母字今汉语方言一般读擦音的情况来说，"产"字读擦音是此字在古今系统演变中的例外。而"产"字在山东掖县、莱阳、即墨等地是读擦音的，其发音方法完全符合"生"母字演变的基本规律。但是如果就这个字在其他众多方言的演变中一般不符合规律的情况说，掖县等地符合规律的发音方法倒又成了例外了。

三　地域观

　　方言既然是某一语言在其局部地区的全民交际工具，方言学除去从一般语言学的角度研究方言的特性和发展规律以外，还要

8　汉语方言研究的方法与实践

从地域的角度研究其系属的问题。某地方言以自身的历史发展所形成的特点区别于他地方言；各地方言以或此或彼的相同、相似的特点或彼此的差异程度构成整个语言内不同层次的方言的地理分布系统。

产生方言差异的原因是多方面的，但是从根本来说，还是在于人口的地域分布情况。一般来说，操同一种语言的人口分布地区广，就越有可能存在方言的分歧，因为相隔的距离大了，人们交往的机会必然少，语言在不同程度的相隔的情况下不平衡的发展，就导致了方言的分歧。这一点可以从汉族人口的分布地域及汉语方言的分歧情况看得十分清楚。但是，人口分布面积的宽窄并不一定跟方言差异的程度形成正比，像汉语北方方言所分布的辽阔地面，远远超过了南方各大方言区的总和；而南方各方言的复杂情况则又大大超过了北方的广大方言区。因此还要考察其他的各种因素，就地理条件来说，除上述人口分布地的距离以外，也还有山川湖泊海域及不同地理环境所决定的气候等自然条件。

山陵阻隔了人们的交往，比较容易造成方言的分歧。浙江东南的温州一带，东面临海，西面和北部都是崇山峻岭，以致当地的方言跟外地存在着明显的不同。[11]山东文登荣成一带，中古全浊声母平声字塞音、塞擦音的一部分今读不送气清音，这个特点在文登县的西南以爬山为界，爬山以南读送气。[12]水域的情况比较复杂，像长江下游基本上是吴方言和北方方言的分界，但是长江以北的沿岸地区启东、海门、南通、靖江等地，又还有吴方言的分布，[13]胶辽方言分布在渤海口的南北两岸。这不能不使人联想起中华民族的文化发祥地是黄河流域而不是限于黄河的某一边这个事实。可见水域固然隔开了两岸的陆地，却往往是沟通两边方言的桥梁。

　　从社会条件来看,历史悠久的行政区划对于方言的异同有着重要的作用。这一方面是因为政区的划分常常跟地理条件相联系,更重要的还是在于同一政区的人们彼此接触比较频繁。所以同一政区的方言比较容易一致。目前许多方言工作者在为汉语方言进行分区时考虑到旧行政区划的因素,是很有道理的。当然,政区的情况不能离开方言的特点而单独作为条件,有的行政区划并不影响方言的异同,常常在两个政区之间变动的地方尤其是如此,像河北东部的馆陶原属山东,山东西部的宁津原属河北,在这些地方的方言中不易存在政区的影响。

　　在同一政区内,不同范围的政府所在地的方言,对方言的特点具有综合、统一的作用。李荣先生在谈到北京乃至县城或省城方言的综合性时说:"一县的人往往学习县城的话,同府的人往往学习府城的话,全省的人往往学习省城的话。城市越大,来往的人越多,那儿的方言对周围方言的影响也越大,受周围方言的影响也越大。地方越小,方言越纯;地方越大,方言越杂。"⑭方言越杂,"土"的成分也就减弱。城镇方言比起其四周围的乡村,地方色彩相对要淡薄一些。有些方言特点在乡村有,城市未必也有。全国汉语方言普查规定两千个调查点皆以县人民政府所在地为调查点,就山东来说,已发现有不少特点是普查阶段所未曾了解到的,原因之一就是这些特点的分布地不在县城。例如:平度县东北角两目、铁家庄等地,中古"精"组洪音字今读[tʂ tʂʻ ʂ]声母,"资、才、三"分别跟"支、柴、山"同音;诸城、五莲交界的石门、皇华、许孟等地,中古的"精"组字按今韵母洪细的不同,分别跟"端"组字合并,即"在代、租都、菜太、葱通"和"精丁、前田"六组字分别同音。

　　四乡的方言向着本地区政治、经济、文化的中心地靠拢,本地

10　汉语方言研究的方法与实践

的中心又向高一层次的中心靠拢,从方言的地域流动情况来看,这种向心力所起的主要支配作用是十分明显的。尤其是随着文化教育和广播电视的普及,全国各地都直接受到普通话的影响,这种向心作用也就更为突出。像许多方言中所存在的新老两派读音,新的一派多数是比较接近普通话的。但是,也不能忽略了还有离心力的作用。例如:苏州方言老派有[tʂ tʂʻ ʂ]声母而新派没有;[15]山东青岛、潍坊一带齿间音声母[tθ tθʻ θ]的扩展;济南市内介词"从"新兴起一个义项表示"在"的意思。如"从家里吃饭"、"从学校上自习"(不用于动词后,不能说"放从桌子上")等,这些发展都跟普通话相背,有的是受了周围方言的影响。

　　在通常情况下,各地的方言虽然受到书面语的影响,还有临界方言之间的互相渗透,但基本上都是由本地方言的过去发展而来的,如果把这种发展看成是直线的关系,那么大规模人口迁移的结果,就会产生另外的一些情况。众所周知,汉语客家方言的形成,就是历史上中原汉人几次南迁的结果。人口南迁,中原方言带到了南方,难免跟当地方言产生交融,发展中形成了今天客家方言的特点。人口迁移,外地方言与本地方言交融的另一个结果是使当地方言部分地搀和了他方言的一些特点。例如:宋代南迁建都杭州,使杭州方言具有一定的北方方言色彩。

　　不过,也不是全部存在共同特点而在地理上相间隔的方言都可用移民的原因来做解释。像胶东荣成一带方言中,少数中古"微"母字"忘望"等口语读[m]声母,这跟吴方言的情况一致;北京声母[tʂ tʂʻ ʂ]拼合口呼的字,山东泗水、滕县一带口语读[pf pfʻ f]声母,这种情况在陕西、山西的一部分地区也都存在;山西祁县方言[16]以及山东平度、昌邑两县的交界地和平邑县内,都有一个双唇的鼻辅韵尾[m];山东许多地方的比较句式"他高起你"跟粤方言"我大过你"⑰的语序完全一致。要全部找出这些地方的移民关系是不可能的。法国语言学家梅耶在谈到语言从原始共同语分化出来以后的各种变化,大部分仍受共同语的支配时说:"出于一种'共同语'的各种语言,甚至在分离和开始分化之后,还可以有许多同样的或相似的变化。"⑱这样说来,有间隔地区方言间某些相同形式的存在,并非都是移民的原因,其中有许多是平行发展的结果。特别像山西、山东的[m]韵尾,两地都仅有[om][iom]两个韵母,来源于中古的[ŋ]韵尾字。这类例子是很可从发音上得出解释的。

四　动静观

上文讲到,任何一种方言都是处于不断发展的过程中;不论哪种方言都跟他种方言相连接,彼此之间存有一定的内在联系。方言研究无论是纵向的探求方言的历史演变规律,还是横向的对同时代各方言的特点比较,都是属于动态的研究。这种研究离不开存在于一时一地方言状况的静态研究。静态研究,就是截取某一方言在其发展中相对静止的一个历史横断面,进行了解和分析。我们今天描写某地方言的现状,就是属于静态研究。方言的静态研究,是进行纵、横两向比较的必要基础。另一方面,方言的静态研究如果能够借助于动态研究的某些成果,也就至少可以加速调查进程,加深对于各个具体方言的认识。由此看来,静中求动、动中求静,两者互相推进,是方言研究中比较全面的历史唯物主义的科学方法。

方言动态研究时和地的两个方面既有区别又有联系。汉语各

12　汉语方言研究的方法与实践

方言在其自身的发展过程中，一方面积存着本方言在各个历史时期遗留下的某些特点，另一方面也会受到其他方言在不同历史时期的各种影响，这就造成了汉语方言地中有时、时中有地的复杂情况。例如：中古"见"系字在今南北方言中的发展，大致可以看到自南向北的一个渐进的过程，见表三[19]。

表　　三

音类条件	例字	广州	福州	梅县	南昌	长沙	苏州	成都	扬州	北京	沈阳
一　　等	歌	k	k	k	k	k	k	k	k	k	k
二等合口	关	k	k	k	k	k	ḳ	k	k	k	k
二等开口	讲	k	k	k	k	ḳ	tɕ	tɕ	tɕ	tɕ	tɕ
二等开口	鞋	h	ø	h	h	x	ɦ	x	x̲　ɕ̲	ɕ	ɕ
三　　等	京	k	k	k	tɕ	tɕ	tɕ	tɕ	tɕ	tɕ	tɕ
四　　等	缺	k'	k'	k'	tɕ'	tɕ'	tɕ'	tɕ'	tɕ'	tɕ'	tɕ'

从表三看到：处于南部的广州等地方言，"见"系字不论什么条件都读舌根音或喉音，没有分化；而北部的北京等地，二等开口和三四等字一般腭化为舌面音而从舌根音中分出；值得注意的是二等开口字，处于南北之交的苏州等地，存在着腭化或不腭化的过渡情况。即白读为舌根音或喉音、文读为舌面音，或部分字腭化、部分字不腭化。说明这样的过渡既是历史的，又是地域的。河北省邯郸地区，存在着入声字自西向东逐渐消失的地域区别，见表四。

表　　四

今调类 / 声母条件 \ 地点	西　→　东							
	临漳	邯郸	鸡泽	广平	魏县	曲周	大名	馆陶
清	入	入	入	入	入阴	入阴	阴	阴
次浊	入	入	入阴去	入阴去	入阴去	入阴去	去阴	去阴
全浊	入阳	入阳	入阳	入阳	阳	阳	阳	阳

表四中的八个点表现了古入声字自西向东消失的四个层次：最西

的临漳、邯郸较全面地保留了各类声母的入声,其中只有全浊声母字部分地读为阳平;往东的鸡泽和广平,虽然也保留了各类声母的入声,但是较为完整地保留入声的仅有清声母一类;再往东的魏县和曲周,不仅没有完整保留入声的声类,而且全浊声母已基本转化为阳平;到了最东的大名和馆陶,则是已经全部消失了入声。通过这样的地域比较,还可以看出古入声调在这片地区的消失是先全浊声母、再次浊声母、后清声母的历史轨迹。

　　从动态的角度来看方言,可以说,任何一个方言点都是处于历史、地理纵横两向发展的交叉点上,因此从本质来说,都有其过渡性质。今天是昨天向明天的过渡,历史的情况无须多说。甲乙丙三地依次连接,乙地的方言是甲丙两地方言的过渡;两个方言区之间如果没有绝对的山川阻隔,中间地带往往兼有两地方言的一些特点。同一个方言区内的各个方言点也不可能是绝对相同的,正如兄弟姐妹很相像,即使是双胞胎,也不会没有一点儿差别。那么,就是一个方言区的典型代表点,也具有与其周围方言点的过渡关系。浙江省的同行在研究浙江吴语的分区时注意到:"浙江任何一个吴语方言片的划分,都不是绝对的,任何方言片之间,都没有一条可以截然分开的界线。无论是南北区之间还是各片之间,都有一些交错的现象。我们用作分区标准的所谓'特征条目',很少是没有例外的。许多方言点地处两片之间,无论划归哪一片,似乎都可找到相应的'特征'条目。"[20]

　　两个方言区之间各种特点相互交错的地带就是过渡区。方言过渡区的分布有时是很宽的。周振鹤、游汝杰两同志把湖南省的方言分为五片,认为其中以城乡为代表的湘语南片是古湘语被保留的核心地盘,而以长沙为代表的整个湘语北片是官话和湘语南

14　汉语方言研究的方法与实践

片之间的过渡方言。[21]

　　方言过渡区的研究主要了解方言特点的空间流动情况，可以综合考察几种不同层次的方言区、片之间的过渡特点，也可以局限于单一的某项特点在不同分布区域之间的过渡情况。后者的研究使我们了解到方言特点的过渡情况存在不同的类型，其中两可的说法比较明显，就像两种语言分布区之间所存在的双语区。例如：平度县处于山东东区方言东莱片和东潍片的交界处，东莱片"对酸村"等字读开口呼的特点在东潍片基本不存在，"对酸村"等字东潍片是合口呼，平度南部方言是这个特点的交界地带，就有部分字读开口呼、部分字读合口呼或同一字开、合两呼自由变读的现象；[22]河北东部靠山东的三十九点方言，去声调值在北部的二十一点读低降调，南部多读高降升调，其间故城、巨鹿、平乡、丘县、临西及南部的临漳共六点则存在低降和高降升一类两值的现象；渤海南岸山东的昌邑、寿光一带，"玉米"称"棒槌"，再往南的益都、临朐等地称"棒槌子"，在这两种叫法的两个分布地之间，有寿光的纪台、昌乐县城及其附近的一些地方则"棒槌"或"棒槌子"两说皆可。方言特点分布交界处存在的另一种现象是音值的转移，有时在两种具有明显差别的音值之间存在一个比较模糊的区域。例如：河北邢台地区，阴平的调值在河间县是44，交河则是214，两地之间的献县是434；山东省青岛和潍坊两市多不分[uŋ][əŋ]，"东"读同"登"，"红"读同"恒"，其中有些地方在读这类字时，主要元音比较模糊，口形似圆非圆。山东烟台、福山一带方言中"知"系字的一部分跟"精"组细音合并，即"招＝焦"已如上述，但是潍坊市的诸城等地，"知"系字的一部分是跟"见"系细音合并的，即"招＝交"，那么，这两个特点所分布的地区之间是怎么转化的呢？现在只知道在音

汉语方言学方法论初探   15

类上是经过了一个"焦≠招≠交"即三者皆不同音的地区。看起来,音类的分合比较易于掌握,而了解音值的转化要困难得多,这个问题还有待今后的继续调查和研究。总之,对了解各种方言特点由此向彼的空间过渡情况极有意思,在未来的汉语方言深入调查中将是一个十分值得注意的课题。

以上说明:方言地域过渡的基本特征是一种渐变而非跳跃,当然渐变并不是等距离的。正因为如此,要在方言的过渡区中画出一条绝对的分界线是十分困难的,但是模糊中包含着确切,就像我们规定零点为新的一天开始一样。努力进行方言特点的分布研究是汉语方言分区的必要基础。

五　更新观

无论哪一门学科,其方法都是随着该科目研究工作的发展而发展的。知识是一点一滴的积累,方法也有一个积累的过程。在汉语方言学的研究中,汉人扬雄开了一个实事求是的好头。以后的学者,在对语言系统性的认识和发展观的建立方面,虽都有过许多精辟的见解,但也经历过由模糊到明确、由不自觉到自觉的过程。直到罗常培先生在《汉语音韵学导论》中系统地提出了"音韵学研究法"四项:一曰审音、二曰明变、三曰旁证、四曰祛妄,即去玄虚、去含混、去附会、去武断。[㉘]罗先生从正反两方面提出的研究方法,在前人研究的基础上,发扬成果,切中流弊,在方法论上具有承前启后的作用,对于汉语方言学的研究,也很有指导意义。

从"五四"以后汉语方言学发展为一门独立的学科以来,汉语方言的调查研究可以大体划为三个阶段。即解放前的三十年、五

16　汉语方言研究的方法与实践

十年代到六十年代初的汉语方言普查及十年动乱以后。三个阶段犹如一层比一层高的台阶,每高一层都有新的突破。解放前吴语地区及湖北、湖南、云南、四川等省大片的方言调查,不仅为以后的研究积累了资料,也为五十年代的方言普查提供了技术条件,普查时期《汉语方言调查简表》(附卡片)、《方言调查字表》等调查表格的制订、人员的培训,都是得益于当时的经验。规模空前的全国两千个点的方言普查,为汉语规范化服务的目的十分明确,由此决定这个阶段的方言调查以各个点的单字音系为主,方法上则是侧重于静态描写,动态研究时、地两项也多限于方言跟普通话、方言跟中古音的直线比较。如果我们把这个时期的研究方法看成是一种线性认识的结果,那么可以说,八十年代以来的研究,在对方言的认识上已经进入了立体化的阶段。在具体研究手段方面,越来越多的人注意到方言学与其他社会科学的联系,而且逐渐利用了自然科学的方法,像计算机的使用、语言特点分合的频率统计、模糊数学的概念等等。汉语方言研究中这种多学科渗透的现象,跟我国整个社会的科学发展潮流具有不可分割的联系,在本学科内部,则是汉语方言分区研究摸索前进的结果。

　　汉语方言分区的中心议题是分区标准的确立。所立的标准不同,分区的结果也就不同。1928 年赵元任先生根据吴方言的特点确定"吴语为江苏浙江当中'並'、'定'、'群'等母带音,或不带音而有带音气流的语言。"[②]这个标准是单一的,直到现在,许多学者认为用来划定吴方言的范围是可行的。但是同一标准很难通用于任何的方言,因为方言的特点不是只有一个,各种特点的分布又存在着交叉。即使吴方言"帮滂並"三分的特点,也还在老派湘方言中存在。这就使一些学者采用几项特征联系起来进行考虑的方法。

汉语方言学方法论初探 17

陈章太、李如龙两同志在《论闽方言的一致性》一文中,使用了三百条语言材料,从语音、词汇、语法各个方面对福建境内闽方言十八个代表点进行了比较。在分析这些语料时认为"声母的类别和具有构词能力的常用的单音词,往往集中地表现了方言区内部的一致性,必须着重进行考察。"㉕就是说,多项标准中的各项标准在划分方言的区域分界中的地位并不等同,在必须画出两个方言区线的时候,就要在全面衡量各项特点的基础上,确定其中被认为最重要的一项作为划界的标准。这种所谓最重要特征的选定虽难免带有一定的主观成分,但是因为有着全面比较的基础,可以得到大体合宜的结果。

许宝华、游汝杰两同志利用特征判断和综合判断相结合的方法将上海和苏南地区的吴方言分为东西两大区。具体的办法是先确定标准点,然后用三十条语音特征跟标准点逐一比较,算出各点跟标准点相同的百分比,按百分比划出分区线。㉖之后,周振鹤、游汝杰两同志又利用杨时逢整理的《湖南方言调查报告》中提出的湖南方言五十二项特征的分布情况,用同样的方法对湖南省内的方言进行了分区。㉗这种依靠数据进行方言分区的办法比较客观,无疑为汉语方言的分区研究开辟了新的途径。问题是,标准点的确定不能绝对杜绝主观的因素,特别是用以统计的特征项目必须有相当的数量,因为项目的多少直接关系到数据的精确程度。在内容上,也要全面考虑语音、词汇、语法乃至语流等多方面的情况,各类项目还有轻重的不同,一个普通词条跟带有规律性的语音特点是难以相提并论的。

当然,不可能超越当前方言调查的实际而要求有完美无缺的分区结果。方言分区结果的精确程度,决定于方言调查的深度和

18　汉语方言研究的方法与实践

广度；而分区方法，也只有在方言研究的纵深发展中改进和提高。就目前来说，开展方言分区的讨论或进行各种分区方法的试验，都很值得提倡。"前修未密，后出转精"，在汉语方言学研究的方法论方面，不仅要继承前人的优良传统，更重要的，是要不断有新的探求。"遵循马克思的理论的道路前进，我们将愈来愈接近客观真理（但决不会穷尽它）。"㉘愿天下师长甘为后学者阶梯，青年人勇攀高峰！

附　注

① 邢公畹《汉语方言调查》3 页，华中工学院出版社，1982 年。

② 本文未作说明的方言材料，除北京以外，皆作者调查所得。

③④ 参见钱曾怡等《烟台方言报告》，齐鲁书社，1982 年。

⑤ 岑麒祥《历史比较语言学讲话》56 页，湖北人民出版社，1981 年。

⑥ 王力《汉语语音史》534 页，中国社会科学出版社，1985 年。

⑦ 李如龙、陈章太《论闽方言内部的主要差异》，载《中国语言学报》第 2 期，1985 年。

⑧⑨ 见《张世禄语言学论文集》155 页、503 页，学林出版社，1984 年。

⑩ 岑麒祥《语音对应规律中的例外》，见《历史比较语音学讲话》，湖北人民出版社，1981 年；李荣《语音演变规律的例外》、《方言语音对应关系的例外》，见《音韵存稿》，商务印书馆，1982 年。

⑪⑳ 傅国通、方松熹、蔡勇飞、鲍士杰、傅佐之《浙江吴语分区》31 页、29 页，《杭州大学学报》增刊，1985 年。

⑫ 钱曾怡《文登、荣成方言中古全浊声母的读音》，载《中国语文》1981 年第 4 期。

⑬ 参见颜逸明《江苏境内吴语的北部边界》，载《方言》1984 年第 1 期。

⑭ 李荣《官话方言的分区》，载《方言》1985 年第 1 期。

⑮ 叶祥苓《苏州方言中[ts ts' s z]和[tʂ tʂ' ʂ ʐ]的分合》，载《方言》1980 年第 3 期。

⑯ 潘家懿《晋中祁县方言中的[m]尾》,载《中国语文》1982 年第 3 期。

⑰ 袁家骅等《汉语方言概要》(第二版)230 页,文字改革出版社,1983 年。

⑱ A. 梅耶《历史语言学中的比较方法》40 页,岑麒祥译,科学出版社, 1957 年。

⑲ 本表注音多摘自北京大学语言学教研室编《汉语方音字汇》,文字改革出版社,1962 年。

㉑㉗ 周振鹤、游汝杰《湖南省方言区画及其历史背景》,载《方言》1985 年第 4 期。

㉒ 钱曾怡、曹志耘、罗福腾《平度方言内部的语音差别》,载《方言》1985 年第 3 期。(曹志耘,原名曹志赟。本书涉及的引文和合作篇目,今统一写作曹志耘。)

㉓ 罗常培《汉语音韵学导论》23－25 页,中华书局,1956 年。

㉔ 赵元任《现代吴语的研究》88 页,科学出版社,1956 年。

㉕ 陈章太、李如龙《论闽方言的一致性》,载《中国语言学报》第 1 期, 1983 年。

㉖ 许宝华、游汝杰《苏南和上海吴语的内部差异》,载《方言》1984 年第 1 期。

㉘ 列宁《唯物主义和经验批判主义》,见《列宁选集》第二卷 150 页。

(原载《中国语文》1987 年第 4 期)

汉语方言调查中的几个问题
——从山东方言调查所想到的

一　从山东方言调查中发现的新鲜材料看"抢记方言"的迫切性

虽说语言发展是缓慢的，不是一朝一夕的事情，但是鉴于方言调查的难度和汉语方言的地域跨度，相比之下，记录方言的进程并不能跟得上方言特点消失的速度。在从五十年代汉语方言普查以来的山东方言调查中，我们陆续发现了许多过去不曾了解的新鲜内容。首先如山东东部方言声母塞擦音和擦音发音部位分类之细，虽早已为汉语方言研究者所知悉，殊不知其音值、音类还存在着如此交叉复杂的搭配关系。以知系的"蒸成声"等二类字[①]来说，读音有 tʃ tʃ' ʃ（荣成、青岛、沂南等），ts ts' s（沂水、日照等），tʂ tʂ' ʂ（潍城），tɕ tɕ' ɕ（烟台、黄县等）；其类别有的是独立成类，增 ts≠争 tʂ≠蒸 tʃ≠精 ts≠经 c（如荣成），增＝争 ts≠蒸 tʂ≠精 ts≠经 tɕ（如莱州），有的跟精组细音合并，增＝争 ts≠蒸＝精 tɕ≠经 c（如烟台），有的则跟见组细音合并，增 tθ≠争 tʂ≠蒸＝经 tʃ≠精 ʈ（如诸城）。有趣的是在诸城、五莲的一些地方，中古的精、端两组声母各按今韵母的洪细合并，遭＝刀 t、在＝代 t、族＝独 t、村＝吞 t'、从＝同 t'，焦＝刁 ʈ、情＝停 ʈ'。在平度和昌邑的交界处，以及平邑的一些乡镇，我们还发现了把通摄字读为 m 韵尾的情况，例如平邑下桥镇，通摄字除唇音声母的字读 ŋ 尾以外，其余声母通通读 m 尾，如：东 tom、翁 om、穷 tɕ'ym、熊 ɕym、用 ym。此外，以往的研究者注意山东方言声调研究的不算多，现在看来，对山东方言声调现状的研究，其价值决不会次于声母和韵母。一方面，山东省内黄河下游的章丘、利津、恒台等地的老派语音还保留一个独立的清入调值；另一方面，只有三个调类的点在方言普查时就占全省 10％以上，而且有事实说明，一些地方的声调还存在继续简化的趋势。尤其值得注意的是，在古今调类的对应上，山东东部不少地方存在着多种相同音类、相同条件不同变化的事实。例如文登，据对《方言调查字表》292 个次浊平声常用字的调查，读阴平的 145 字，占49.7％，阳平105，占 36％，上声16，占 5.5％，去声23，占7.9％，另读轻声三字。中古次浊平声在文登主要读阴平、阳平两类，分化无条件，见以下表一、表二。

表 一

古音类	阴平	阳平
假开二麻疑	牙芽	衙
蟹开二灰明	媒	梅枚煤
效开一豪来	捞唠牢	劳
流开三尤以	油犹悠	由游
咸开一覃泥	南	男

表 二

古音类	阴平	阳平
山开三仙日	燃	然
山合三元云	圆	袁
臻合三文微	纹蚊闻	文
宕开三阳来	凉量梁	良粮粱
宕开三阳以	羊杨扬	洋阳

像这样的无条件分化又如古全浊上声、古去声、古次浊入声在莱州、平度、即墨之分归阴阳平，见表三。

表 三

		全浊上	清去	次浊去	全浊去	次浊入
莱州	阴平	士妇仗	嫁素性	类右嗅	代膳患	列落欲
	阳平	柿负丈	价诉姓	泪祐燕	袋单宦	裂洛育

22　汉语方言研究的方法与实践

山东的儿化也使我们大开眼界。语音的特点如：伴随元音卷舌而带出声母 t tʻ ts tsʻ s 等或介音 i y 后的闪音 ɾ、声母 ts tsʻ s 或 tʃ tʃʻ ʃ 的发音部位后移为 tʂ tʂʻ ʂ、部分声母变为舌尖后边塞音，以及成套的平舌变韵 ɛ iɛ uɛ yɛ、ei iei uei yei 等。语法作用超出了一般现代汉语所讲的儿化名词性的范围，如长岛、烟台、牟平等地，动词儿化表示动作完成，等等。

上述材料不仅使人们充实了对现代汉语丰富多彩的认识，更重要的是为方言学乃至语言学的研究和教学提出了许多新的问题，都是极其宝贵的。但是其中的不少内容是处于比较偏远的地区，或者是老派说法，正处于被权威方言或新派说法取代的过程中。

二　对某些方言特点进行大范围内众多点密集调查的必要

某些方言特点的专题调查，像过去语言研究所所做的尖团音、s ʂ、《昌黎方言志》中许多特点调查及叶祥苓的《苏州方言地图集》等。在山东方言的调查中，为搞清楚某些特点的地域分布情况，我们先是就中古全浊平声字今读塞音、塞擦音平声不送气问题调查了荣成、文登等县市的 50 余点，以后又就许多问题先后对诸城（54 点）、五莲（41 点）、平度（59 点）、长岛（15 点）、临朐（32 点）、即墨（30 点）、肥城（40 点）作过专题调查。

专题调查的内容视一个地方的方言特点或所存在的内部分歧情况而定，以该地域内的一个以上代表点的全面调查为基础，并按内容需要选出例字或比较项。可以初步拟定调查的地区范围；点的选取不妨中心地带稍稀,但边缘地区要相对密集。例如胶东半岛东端中古全浊平声塞音、塞擦音今读不送气清音的特点调查,首先确定其调查内容为中古全浊平声今读塞音和塞擦音的全部字,全面调查荣成和文登各一个点的音系,调查地域为自东向西的荣成、文登、威海、牟平、乳山五县市,后三县只查与荣成、文登相邻的村乡。调查结果表明,中古全浊平声今塞音、塞擦音读不送气的特点,集中分布于荣成、文登两县,波及牟平东北角,威海和乳山的调查点都没有这一特点。又如长岛县住有居民的岛屿共 10 个,自南到北分布于胶东半岛与辽东半岛之间的海域,南临蓬莱,北望大连。10 个岛的方言语音差异主要有三:1、南部岛"梨李利≠雷垒类",北部岛"梨李利=雷垒类"。2、南部岛"穴≠学""月≠药",北部岛"穴=学""月=药"。3、南部岛"矮≠野",北部岛"矮=野"。以上三项南北岛划然有别,南部岛同蓬莱,北部岛同大连,只有处于中间海域的砣矶岛情况特殊,除"月≠药"属南部特点以外,其余属北部特点。

专题调查的直接结果是绘制成方言地图,可以清晰地看到某些方言特点的分布情况,这对研究方言的交融和分化,自然地理环境和政治历史等对方言特点分布的影响都是不可缺少的资料。例如上述中古全浊平声今读不送气的特点,其中心分布区荣成县并不包括靖海卫和成山卫,因为历史上这是军人戍边的驻地。文登县西南角的爬山,既是文登、乳山两县的政区分界,也是上述语音特点的地理分界。在长岛的 10 个岛屿中,北部五岛虽然行政上属于山东,但渔民买卖货物更多的是行船向北,到比蓬莱更为繁华的大连。

对一些方言特点分布范围作众多点的密集调查,我们还只是

24　汉语方言研究的方法与实践

做了些小范围的试探性的工作,大部分是在一个县的地区内进行的,觉得很有意义。由此想到,如果能在全国范围内,对某些有共同性的方言问题进行有统一标准的专题调查,必将会使我们对现代汉语的方言现状有一个更为实在的了解。

三　从方言向普通话靠拢的逆化现象看方言发展的多元化因素

　　方言向普通话靠拢是大势所趋,适应社会交际的需要,但也正如其他任何事物的发展都不是单向的发展一样,方言的发展既有向权威方言靠拢的一面,也存在不是靠拢乃至背离权威方言逆向发展的一面。我们注意到山东方言中存在的这种逆向发展的事实,有系统的语音现象,也有词汇和语法方面的内容。例如:中古精组洪音字(资此思、租粗苏)读齿间音在山东青岛、潍坊、临沂等地市相当普遍,分布地北起平度,东抵黄海边沿各县,南至莒县,西到蒙阴、新泰、临朐,以郊区和农村为更突出。以青岛市来说,据1981年调查,青岛市除市区的市南和仓口等地读舌尖前音外,郊区及市郊各县一律读齿间音。在诸城,这种齿间音由农村包围城市的情况尤为明显。诸城城里老派读舌尖前音,而新派已和包括城关在内的各乡村一样读齿间音了。有一位52岁的发音人基本上还是发舌尖前音的音,但有时也会不自觉地发出齿尖音的变读音;有一家老少三代,74岁的老人是舌尖前音,27岁的儿子和3岁的孙子都是齿间音了。从目前了解到的情况看,精组洪音读齿间音的地域还在扩大,已向西延伸到淄博市的一些地方。再如,利津老派古清入自成调类已如上述,据杨秋泽调查:一方面,中古302

个常用清入字,利津读清入类的有 240 个,另外 62 字已分别归入了阴阳上去四声;另一方面,有近 40 个中古舒声字在利津读为入声,如"波区瞿"(古平)、"史妥以"(古上)、"际赴示"(古去)。

博山城里有一种对母亲的戏谑的称呼"嫛"mei,用于不郑重的场合如"哎哟我的嫛!"嫛,《广韵》支韵武移切:"齐人呼母"。博山正是历史上的齐地,但正规的将母亲称"嫛"的是在博山城以南的山头等地。山头的姑娘嫁到博山城里,一时改不了习惯仍把母亲叫作"嫛",就显出了和城里的不同,被认为土气了。但是近年来,博山城里的一些男青年时兴用"老嫛"来称呼女性长辈,犹伯母:"老嫛 ŋẽ(你)怎么还没退休?"表示亲切的口气。济南的"对象",用于通称恋爱对象或配偶,原来用以称配偶的限于年轻的夫妇,而现在的年龄层次有了扩大,五六十岁的用"对象"来指称配偶的已不乏其人。从当代产生的一些新词或有些以新代旧的词来看,方言也并不全部照用普通话的现成说法,而是基于本地人对事物的理解、看法或本方言原有规律、特性而往往有自己的构思,例如即墨的"过街服"(流行服装),临朐的"门市"(商店)、"火油"(煤油,旧称洋油)、"果子"(花生,旧称长虫果儿)等。济南方言中,介词"从"的用法老派大体跟普通话相同,而新派扩充了一部分普通话"在"的含义,例如"从黑板上写字"、"钢笔从桌上放着"等。济南新派"从"用作"在",限于表示进行某项动作的处所,其介词结构作状语而不作补语,可以说"从床上躺着"而不能说"躺从床上"。现在,"从"有时还可作谓语,如"你爸爸在家不在家?""从家。"

26   汉语方言研究的方法与实践

四   方言工作者素质的提高和队伍建设

方言调查的实践造就了方言工作者,锻炼了我们自己,忠实而又科学地记录方言事实并不是一件轻而易举的事情,要从纷繁复杂的自然状态中成功地总结出有条理的语言规则,需要充分掌握方言的素材和较高的分析概括能力。应该看到,方言调查固然为研究汉语及普通语言学提供了宝贵的资料,但也必须有现代汉语和普通语言学的理论知识来指导我们的调查实践。在山东方言的调查工作中,我们遇到一些问题,有的暂时还没有得到满意的解决,例如词汇报告中关于词汇编排顺序的系统性原则的确立、科学的能适合于各地方言使用和进行比较的语法调查提纲的制定等,深感不提高自己的业务素质难以适应深入调查研究汉语方言的需要,同时也希望在今后的调查工作中能够锻炼培养出大批高水平的年轻一代的方言工作者。

附   注

①   中古知系字山东东部分两类。第二类字包括止摄以外的章组开口,知组三等开口,遇摄知章组,臻通两摄合口知章组部分入声字。

（原载《中国语文研究四十年纪念文集》,

北京语言学院出版社,1993 年）

世纪之交汉语方言学的
回顾与展望[*]

　　一场文化大革命,文明古国的文化建设首当其冲,遭受空前破坏,学术研究陷入万马齐喑的可悲局面。但是历史终究不可逆转,1978 年"实践是检验真理的惟一标准"的讨论,如和煦的春风吹遍中华大地,各项事业都出现了复苏的转机。1979 年《方言》杂志创刊,为广大的方言研究工作者带来了希望,带来了信心,带来了不舍昼夜的工作热情。我们憋闷了 10 年,盼望了 10 年,终于有了用武之地!

　　方言研究在我国有悠久的历史、优良的传统。世界上第一部方言专著是在中国,那就是一千九百多年以前,我国西汉蜀郡成都人扬雄的《輶轩使者绝代语释别国方言》;世界上第一种专业的方言刊物也是出在我们中国,这就是当代的《方言》杂志。如果说扬雄的《方言》标志着汉语方言调查研究的早期发端,那么《方言》杂志的出版,则是成熟了的汉语方言学从低谷走向繁荣昌盛的历史性的转折。《方言》杂志的出版是中国语言学界的一件大事,它把我国的汉语方言学研究推进到一个新的水平。

　　如今,《方言》杂志以坚实的步伐走过了 20 个年头。这 20 年,

---

　　* 本文是在 1998 年 5 月 28 日至 31 日于成都举行的《方言》创刊 20 周年学术讨论会上的发言稿,此次发表作了修改补充。

28   汉语方言研究的方法与实践

是我国汉语方言学空前辉煌的历史时期。回顾 20 年汉语方言学
的发展,每一步都跟《方言》杂志息息相关。《方言》对于汉语方言
学发展的贡献,主要在拓宽方言研究的领域、深化方言研究的内
容、探讨方言研究的方法、培养方言研究的人才等方面。20 年来
汉语方言学界进行的几个重大课题的研究和讨论,都是在《方言》
发起,以《方言》为阵地的。

创刊号出手不凡。李荣先生《温岭方言的连读变调》、叶祥苓
先生《苏州方言的连读变调》两文全面地总结了温岭、苏州两地两
字组和三字组的变调及其规律。变调研究的重要性正如《方言》
1981 年第 1 期《〈方言〉两年》一文所说:"连读变调研究调类的组
合与变化,是一种构造音位学,是音韵系统的组成部分","连读变
调不研究清楚,单字调就弄不清楚,记词汇就容易出错"。温岭方
言连读变调的文章以一个具体方言点为例,讨论了连读变调的研
究方法。其中的内容如单字调阳平和阳上不分,但可以根据连调
分开。这种情况在其他不少方言中也都存在,例如山东博山古清
入归阴平、山西平遥阴阳平不分、浙江永康阴阳入分别归阴阳上,
都会在连读变调时有所区分。这说明我们所描写的方言变调跟单
字调或分或合的关系虽然是一种共时状态,但跟音韵系统的历时
变化密切相关。也使我们懂得,深入研究方言声调,必须了解变调
情况。《方言》一开始就将连读变调定为重点,这是一个信号,方言
研究将从五六十年代的静态的单字音系调查深入到动态的语流研
究,而多字组语词的调式研究在语流音变中首先得到重视。此后,
变调研究成了汉语方言研究的热点之一,光在《方言》上发表的文
章就有 36 篇之多。研究其他音变的文章还有关于变韵、子尾、儿
化、轻声等方面的内容约 25 篇,如厉兵《长海方言的儿化与子尾》

世纪之交汉语方言学的回顾与展望　29

(1980.2)、贺巍《获嘉方言韵母的分类》(1982.1)、《获嘉方言的轻声》(1987.2)、黄群建《湖北阳新方言的小称音变》(1993.1)等等。

在方言调查中,大家都接触到一个考本字的问题。《方言》1979 年第 3 期推出施文涛的遗作《宁波方言本字考》(1979.3)和白宛如《北京方言本字考》(1979.3),带动了一批考本字的文章,共16 篇。其中大多是对一个方言一批字的考源,但也有对某方言某一个字或某一个词的考证。李荣先生《飚風的本字》(上、中、下1990.4、1991.1、2)和黄典诚先生《闽语"人"字的本字》(1980.4)都是考本字的范文。如《闽语"人"字的本字》,文章首先对长期以来大家都认可、黄先生本人也深信不疑的 ₅dzin 和 ₅laŋ 是闽语"人"的文白两读提出疑问:"人"字属于真韵,而在真韵有 in、aŋ 文白对应的,只有"人"这个惟一的例子。这就是说,把 ₅laŋ 看成是"人"的白读,证据不充分。通过考证,黄先生认为"人"的本字是"农",有《庄子·让王》"石户之农"句,唐人成玄英疏"农,人也"为证,读来令人信服。陈亚川《"潲"字的方言本字考》(1997.1)开头讲到考本字是"走方言的共时研究和历时研究相结合的路子"。该文总结考本字的要领有四:一、要顾及形音义;二、既要利用汉字,又不要被汉字所束缚;三、要弄清音韵地位,符合古今语音的演变对应规律;四、既要调查现代口语用法,又要重视古代书证。这是很有道理的。

从 80 年代中期开始,配合我国与澳大利亚合作的项目"中国语言地图集"汉语方言分区图的调查绘制,《方言》在几年的时间内集中发表了 70 篇左右有关方言分区的文章。这些文章从某个方言的归属分布、方言与方言间的分界、同一方言内部的分区分片等多方面探讨了汉语方言的分区问题。其中如 1984 年第 4 期开始以《吴语的边界和分区》为总题的讨论就连续刊登了三组文章共

30   汉语方言研究的方法与实践

17篇,基本上搞清了吴语与周边方言的界线,并在此基础上发表了总结性的文章《吴语的分区(稿)》(傅国通等,1986.1)。这种总结性的关于汉语方言分区的文章所涉及的地面,布及整个汉语方言的分布区域,其地域之宽广、研究之深入、资料之丰富,都是空前的。大量的方言地图又给人以直观的了解。李荣先生《关于汉语方言分区的意见(一)(二)》(1985.2、3),是对进行汉语方言分区特别是编制"汉语方言分区图"的指导性的文章,分"汉语方言分区的层次"、"汉语方言分区的命名"、"昌黎方言地图综合图及其说明"、"方言分区及图幅划分"、"再论方言的命名"五方面,具体说明了有关汉语方言分区的一些理论问题和实践问题。总之,这个时期的汉语方言学是汉语方言全面调查,进行地域比较的大发展的时期,也是汉语方言地理学从理论到实践的大发展的时期。

我国最大型的汉语方言词典的编写开始于90年代初,国家新闻出版署把《现代汉语方言大词典》列入2000年前的全国重点出书计划。全书包括两个部分:第一部分是首先编纂40部分地方言词典;第二部分是在分地方言词典的基础上编纂一部综合性的现代汉语方言大词典。1992年,40部分地方言词典的调查编写工作全面展开。李荣先生就词典编写问题发表了《方言词典说略》(1992.4)和《分地方言词典总序》(1993.1)两文。其中《说略》一文强调方言词典以"方言调查为本","调查要反映方言事实"的宗旨,并就引论的内容和写法,正文的出条、注音、释义、举例、用字等全面讨论了分地方言词典各部分的内容及编写中应注意的问题。与此相呼应,《方言》又陆续发表了26种分地方言词典的引论,大大地推进了汉语方言词典的调查与编写。据可靠消息,40部分地方言词典按计划即将在今年年底出齐。40部分地词典,全都是编写人员用了几年时间一个词一个词实地调查、精心研究的结果；40部分地词典，每一部收入的条目都在八千条左右，有的超过一万条。这样大的工程，是世界上任何一种语言或方言的词汇研究都无法与之比拟的。

　　在上述几个中心课题之外，《方言》20 年来所发表的文章主要有下面的内容：方言概况方面约 50 篇，包括某种单点的"方言记略"、"方言特点"描写等。语音方面除音变以外共 150 余篇，包括：某一个方言的"方言音系"、"语音概况"、"语音特点"、"同音字汇"等，具体内容如，就声韵调某一方面的局部描写，方言与方言、方言与普通话、新派与老派、当代某一点方言与古音系的对照，分音词、合音字、切脚词、训读字、禁忌字等对某些特殊字音的专题研究。词汇方面除上文说到的方言词典以外，还发表了其他有关词汇研究的文章约 40 篇，包括某一个地点的"方言词汇"、某方言某一类词语汇释、某些方言词的构成、熟语、某方言某词的用法研究。语法方面接近 100 篇，包括对某一方言语法特点的概括描写，以及词类、词法、句法、某些特定结构、某一虚词研究的专文。其他方面的文章涉及面很广，主要有方言的理论和方法、某一方言的形成和发展、古方言研究、方言音韵的学习材料、方言调查表格、实验语音、计算机应用于方言的研究、书评、人物介绍等。总的来说，内容分布格局妥当，适合学科发展的要求。

　　《方言》从创刊之初就明确表示了活跃学术空气提倡自由讨论的意愿。叶祥苓苏州方言变调的文章发表（1997.1）不久，接踵而来的就是对于苏州方言变调的不同意见的讨论。首先是张家茂《苏州方言连读变调讨论苏州方言上声和阴去的连读变调》（1979.4）和同期叶祥苓《再论苏州方言上声和阴去的连读变调》两文对两字组的

32　汉语方言研究的方法与实践

前字上声和阴去变调的不同看法。编辑部在两文后的"编者按"中不仅列表对比了两文的异同以引导讨论,而且提示继续讨论要注意比字问题。以后围绕苏州变调的讨论热烈,发表的文章有《苏州方言两字组的连读变调》(谢自立 1982.2)、《关于苏州方言连读变调的意见》(钱乃荣、石汝杰 1983.4)、《苏州方言两字组的连调格式》(汪平 1983.4)等。此外,《方言》还刊登对某些论著的订正、补充的文章多篇,例如《评〈汉语方言词汇〉温州部分》(杨乾明 1979.4)、《对〈贵阳方言的语音系统〉一文的几点意见》(涂光禄 1982.3)、《〈昆明方言单音词汇释〉补正》(张华文 1988.2)、《〈北京方言词典〉订正》(周一民 1989.1)等,活跃了学术空气。

全面评价《方言》的贡献,绝不能忽略了其所倡导的求实学风和培养人才这两个方面所带来的深远影响。相信许多在《方言》上发表过文章的同志,都会亲身感受到编辑为自己稿件所付出的辛劳,他们严格认真、一丝不苟、为他人做嫁衣裳的精神在当前更是难能可贵。《方言》对人才培养,也绝不能理解为仅仅是一个发表的园地。我们看到,《方言》刊登的教材就有《汉语音韵讲义》(丁声树撰文、李荣制表 1981.4)、《声学语音学纲要(一)(二)(三)》(Peter Ladefoged 著,吴伯泽译,熊正辉校 1980.3、4、1981.1),而熊正辉《怎样求出两字组的连读变调规律》(1984.2)、贺巍《汉语方言语法研究的几个问题》(1992.3)等,实际上是具有教材性质的论文。考虑到读者的方便,《方言》又先后刊登了《国际音标修改至 1979 年》(1979.4)和《方言调查词汇表》(语言研究所方言组 1981.1)、《方言调查词汇手册》(丁声树 1989.2)。《方言》所发表的许多示范性的文章前文已经有所介绍,再如《现代吴语的类型学》(桥本万太郎 1979.3)、《福州方言的切脚词》(梁玉璋 1982．1)、《四川方言的形成》(崔荣昌 1985.1)、《北京官话区的划分》(林焘 1987.3)、《禁忌字举例》(李荣 1994.3)、《汉语方言里当"你"讲的"尔"(上)、(中)》(李荣 1997.1、2)等等,都能在内容上、方法上从不同方面、不同角度给人启发和帮助。此外,《方言》用专文介绍的人物赵元任(1982.2)、李方桂(1988.2)、丁声树(1989.2)、朱德熙(1992.4),都是为后学者树立的学习楷模。

回顾过去是为了把握未来。历史为 21 世纪的汉语方言学展示了更为广阔的前景,大量的研究课题摆在我们面前。首先,从奠定方言研究深厚的基础来说,对有些点进行全面深入的调查研究仍然十分必要。这项工作过去虽然做了,如《昌黎方言志》、"汉语方言重点调查"的各点及其他方言点的调查研究报告。但是,已有的成果对全国两千多个县市级方言点来说,布点太稀疏,有的方言区还是空白,报告的内容也还可以再扩大一些。汉语方言分区是当前方言学界共同关心的问题。分区的主要依据是方言特点的分布,不了解各地方言的特点,分区也就无从谈起。这就很有必要进行大面积的语音、词汇、语法的特征比较调查,画出反映汉语方言特征分布的语言地图,在此基础上得出的方言分区结论,将会更加接近方言实际。特征的比较调查过去语言所做过《官话区方言尖团音分合情况》和《汉语方音的几个问题》(均见《方言和普通话丛刊》第一本),虽然是通信调查,比较粗略,但很值得借鉴。方言调查中不断有大量的特点被挖掘,例如北京 tʂ tʂʻ ʂ 拼合口呼韵母的音节有的方言读 pf pfʻ f、通摄字有的方言读-m 韵尾等等,都有必要搞清其分布情况。方言的词汇和语法研究,现在还是薄弱环节,今后应该把这两方面列为方言研究的重点。百年大计,建立方言资料库的工作已经初见成效,《现代汉语方言音库》(侯精一主

34　　汉语方言研究的方法与实践

编)包括全国 40 个方言点的音档正在编印录制。希望在此基础上，大型的包括语音词汇语法等各方面在内的方言光盘制作也能逐渐纳入研究计划。

我们希望继续以《方言》为园地，组织一些专题讨论，像上面提到的吴语分区。还有 1986 年编辑部发起关于西南官话名词动词重叠的讨论，于 1987 年的 1、2、3 三期连续发表了梁德曼等的九篇文章，集中讨论西南官话名词动词的重叠形式，效果很好，可惜这样的讨论还是太少。《方言》杂志在汉语方言学的发展中具有导向的作用，这里对方言学科今后发展的两种关系提出个人浅见以供参考：加强词汇语法调查符合学科发展的要求，但这并不否定语音调查的重要。因为没有语音调查为基础，词汇语法的调查就不可能深入。就语音调查本身来说，现在的调查成果跟丰富的方言语音资源相比还有很大的距离。还有一些语音问题的研究几乎还没有开始，例如语调，《方言》总共只发表过沈炯的《汉语语调构造和语调类型》(1994.4)一篇文章，而且没有涉及方言的内容。实际上不同方言在语调上也是不同的，例如"现代汉语"教材讲句调，通常认为升调表示疑问惊异等语气，但是山东莱州(原掖县)有的叙述句也是上扬的。节律性是汉语的重要特点之一，有的结构在不同方言中在音节的数量上有不同的要求。足见方言调查的全面深入，必须兼顾语音、词汇、语法的全部内容。对于研究方法，创新是每一个科学工作者不息的追求，但是不论是"尖端"还是"宝塔"，都必须有坚实的基础。我国传统的方言研究有许多合理的成分，必须继续发扬。方言研究还是要提倡多做一些踏踏实实的实地调查工作。在这个基础上，我们才能有所创新，有所发展。

回顾 20 年，捧起这 80 本沉甸甸的《方言》杂志，我们感慨万

世纪之交汉语方言学的回顾与展望　35

千,内心充满对为方言学事业作出重大贡献的丁声树先生的深情怀念、对《方言》的创办者李荣先生的由衷敬佩,对《方言》杂志历任和现任的每一位工作者的深深感谢。希望我们每一个方言工作者,尤其是中青年学者,能以更坚定的信念,发扬先辈为我们树立的学风,实事求是,不断探索新的研究方法,开发汉语方言资源,丰富方言理论,在新世纪创造出汉语方言学的新的繁荣。

（原载《方言》1998 年第 4 期）

简评《语文研究》创刊 10 年来的方言论文

　　李荣先生 1984 年 12 月《山西省方言志丛书·序》说："对研究语言的人来说，山西的方言跟山西的煤炭一样，是无穷无尽的宝藏，亟待开发。""《语文研究》办在山西，开发山西的语言资源、发表富有特色的山西方言的调查研究成果，是我们义不容辞的责任。"①《语文研究》以探讨山西方言为己任，创刊 10 年，有关方言的文章发表了 80 余篇，外加增刊平遥、怀仁、太谷、晋城、陵川、洪洞、襄垣、祁县、寿阳、文水、万荣等 11 种方言志，收获甚丰。

　　在《语文研究》上发表的 80 余篇方言文章中，探讨方言研究的内容、意义、方法、历史及评论方言著作的文章约占 1/10，有李荣《汉语方言学会成立大会开幕词》(1982.1, 14—18)、许宝华、汤珍珠《略说汉语方言研究的历史发展》(1982.2, 122—132)、李如龙《论汉语方言的词汇差异》(1982.2, 133—141)、袁家骅《关于方言调查》(1985.3, 1—5)、詹伯慧、黄家教《有关汉语方言工作的一些认识》(1986.3, 19—23)、贺巍《关于编纂方言志的几个问题——兼评〈长治方言志〉和〈忻州方言志〉》(1986.3, 13—18)、刘凯鸣《方言俗语与方言俗语考本字》(1987.3, 46—49)、李行健《方言词语对社会学等学科研究的意义》(1988.2, 7—9)等。这些文章多能从认识上、实践上对当代的汉语方言调查研究起到程度不等的指导作用。特别值得一提的是，袁家骅先生遗作《关于汉语方言调查》，开章明

简评《语文研究》创刊 10 年来的方言论文　　37

义"方言学以人民口语为研究对象,所以调查是研究方言的主要方法。"李荣先生"研究方言首先就得调查,不能用印象代替调查。"调查是方言研究学术生命之源泉,离开了调查,生命之泉就会枯竭。

20 年代现代汉语方言学兴起以来,汉语方言的研究一直以语音为重点,这无可非议,因为语音是语言的外形,方言的语音差异往往是首先被人们感受到的,方言调查也只有从语音入手才能深入。但是汉语方言的词汇语法差异真像过去一般认为的那样微小不显著么? 正如李如龙《论汉语方言的词汇差异》所说:"这个结论下得太早。"语言工作者对方言特点的了解,都是从调查对比中得来的,没有经过调查,怎知差异大小? 方言研究的深入,必然要由语音兼及词汇和语法,这也可说是 80 年代方言研究在内容上转折的一个方面吧!《语文研究》顺应了这个趋势,发表的有关山西方言词汇语法的文章有近 30 篇之多,几乎占全部山西方言调查报告文章的 3/4。这些文章按内容可概括为以下四方面:

第一,综合叙述一个地区、一个方言点的若干特殊语法现象,例如郭正彦《晋中方言中的特殊语法现象》(1981.1, 134—137)、潘家懿《交城方言的语法特点》(1981.1, 138—153)、胡双宝《文水话若干语法现象》(1981.2, 128—137)、田希诚《临汾方言语法的几个特点》(1981.2, 138—141)等;

第二,介绍一类词的某些特点,例如陈庆延《稷山方言的量词》(1981.2, 142—144)、李守秀《榆次方言的助词》(1982.1, 134—136)、杨增武《山阴方言的人称代词和指示代词》(1982.2, 152—156)、胡双宝《文水话的量词、代词和名词》(1983.1, 51—57)、沈慧云《晋城方言的指示代词》(1986.2, 52—55)等;

第三,分析某一些词或某种结构的构成、性质及作用,例如侯

38　汉语方言研究的方法与实践

精一《平遥方言的动补式》(1981.2,119—127)、李鼎龙《万荣县西话形容词表程度的三种形式》(1983.3,63)、赵秉璇《太原方言里的反语骈词》(1984.1,58—61)、靳雨《忻州话四字组俗语的构成方式和修辞特色》(1986.1,52—56)、张光明《忻州方言"A眉A眼"式俗语例释》(1987.1,59—63)、郭建荣《孝义方言的动词重叠式》(1987.1,56—58)、侯精一《平遥方言的重叠式》(1988.4,1—5)、乔全生《洪洞话的"VX着"结构》(1989.2,43—45)等；

　　第四,集中描写一个语素或一至三两个词的特殊用法,例如关于"来"和"去"的用法,有乔全生《洪洞话的"去""来"》(1983.3,59—62)、潘家懿《临汾方言里的"来"和"去"》(1984.1,50—57)、陈一《忻州方言的"去"》(1987.l,16),关于"圪"的有《忻州方言词典》编写组《忻州方言"圪"头词语汇释》(一)(二)(三)(1989.2.3.4,46—50、44—48、46—50),此外有吕枕甲《垣峪话里的语素"头"》(1982.1,137—140)、靳雨《晋北方言词"抬"》(1985.1,64—65)、陈茂山《定襄话的非动作后置"行"——兼与余志鸿商榷》(1985.2,63—65)、宋秀令《汾阳方言中的"的"》(1988.2,60—62)等。

　　以上罗列的题目足以显示山西方言词汇语法研究的成果,其中的不少内容启发我们进一步思考汉语语法的某些特征问题。例如,众所周知,重叠式构词在西南方言中比较普遍②,据《语文研究》郭正彦(1981.1晋中)、潘家懿(1981.1交城)、郭建荣(1987.1孝义)、侯精一(1988.4平遥)等所提供的材料,说明重叠式构词在晋中一带很丰富:平遥"名词、量词、动词、形容词、副词、象声词都可重叠";平遥和交城的名词重叠都有"AA、AAB、ABB"三式,如"蛛蛛、格格纸、手巾巾"(平遥),"虫虫、人人书、牙刷刷"(交城);交城还有六叠式象声词如"喳喳喳、喳喳喳"等;孝义两种动词的重叠式"VV"和"VV 儿",前者是单纯的构词,只是词性由动词转化为名词,"刷刷"即"刷子",后者则含有一定的语法意义,"刷刷儿"表示"刷一下、刷一刷"的意思。这些都为汉语语法重叠式构词的形式和作用提供了丰富的例证。又如,用"圪"来作构词成分是山西方言语法的一大特色,许多文章都作了介绍,《忻州方言"圪"头词语汇释》(一)(二)(三)(1989.2—4)集中了忻州方言中以"圪"为词头的名词、动词、形容词、量词、象声词等 359 条,可以窥见"圪"缀词的构成和使用情况。与此同时,《语文研究》还发表了贺巍《获嘉方言表音字词表》(1989.3, 1—10)。获嘉位于河南,紧靠山西东南,获嘉方言"圪"缀词表,是调查研究山西"圪"缀词的对比材料。其他如忻州方言包括"A 眉 B 眼"、"A 眉 A 眼"在内的四字格俗语的构成和作用(靳雨 1986.1,张光明 1987.1),以肯定否定相叠中间加"啊"或各加"勒"构成的疑问句式"难啊不难呢"(田希诚 1981.2 临汾)、"来勒不来勒"(潘家懿 1981.1 交城),"V 着"之间插入宾语或补语形成的"VX 着"结构"我在这町等你着"、"再等一会儿着"(乔全生 1989.2 洪洞)等等,都对研究汉语的口语语法具有重要的参考意义。

实践早已证明,许多词汇语法的问题只有在语音调查的基础上并结合语音分析才能搞清,《语文研究》上发表的文章中,除徐通锵《中国语文》(1985.6)上所举到的临汾、文水两处方言以语音不同区分词尾"了"和语气词"了"(1981.2 临汾"吃 lou 饭 lia",文水"吃 lau 饭 lia")以外,"子尾"变调(沈慧云 1983.4)和反语骈词(赵秉璇 1984.1)都是从语音的结构来讨论某一部分词的构成的。山西方言中代词的语音情况尤其引人注意,山阴和临汾以韵母变化

40　汉语方言研究的方法与实践

表示人称代词的复数,如临汾(田希诚 1981.2)ŋuo(我)、ŋua(我们)、ni(你)、nia(你们)、nɑ(他)、naya(他们),这在汉语的其他方言中并不罕见,希罕的是山阴(杨增武 1982.2)和晋城(沈慧云 1986.2)的指示代词竟分别有五种和六种不同的读音表示不同的意义和不同的语法功能,下表比较晋城方言指示代词六种读音所表示的意义和用法:

分　类	读　音	意　　义	用　　法	备　　注
这$_1$　那$_1$	tiʌ^{53} niʌ^{53}	泛指事物	主语、宾语,修饰名词	
这$_2$　那$_2$	tie^{33} nie^{33}	指单个的人或事物	主语、宾语,修饰名词	
这$_3$　那$_3$	ti^{33} ni^{33}	指单个的事物	主语、宾语	"这$_1$"、"那$_1$"合音
这$_4$　那$_4$	tiəʔ^{22} niəʔ^{22}	指两个、两个以上的人或事物	用在数词(除"一")、量词前	
这$_5$　那$_5$	tə̃r^{33} nə̃r^{33}	表处所	所指远	皆系儿化,两者有时可通用
这$_6$　那$_6$	tər^{33} nər^{33}	表处所	所指近、更具体,使用范围小	

　　此外还有"这$_1$样儿、那$_1$样儿","这$_3$会儿、那$_3$会儿","这$_4$么、那$_4$么"等等。山阴方言的指示代词"这、那"的几种不同读音分别有不同的构词能力和句法功能,这里不再复述。上述材料,使我们对加强方言各要素整体研究的必要性有了更明确的认识,其方法,也可参考。

　　《语文研究》上发表的山西方言语音的文章 10 余篇,数量虽然不多,却是比较集中深入地研讨了几个有关汉语语音演变的问题。首先一个是入声。入声作为晋方言区从周围的官话区内划分出来的主要标准,说明入声问题在山西方言研究中的重要地位。据温端政《试论山西晋语的入声》③,山西境内 106 个调查点中,77 点有入声,约占 72%。其实山西境内方言的入声存在着一些不稳定的情况,正是这些不稳定,为研究入声的演变提供了有价值的资料。《语文研究》上发表的关于入声的文章有五篇:杨述祖《山西方言入声的现状及发展趋势》(1982.1,130—133)、马文忠《中古入声字在大同方言里的变化》(1984.2,68—69)、张益梅《介休方言入声字和古入声字的比较》(1986.3,71—72)、金有景《山西襄垣方言和〈中原音韵〉的入声问题》(1989.4,28—30)、王洪君《入声韵在山西方言中的演变》(1990.1,8—19),都从历史的角度讨论了入声的发展问题。杨述祖总结山西入声发展的趋势得出结论说:"现代山西方言的入声是向普通话靠拢的。"马文忠、张益梅具体统计了大同和介休两处方言入声读为舒声或入、舒两读的数字。在大同入声读舒声的 91 字中,古浊母字 75 个,占 82%。入舒两读字 28,古浊母字 21,占 75%。介休古入声字今读舒声或舒入两读的共 41 字,古浊声母 26 字,占 63%。这说明古浊声母字在入声向舒声转化的过程中往往先于清声母字,山西大同等地的情况正跟河北南部邯郸一带相吻合④。

　　但是问题并不仅仅是向普通话靠拢的一面,山西方言中还有古舒声字今读入声的例子。马文忠《大同方言舒声字的促变》(1985.3,64—65),举出大同方言舒声促变的两类字:任何场合都读促声的有"蔗、做、措"三字;促、舒两读的有"子、指、把、家"等 40字。介休(张益梅 1986.3)舒声促化也有上述两类,读入声的有"蔗、五、伍、忤",舒、入两读的如"指、把、处、和、糊、涂、里、午"等。舒声促化跟轻声有密切关系。据郑张尚芳《方言中的舒声促化现象》⑤,舒声促化除存在于带"ʔ"尾的晋语以外,还存在于吴语、江淮官话乃至赣语和闽语。众所周知,古汉语入声逐渐转化为舒声

42　　汉语方言研究的方法与实践

是汉语语音发展的基本趋向,上述舒声促化的逆向发展,犹如水流回旋,更加提醒我们注意要多角度地、全面地观察语言的发展问题。

《语文研究》所提供的语音发展的回流现象还有徐通锵《山西祁县方言的新韵尾-m 与-β》(1984.3, 1—10)。祁县-m、-β 韵尾的字并非来自古-m 尾的咸、深摄,而是分别来自臻曾梗通四摄的合口和遇摄字,那么它们不是古音-m 韵尾的保留。徐文分析祁县方言"新韵尾-m 和-β 的出现是高元音-u-的发音部位前移和发音方法的擦化的结果"(-m 尾所以不带摩擦,则是"双唇接触和原韵母中的鼻音成分融为一体的结果"),是语言发展有限变化方式中出现的循环现象。类似山西-m 尾的情况,在山东的平度、平邑也有存在,它们看似不合汉语语音的发展潮流,却都在发音上具有方便、自然的特点。

从方言音系和古音系的对比中,有许多实例证明方言音系的发展往往是通过音节结构成分声韵调的内部调整来实现的,声韵调在演变中互为条件的例子比较普遍的如:声母清浊和声调之间的相互关系,声母发音部位与韵母洪细之间的相互关系等等,而像福州那样以声调作为变韵的条件,即声调影响韵母,这样的例子却比较少。金有景《襄垣方言效摄、蟹摄(一、二等韵)字的韵母读法》(1985.2, 58—62)介绍,襄垣方言的效、蟹(开口一二等)字今声调为上声的,效摄读如宕、江摄,蟹摄读如咸、山摄,见下表:

今声调⑥	效　　摄	蟹摄开口一、二等
阴平	滔 t'au	猜 ts'ai
阳平	桃 t'au	才 ts'ai
上声	讨(＝躺)t'aŋ	彩(＝惨)ts'an
去声	套 t'au	菜 ts'ai

简评《语文研究》创刊 10 年来的方言论文　43

这真是难得的声调作为韵母演变条件的绝妙例证了。

　　不断被发掘的新的方言语音资料,一方面为语音演变的理论补充新的佐证,另一方面,也会动摇人们对于某些问题固有的认识。陈庆延《古全浊声母今读送气清音的研究》(1989.4,25—27)、徐通锵《山西方言古浊塞音、浊塞擦音今音的三种类型和语言史的研究》(1990.1,1—7)两文关于古全浊声母今音的研究,前者讨论今山西河东地区古全浊声母今音塞音、塞擦音不论平仄一律是送气清音,跟客家方言相同,这是因为该地曾是客家先民的祖居地之一;后者分析今山西方言古全浊声母塞音、塞擦音读清音的三种类型并存是汉语早期方言差异的一种残存痕迹,而不是同一种状态演变分化的不同结果,这样的分析对历史比较法的前提谱系树理论有所突破。汉语方言如此复杂,不能想像古代汉语不存在方言的分歧(何况早有文献记录分歧的存在),古浊塞音、浊塞擦音的历史情况是这样,推而论之,难道诸如声母的发音部位和方法、韵母的主要元音和介音、韵尾、声调等等各方面的情况,所有的汉语方言都会是从相同状态变化而来的么? 这确实是一个十分值得议论的理论问题,关系到立论的出发点。进行这方面的研究,有赖于大量方言资源的开发。《语文研究》的探索启发我们对一些问题作深层思考。

　　《语文研究》上发表的外省方言文章约 15 篇,其中关于北京话的研究特别引人注目,重要的例如林焘《北京儿化韵个人读音差异问题》(1982.2,9—14)、陈刚《北京人对母亲称谓的演变》(1983.2,51—56)和《北京话里轻声音节的异变》(1986.4,23—27)、陈松岑《北京城区两代人对上一辈非亲属使用亲属称谓的变化》(1984.2,43—49)和《北京话"你"、"您"使用规律初探》(1986.3,24—31)、周

44　　汉语方言研究的方法与实践

一民《北京口语动词的若干后缀》(1985.4,19—22)。这些文章大多突破了纯地域方言的研究范围,在动态分析中注意到人的社会分工、年龄层次、社会心理等因素,从内容到方法都对当前的方言研究具有重要的参考价值。

　　《语文研究》10年来发表的方言文章,在一定程度上反映了我国80年代方言研究的时代特点。从晋语研究来看,可以说是开创了语法调查全面铺开、语音研究集中深入的局面。办学术刊物难,办语言学的刊物更难,《语文研究》能够坚持办下来,其艰辛可以想见。我们盼望90年代的《语文研究》能够办得更好,在方言研究方面,除去能有更多的有关晋语的特点的文章发表以外,还能发表一些有价值的外省方言的文章,能够从方法上、理论上开展一些不同意见的争论。相信《语文研究》能够在未来的汉语方言学的发展中起到更好的促进作用。

附　注

　　① 见《五年来的〈语文研究〉和今后的设想》,《语文研究》1986年第1期。
　　② 参见《西南官话名词和动词的重叠式》(一)(二)(三),《方言》1987年第1—3期。
　　③ 见《中国语文》1986年第2期。
　　④ 参见钱曾怡、曹志耘、罗福腾《河北省东南部三十九县市方音概况》,《方言》1987年第3期。
　　⑤ 见《中国语言学会第五届年会论文》,油印稿,1989年。
　　⑥ 襄垣方言声调有阴平、阳平、上声、去声、入声A、入声B六类。

（原载《语文研究》1990年第4期）

从汉语方言看汉语声调的发展 *

汉语是有声调的语言。我国中古时期以《切韵》为代表的韵书，作为字音第一层次的分类条件是声调，然后才是韵母和声母，说明当时人们对汉语声调在语音各要素中重要地位的认识。近古时期以《中原音韵》为代表的韵书，其编排顺序依次为韵母、声调、声母。显然声调被放到了第二的位置。现代汉语的字典和词典如《新华字典》、《现代汉语词典》的顺序则又成了汉语拼音方案的字母、声调。这种位置的变化固然跟历史文化背景的种种外部因素有关，诸如考试制度、诗文格式的平仄运用、为汉字注音的方法的革新等等，但跟声调自身的历史发展也应该有必然的联系。

汉语语音的发展是由繁趋简，声调当然也不例外。语音的简化是有限度的，绝不能简省到不能表情达意的程度。但是在汉语音节的要素中，声调这种非音质音位的简化跟音质音位的元音、辅音是可以存在不同的。元音、辅音必须有一定数额才能足以构成一个音系；而声调则即使减少到零，也仍然可以交换思想，世界上多数语言的音系就是没有声调区别的。简化也是有条件的，汉语的声调又是以什么为条件通过怎样的形式简化的呢？这些，都是研究汉语声调发展值得注意的问题。

---

* 本文曾于 1997 年 8 月在第三十届国际汉藏语言及语言学会议上宣读，同年 11 月分别在日本京都大学及筑波大学报告。1998 年作了较大的补充和修改，修改中得到多位师友提供的材料并指正，谨致谢忱。

46　汉语方言研究的方法与实践

　　探索一种语言发展的道路，不仅要看共同语，也不能脱离方言，特别像汉语这样存在众多方言差异的语言。方言现象中往往保存着古老语言某些成分的残留，也蕴含着语言发展的萌芽，汉语的发展常常可以从现时的横向的方言比较中找到一些纵向的历史演变的轨迹。这些轨迹，可以说明过去，总结历史，也可以揭示未来。通过历史发展的事实推究未来，这，也应该是语言研究的重要课题之一，可惜我们过去注意得还很不够。

　　本文的主旨，正是希望通过对一些方言声调现象的比较和剖析，来探讨汉语声调发展简化的趋势，并把着重点放在声母、韵母对声调发展的制约关系及语流中的一些连调调型模式两个方面，具体讨论四个问题。

一　全浊声母字调类归并的趋势

　　汉语方言单字音声调的类别从地理上看是由东南向西、向北回旋式逐渐减少的。在汉语声调古今对比关系中，古声母清浊所具有的作用众所周知。现在我们把视角专注于全浊声母。全浊声母字在汉语声调发展中可说是最为活跃、最易变动的因素，调类的归并大多由全浊声母字开始。《切韵》音系的四个声调再按声母清浊又各分两类，东南方言中保留这完整八个声调的地点如潮州、温州、绍兴等等。丁声树、李荣《汉语音韵讲义》："古全浊上声今变去声，这是一条很重要的演变规律，官话区的方言几乎全是这样。"其实全浊上声归去声，在官话区以外的方言中也很普遍。例如有七个调类的方言福州、厦门、南昌等，跟八类声调的主要不同就是古全浊上声与浊去合并而为阳去一类了。其余如六个调类的长沙、五个调类的上海,无不存在全浊上声(或浊上)归去声的情况。官话方言除全浊上声归去声以外,还存在全浊声母字调类大合并的情况,例如山东莱西。莱西三个调类:平声,来源于古清平、次浊平;上声,来源于古清上、次浊上、清入;去声,来源于古次浊平、清去、次浊去、次浊入,以及平、上、去、入的全部全浊。其中去声包括古四声的全部全浊声母字,相当于北京的阳平加去声。再从河北东南部方言入声调消失的地域比较来看,可以推断,这些地方入声的消失也是从全浊声母开始的(详见下文"入声调类的消失")。下面是汉语方言从九个到三个调类代表点的古今调类比较,从中可以看到中古各类全浊声母声调跟他类声调合并的情况:

	平			上			去			入		
	清	次浊	全浊	清	次浊	全浊	清	次浊	全浊	清	次浊	全浊
广州 9	阴平	阳平	阳平	阴上	阳上	阳上	阴去	阳去	阳去	上阴入 下阴入	阳入	阳入
潮州 8	阴平	阳平	阳平	阴上	阳上	阳上	阴去	阳去	阳去	阴入	阳入	阳入
福州 7	阴平	阳平	阳平	上声	上声	阳去	阴去	阳去	阳去	阴入	阳入	阳入
梅县 6	阴平	阳平	阳平	上声	上声	去声	去声	去声	去声	阴入	阳入	阳入
长沙 6	阴平	阳平	阳平	上声	上声	阳去	去声	去声	去声	入声	入声	入声
上海 5	阴平	阳去	阳去	阴去	阳去	阳去	阴去	阳去	阳去	阴入	阳入	阳入
扬州 5	阴平	阳平	阳平	上声	上声	去声	去声	去声	去声	入声	入声	入声
成都 4	阴平	阳平	阳平	上声	上声	去声	去声	去声	去声	阳平	阳平	阳平
西安 4	阴平	阳平	阳平	上声	上声	去声	去声	去声	去声	阴平	去声	阳平
黄骅 3	平声	上声	上声	上声	上声	去声	去声	去声	去声	平声	去声	上声
莱西 3	平声	平去	去声	上声	上声	去声	去声	去声	去声	上声	去声	去声
涞县 3	平声	平声	平声	上声	上声	去声	去声	去声	去声	平上去	去声	平声

二　入声调类的消失

　　入声消失是汉语声调简化的重要方面。入声除调类以外,还有一个塞音韵尾的问题,所以讨论古入声的消失应包括塞音韵尾

48　汉语方言研究的方法与实践

的失落和入声调类的转化两个方面。

　　现代汉语东南五大方言粤、闽、客家、赣、吴及官话的部分方言都有独立的入声调和塞音韵尾。通过对不同方言入声的不同塞音韵尾的比较，可以看出古塞音韵尾在今汉语方言中的脱落大体是经过了发音部位后移、合并乃至最后弱化而消失的过程。见下面有入声又有塞音韵尾的方言韵尾的比较：

	广州	厦门	南昌	苏州	扬州	太原	张家口
鸽咸开一合见	-p	-p	-t	-ʔ	-ʔ	-ʔ	-ʔ
割山开一曷见	-t	-t -ʔ	-t	-ʔ	-ʔ	-ʔ	-ʔ
搁宕开一铎见	-k	-k -ʔ	-ʔ	-ʔ	-ʔ	-ʔ	-ʔ

　　以上广州代表古塞音韵尾全部保存；南昌的-p并入-t，属于部分合并；厦门则是古-t、-k白读为-ʔ；苏州、扬州、太原、张家口全部合并为-ʔ。

　　湘语是有入声的方言，但是湘语区的入声全部没有塞音韵尾。杨时逢《湖南方言调查报告》中湖南75个点的音系，其中有入声的37点，37点中只有一个点平江有-t、-ʔ两个韵尾，而平江方言属于赣语昌靖片。

　　在汉语大官话区，既存在有入声也有塞音韵尾的方言，也还存在许多虽有独立的入声调却没有塞音韵尾的方言。前者如江淮官话的南京和扬州、山西的太原和大同。后者如属于西南官话的四川省有近三分之一的地区有入声，主要分布于南部及岷江流域的綦江、南溪、西昌、犍为、峨眉、灌县、松潘等地，以及山东目前已发现有入声的利津、章丘、邹平、桓台四点，这两省的入声调都是没有塞音韵尾的；河北省有入声的方言分布于西北和南部近40个县市，其中中部的灵寿、平山、元氏、赞皇四点也没有塞音韵尾。以上两种情况见下面的比较（湘语属于有入声而无塞音韵尾的类型，下表以长沙为代表列在官话之后）：

	太原山西	南京江苏	获嘉河南	犍为四川	获鹿河北	利津山东	长沙湖南
笔	piəʔ(阴入)	piʔ(入声)	piʔ(入声)	pi(入声)	pi(入声)	pi(入声)	pi(入声)
国	kuəʔ(阴入)	kuɜʔ(入声)	kuəʔ(入声)	ko(入声)	kuə(入声)	kuə(上声)	kuə(入声)
立	lieʔ(阴入)	liʔ(入声)	liʔ(入声)	ni(入声)	li(入声)	li(去声)	li(入声)
月	yəʔ(阴入)	yeʔ(入声)	yɐʔ(入声)	io(入声)	yɐ(入声)	yə(去声)	ye(入声)
杂	tsaʔ(阳入)	tsaʔ(入声)	tsa(阳平)	tsæ(入声)	tsa(阳平)	tsa(阳平)	tsa(入声)
学	ɕyəʔ(阳入)	ɕioʔ(入声)	ɕyɤ(阳平)	ɕio(入声)	ɕyɤ(阳平)	ɕyə(阳平)	ɕio(入声)

以上七点，前三点是有入声也有塞音韵尾的，后四点是虽有入声却没有塞音韵尾的。

汉语方言入声调类和塞音韵尾的搭配不外以下四种：

	入声调	塞音尾	方言点举例
第一种	有	有	广州、厦门、苏州、南京、太原
第二种	有	无	湘潭、城步、邛来、赞皇、邹平
第三种	无	有	（无方言点）
第四种	无	无	青岛、佳木斯、兰州、武汉、昆明

但是在汉语中，还没有发现第三种即无入声而有塞音韵尾的方言。足见古入声调转化为舒声调是以塞音韵尾的失落为前提的。从音理上说，"入声短促急收藏"，塞音韵尾是促调的关键，丢掉了塞音韵尾，就有了跟其他舒声调合并的条件。

大官话方言入声有无塞音韵尾的比较表还有一个值得注意的事实，就是从保留入声字的声母类别看，利津一点的入声字只有清声母一类，获嘉、获鹿两点有清声母和次浊声母两类，其余各点包括清浊声母的全部。这就进一步证明全浊声母在汉语声调的演变中是最为活跃的因素。笔者 1984 年在河北东南部的语音调查中，

50　　汉语方言研究的方法与实践

邯郸地区的邯郸、临章、鸡泽、曲周、肥乡、广平、魏县共七县有入声,但都处于消失的过程之中。当时调查了 405 个入声字,七个点没有一个点是全部入声字都读入声的。通过地域比较,可以明显地看到,这个地区的入声存在自西向东先全浊、再次浊、最后清声母逐渐转化为舒声调的过程(详见《方言》1987 年第 3 期钱曾怡、罗福腾、曹志耘《河北省东南部三十九县市方音概况》,此处不赘述)。

另据马文忠《中古入声字在大同方言里的变化》(《语文研究》1984.2)和张益梅《介休方言入声字和古入声字的比较》(《语文研究》1986.3),大同和介休两处方言都存在部分入声读舒声的情况。大同入声读舒声的字共 91 个,属于古浊声母的有 75 个,占入转舒的 82％;介休入声读舒声的字共 41 个,来自古浊声母的是 26 个,占入转舒的 63％。

利津等四个有独立入声调的山东方言,其入声字基本上只有清声母字,说明山东方言的入声正经历着最后消失的阶段。这在官话方言中是很有代表性的。事实也正是如此,例如章丘方言的入声只存在于老派语音(新派清入归上声),而且老派读入声的字也在减少。据胡延森 1982 年调查,章丘老派读入声的字占古清入字的 85％,到 1997 年高晓虹调查,清入字读入声的只有 65％了。这样看来,章丘方言入声调的消失只是一个时间的问题。又据刘淑学《中古入声字在河北方言中的读音研究》(1997 年博士学位论文),河北北部有入声的方言入声读舒声的情况,如张家口入转舒的比例中年人是 63％,青年人则达到了 90％。从声母清浊的比例说,则依次是次浊声母略大于全浊声母,清声母保留入声最多,这跟河北东南部稍有不同。

　　下面简略介绍入声舒化现象在东南方言中的一些情况。颜逸明《吴语概说》："吴语的入声多数是短促调，……有人以为吴语的入声就是促音。其实吴语的入声并非一种读音"，"吴语东瓯片温州、瓯海、瑞安、平阳、苍南、文成、永嘉、乐清、洞头、玉环，以及泰顺、青田一带的入声都不是短促音，阴入读高升调，阳入读低降升调"。另据曹志耘《南部吴语语音研究》，在吴语南部13个代表点中，磐安、汤溪、文成、缙云、温州五点的单字音系也是只有入声而没有塞音韵尾（磐安、缙云入声字处在多音节词语的前字位置时有喉塞尾）。说明了入声韵尾在吴语南部一些地区的消失。黄雪贞《客家方言入声字的分化条件》（《方言》1997.4），总结古入声字在客家方言中多数地区仍读入声，但也有少数地区读舒声。古入声字今音读舒声的客家方言有两种情况：一种是全部读舒声，也没有独立的入声调，如长汀与南雄（乌径）；另一种是部分读入声、部分读舒声，如宁化、大余、于都，三点入声分化的条件有声母或韵摄的不同。其中宁化以声母为条件，即清声母保留入声（无塞尾），浊声母归入阳去；于都也是浊声母归阳去，而清声母字又按韵摄分两类，一类是咸深山臻四摄归阴去，另一类宕江曾梗通五摄保留入声（有喉塞尾）；大余则完全按韵摄分，一般是咸深山臻仍读入声（无塞尾），宕江曾梗通今读阴平。值得注意的是，宁化、于都入转舒的声母分化条件，跟上文官话方言入转舒声母的清浊条件是一致的。但是，陈晓锦《莞城话"变入"初析》（《中国语文》1987.1）的资料为我们提供了与上文声母条件并不一致的信息。莞城话有八个声调，古四声除去声不分阴阳以外，其余三声各分阴阳。入声除有-p、-t、-k、-ʔ收尾的阴入和阳入以外，还有一个变入。莞城话的变入调独立成类，调值33，没有塞音韵尾，韵母限于ε、œ、ɔ三个低元

52　汉语方言研究的方法与实践

音。总共 53 字,分别来自咸摄 4 字、山摄 15 字、宕江曾梗四摄 34
字,声母则除一字"钥"是古次浊以外,其余全部是古清声母字。这
就提醒我们研究入声消失的途径,必须进行多角度的观察和分析。
入声在东南各大方言中的消失虽然只限于局部地区,或者说还是
处于前期阶段,但是随着这些方言的发展和研究的深入,必将对汉
语入声发展的规律会有更多的发现。

三　轻声现象

　　轻声在汉语中是一种特殊的音变现象。虽然在整个句子中,
某些单音节词有时也可以读轻声,例如有的方言句首的某些代词,
但是大量的轻声音节还是存在于多音节的词语当中。所以轻声的
产生与汉语词汇由单音节向多音节发展有不可分割的联系。汉语
的多音节词以双音节词占多数,轻声音节在双音节词中一般是处
于后一音节的位置,三音节词语中的轻声则可以在末尾或居中,也
可以是后面的两个音节,四字以上的甚至可以有三个音节读轻声
的,这些都决定于词语的结构,例如山东博山("ə"有"儿"、"子"、
"的"、"地"等作用):

双音节词语	庄稼	媳妇	棉花	奶奶
	告诉	豆腐		
三音节词语	打饥荒	吃妈妈	蚂蚱菜	下半截
	红秫秫	盐卤儿		
四音节以上词语	大门指头	人棒槌ə	蛤蟆蝌蚪ə	
	鼻窟窿眼ə	笤帚枯插ə		

轻声和变调虽然同是声调的变化,但两者是不同的。其区别

主要在单字调的制约作用不同。变调的读音决定于以前后音节为语境条件的本调,如北京的"去 + 去",前字读半去,"上 + 阴"、"上 + 阳"、"上 + 去"、"上 + 轻",前字都读半上,变调仍然由本调而来,即使是"上 + 上"前字读阳平,也是只有本调上声才有这样的变化。轻声则不同,轻声音节原来所属的单字调已经失去了制约作用。就北京来说,相同调类的字,就是同一个字,只要在不同调类的字后面读轻声,其调值就会不同;而不同调类的字,只要在相同调类的字后面读轻声,这些字的调值就会相同,说明轻声音节的调值完全决定于前面音节的声调。例如"家、头、子、上",北京单字调分别是阴平、阳平、上声、去声,读轻声时按前字声调的不同其音高变化如下:

	家阴平	头阳平	子上声	上去声	前后字调值
前字阴平	张家	丫头	箱子	身上	55 + 2
前字阳平	王家	舌头	桃子	头上	35 + 3
前字上声	李家	里头	椅子	马上	21 + 4
前字去声	赵家	案头	栗子	路上	51 + 1

但是还不能把轻声看成是一种语调,因为轻声只限于多音节词语,而且其前面音节的声调还在起着决定性的作用。由此不妨把汉语的轻声看成是单字调向语调的一种过渡。我们从山东及其他方言的有些情况看到,这种过渡很有继续发展的可能。下面以山东莱州(原掖县)及陕西神木为例说明。莱州方言三个单字调为阴平213、阳平42、上声55。调类的主要特点是古全浊上声、全部去声、次浊入声分归阴平或阳平,没有发现分化规律;清入归上声,全浊入声归阳平。莱州方言双音节词语读轻声的有四种类型,举例如下:

54　汉语方言研究的方法与实践

第一种	213＋42	阴平＋轻声	衣裳	干净	正月	那个	
第二种	55＋3	阳平＋轻声	长虫	麻烦	豆腐	石头	
第三种	45＋3	上声＋轻声	馇子	母牛	耳朵	结实	
第四种	42＋2	阴平＋轻声	分数儿	三分之一	凑付	热闹	
		阳平＋轻声	黄牛	刺猬	大爷	脖子	
		上声＋轻声	百灵	伙计	打扮	恐怕	

　　以上第四类轻声前字可以是莱州全部单字调的阴平、阳平和上声。这就是说，连前字也失去了制约作用，使这个方言在这些词语的范围内没有了声调的区别性差异。但是由于有声母和韵母的不同和上下文，也并不影响人们的交际。

　　如果说莱州方言轻声前的那个音节失去制约作用还只是局部的，那么神木方言轻声音节不论本调也不论前字的调类都读 21 的事实说明，前字对后字轻声的调值已经基本失去了制约作用，两字组调型的不同只决定于前字的调值。据邢向东《神木方言的两字组连调和轻声》(1998 年手稿)并蒙口头告知：神木方言四个声调，古清声母平声和清声母、次浊声母上声合为一类。两字组后字读轻声的双字调型大体有四种(X 表示本调可以是任何一种调类)：

阴平 213＋X→24＋21	花椒	东西	牲口	酸枣	正月	针脚
	酒枣	起码	水井	五个	冷子	起去
阳平 44＋X→44＋21	棉花	儿马	媒婆	裁缝	颧骨	神木
去声 53＋X→53＋21	外甥	后晌	大门	担杖	糊弄	熨铁
入声 4＋X→4＋21	学生	跌打	腊月	拾掇	疙瘩	夹袄儿

　　以上从轻声词中轻声音节本调的失落和其前字制约作用的削弱说明汉语声调的弱化，轻声音节跟汉语词汇多音节化相生相伴。汉语语音简化，词汇的多音节化是一种补偿。汉语多音节词的发

从汉语方言看汉语声调的发展　55

展丰富是历史的必然,那么轻声音节也必将随多音节词的发展而进一步发展丰富。轻声音节虽然失去或弱化了单字调的区别性差异,但它跟非轻声音节的交错组合,使汉语固有的抑扬顿挫的节律性特点同样能够得到充分的发挥。

四　变调产生同化

变调和单字调的关系极为复杂:有的方言单字调不同,但是变调时合并了;有的方言从古今关系看,单字调虽然某些古调类合并了,但是变调时又会各自分开。变调如果单从组合关系看是种类繁多的,因为双字组的组合是单字调调类数 X 的一次自乘,而三字组就有了二次自乘。即一个方言如果有四个调类,那么两字组就有 $4×4＝16$ 种,而三字组就有 $4×4×4＝64$ 种组合;如果这个方言的单字调有八个,那么两字组合就是 64 种,而三字组到了512 种。但是实际上汉语方言变调中不同组合关系的合并情况是很多的。汉语方言变调产生的分化跟合并相比,合并的趋势远远大于分化。

北京话两个上声字相连前字变阳平,经过吴宗济先生等的声学实验和王士元教授等的听感实验,已得到学界的普遍认可。究其变化原因,过去不少人认为这是两个曲折调异化音变的结果,这种认识在过去并无异议。经过这些年方言调查的广泛深入,我们从许多方言调查的报告中看到,像北京这样"两上相连前上变阳平"的方言在官话方言地区相当普遍,许多例子已不是简单的音值异化所能解释,而事实又使我们不得不把思考的角度从音值异化转而向音类合并,请看下面的例子:

56　汉语方言研究的方法与实践

	上声	阳平	上＋上＝阳＋上	例　　　词	材料来源
北京	214	35	35＋214	图纸＝土纸　读本＝赌本　财礼＝彩礼	
哈尔滨	213	24	24＋213	粉笔　美满　友好；来往　游泳　存款	（尹世超）
牟平	213	53	55＋213	土改＝涂改　虎口＝糊口　骑马＝起码儿	（罗福腾）
新泰	55	42	42＋55	有水＝油水　雨水＝鱼水　养狗＝洋狗	（高慎贵）
东海	35	55	55＋35	打闪　小雨　点火；泉眼　苗圃　年底	（苏晓青）
洛阳	53	31	31＋53	有水＝油水　养马＝洋马　老米＝捞米	（贺　巍）
郑州	53	42	42＋53	喜酒　雨伞　手表；儿马　年底　姨奶	（卢甲文）
获鹿	35	55	55＋35	耍水　你俩；工厂　仙女　棉袄　陈米	（陈淑静）
兰州	33	53	53＋33	土改＝涂改　雨水＝鱼水　海底＝鞋底	（高葆泰）

　　以上需要说明三点：1，获鹿点单字调为平、上、去、入四类，阴阳平不分，原著归为平声，此处为排列方便写作阳平；2，东海点上上相连存在前字不变或变阳平两种形式；3，牟平点上声前的上声和阳平都变调，结果同为 55，从调形看，还是比较接近阳平。

　　再从多年来我们所掌握的山东方言资料看，在一个方言里变调产生的调类合并的现象也并不限于"上上"和"阳上"，济南、德州、龙口等方言四个单字调的 16 种两字组合都有三对以上的合并。例如德州（据曹延杰）：

阴平＋去声＝去声＋去声 23＋21　　抽气＝臭气　三步＝散步

阳平＋去声＝上声＋去声 55＋21　　图画儿＝土话儿　筹划＝丑化

上声＋阴平＝阳平＋阴平 42＋213　起飞＝齐飞　懒腰＝拦腰

上声＋上声＝阳平＋上声 42＋55　　起码＝骑马　淌水＝糖水

　　德州方言单字调四类：阴平 213、阳平 42、上声 55、去声 21。在两字组变调合并的四对中，竟有三对是前字上声、阳平合一的。由此联系到跟德州相近的山东庆云、无棣，河北盐山、孟村、海兴、黄骅、沧州、青县，以及山东中部的淄川、博山等阳平和上声不分，只有三个单字调的方言，我们可以从中看到汉语一些方言调类减少的途径。

　　烟台方言单字调平 31、上 214、去 55 三个,两字组变调有六种类型,合并了"平＋平"和"上＋平"、"平＋去"和"去＋去"、"上＋上"和"去＋上"三对,此处例词略去,下面着重要说烟台的三字组变调。烟台三字组共 27 种组合关系,变调以最后一个音节为条件,可归纳为三种调型,与单字调的关系可以用以下公式表示:

X＋X＋平→31＋35＋31	拖拉机平平平	高指标平上平	新大衣平去平
	美人蕉上平平	九九歌儿上上平	打离婚上去平
	教科书去平平	十九天去上平	婆婆丁去去平
X＋X＋上→55＋55＋214	花生米平平上	钢笔水平上上	真冻手平去上
	八仙桌上平上	打雨点儿上上上	笔记本儿上去上
	无花果去平上	鼻孔眼儿去上上	变戏法去去上
X＋X＋去→33＋21＋55	芭蕉扇平平去	干姊妹平上去	新世界平去去
	割裆裤上平去	打嘴仗上上去	枕头套上去去
	汽车站去平去	侄儿媳妇去上去	闹洞房去去去

　　两字组变调的合并情况在东南方言中也相当普遍。据李小凡《苏州方言连读变调的层次》(1998 年,《方言》杂志创刊 20 周年学术讨论会论文),苏州方言单字调舒声五个、入声两个,两字组连调调型一共是舒声五种、入声六种,变调类型决定于前字。以下是舒声五类的单字调和两字组连调型(X 表示前字本调为某个舒声调,1—7 表示后字为阴平、阳平等):

单字调	连调式名称	连调调值		例					词	
		前字	后字	X_1	X_2	X_3	X_4	X_5	X_6	X_7
阴平 44	阴平式	44	21	心声	新人	新手	心事	心意	心室	心力
阳平 223	阳平式	22	44	名声	名人	名手	民事	民意	明室	名列
阴上 52	阴上式	52	21	九声	九人	九首	九市	九亿	九室	九列
阳上 231	阳上式	23	21	两声	两人	两首	两市	两亿	两室	两列

58　汉语方言研究的方法与实践

去声 523　去声式　　52　23　　　四声 四人 四首 四市 四亿 四室 四列

　　另据李如龙、梁玉璋、邹光椿、陈泽平《福州方言词典》,福州方言七个调类的两字组连读,后字不变调,前字的变调决定于后字,变调也产生许多合并的现象,两字组前字变调规律如下表(表左为前字,表端为后字,表中为前字的变调):

	阴平 44　阳平 53　阳入 5	上声 31	阴去 213　阳去 242　阴入 23
阴平 44 阴去 213 阳去 242 阴入乙 23	阴平 44		阳平 53
上声 31 阴入甲 23	半阴去 21	半阳去 24	阴平 44
阳平 53 阳入 5	上声 31		半阴去 21

　　福州方言三字以上字组的变调以两字组为基础。其中四字组有慢读和快读两种:慢读时分两组各按两字组变调;快读时前两字不论本调一律读半阴去 21,后两字仍按两字组变调。就是说,福州方言四字组快读时,前两字的本调也已不起作用。

　　从语法的调查中,我们还注意到在一些形容词结构中变调使原来单字调失去制约作用的现象,现代汉语教科书一般都介绍北京话叠音形容词 AA 儿、ABB、AABB 的变调,后面的一个或两个音节不论原来属于什么调类,都可以读为阴平,例如:

AA 儿　高高儿的　长长儿的　好好儿地　慢慢儿地

ABB　　硬邦邦　　亮堂堂　　直挺挺　　黑洞洞

AABB　认认真真　老老实实　欢欢喜喜　干干净净

　　类似的现象在山东莱州、博山等地的方言中尤为突出。例如

从汉语方言看汉语声调的发展 59

博山,四字组"ABBə"、"ABCə"和五字组"ABABə"、"AABBə"等形容词生动形式,变调也不受原来三个单字调的制约而大多符合以下两种模式("ə"有"儿"、"子"、"的"、"地"等作用):

四字组　31＋24＋31＋23　　　香喷喷ə　　死直直ə　　瘦溜溜ə

黑出溜ə　　火不即ə　　木嘎吱ə

五字组　31＋23＋31＋23＋4　呼得呼得ə 蹀躞蹀躞ə 滴溜滴溜ə

旮旯旯ə 凄凄凉凉ə 丝丝拉拉ə

巧二古冬ə 漓流澧拉ə 血糊淋拉ə

形容词生动形式之外,也有少量的名词属于上述变化,如"脚巴丫ə"、"心口窝ə"等。

以上问题可以归纳为两个方面:一和二是声母、韵母对声调发展的影响,着重说明汉语声调调类的减少;三和四是语流中一些语词的调型模式,着重说明汉语声调在一定语境中的融合,是走向语调的一种过渡形式。两个方面共同的趋势都是单字调的作用减弱,有的甚至减弱到不起区别性作用,也就是在这些范围内字调消失。

参考文献

曹延杰　《德州方言志》,语文出版社,1991 年。

曹志耘　《南部吴语语音研究》,博士学位论文,1999 年。

陈淑静　《获鹿方言志》,河北人民出版社,1990 年。

丁声树、李荣　《汉语音韵讲义》,上海教育出版社,1984 年。

高葆泰　《兰州方言音系》,甘肃人民出版社,1985 年。

高慎贵　《新泰方言志》,语文出版社,1996 年。

60　汉语方言研究的方法与实践

贺　巍　《洛阳方言词典》，江苏教育出版社，1996 年。

李如龙、梁玉璋、邹光椿、陈泽平　《福州方言词典》，福建人民出版社，1994
　　年。

刘淑学　《中古入声字在河北方言中的读音研究》，博士学位论文，1997 年。

卢甲文　《郑州方言志》，语文出版社，1992 年。

罗福腾　《牟平方言志》，语文出版社，1992 年。

钱曾怡等　《烟台方言报告》，齐鲁书社，1982 年。

钱曾怡　汉语方言学方法论初探，《中国语文》1987 年第 4 期。

钱曾怡　《博山方言研究》，社会科学文献出版社，1993 年。

苏晓青　《东海方言研究》，新疆大学出版社，1997 年。

吴宗济、林茂灿　《实验语音学概要》，高等教育出版社，1989 年。

颜逸明　《吴语概说》，华东师范大学出版社，1994 年。

杨时逢　《湖南方言调查报告》，（台湾）史语所专刊之六十六，1974 年。

杨时逢　《四川方言调查报告》，（台湾）史语所专刊之八十二，1984 年。

尹世超　《哈尔滨方言词典》，江苏教育出版社，1997 年。

（原载《语言教学与研究》2000 年第 2 期）

论 儿 化*

一 性质·作用

儿化是汉语发展中在一定地区所产生的一种新形态,一种特定的音义结合体,就是用"儿"的音跟前一音节的融合使儿化词附含有与"儿"相关的意义。

儿化音的构成主要是"儿"音跟前一音节的融合。拿北京话来说,《汉语拼音方案》中元音卷舌的韵母虽然只有一个 er,但在北京人的实际交谈中元音卷舌的韵母却是很多的,这是因为北京话26 个儿化韵的构成无一例外都是韵腹或韵腹加韵尾的元音卷舌。北京话 39 个韵母除 ər、ɛ 以外都可儿化,其构成儿化韵的规律除去 a e ə u 几个元音可以单独或两个元音同时直接卷舌以外,其余像前高元音 i y 后加央元音 ə、舌尖元音变舌面央元音、i 韵尾或鼻辅韵尾的丢失等,儿化时虽有各种不同的变化,却全部都是适应了元音卷舌的需要。

在汉语的书面语中,儿化词是用两个汉字来表示一个音节的。这种形式无法从字面上区分"儿"是作为词根被儿化了的标志还是

* 本文引用了不少同行学者的成果,初稿又蒙蒋维崧、王福堂、熊正辉等先生赐阅并指正多处,曹志耘、罗福腾、李蓝、赵日新等同志阅后有的也提出过修改意见,有的还帮助核对过部分引文原文,在此一并致谢。

62   汉语方言研究的方法与实践

作为独立音节的词尾。由于这个字面的原因及功能上的一致，不少语言学家在论及儿化和儿尾时并不着意加以区分。但实际上大家在认识中对两者的语音差别还是明确、一致的。例如徐通锵在论到儿化音的特征时说："单音节化是汉语'儿化'的一个重要特点，也是能否儿化的一个前提。'儿化'时，词根语素的语音变化也是由这种单音节化造成的。"（徐通锵，1981）而儿尾，李荣讲到杭州的儿尾时说："杭州'儿'字不论文白，都读成自成音节的[ɿ]。杭州的'儿尾'总是加'儿'字，自成音节，不影响原来的韵母。"（李荣，1957）杭州的儿尾如：

凳儿 təŋˀ ɿ	瓢羹儿（羹匙）ᵇbiɔ ᵏeŋ ɿ
筷儿 kʻuɛˀ ɿ	索儿（绳儿）soʔ ɿ
茄儿 ᵈdʑi ɿ	帕儿（手绢儿）pʻaˀ ɿ

所以问题的关键是在音节的融合。由此可以对分辨儿化和儿尾在语音上确立界限："儿"音跟前一音节融为单音节的是儿化；"儿"音自成音节的为儿尾。

从北京儿化词的作用和意义看，"儿"是名词，儿化词具有名词性的特点。赵元任《汉语口语语法》中讲到"儿"这个"惟一不成音节的后缀"的作用"实际上只是一个名词标记"（赵元任，1979）。周定一《红楼梦里的"儿"和"子"》，在讨论了北京儿化的三个来源之后也说："不管来源如何，儿尾的主要作用是名词的标志。"（周定一，1985）儿化的名词性特点特别体现在词性的转换上，像动词"盖、坐"，形容词"鲜、亮"，乃至一些量词"个、块"等，儿化后都成了名词。儿化还有小、少、轻微的含义，可以表示喜爱、蔑视的感情和亲切、轻松的语气等。这些，都明明白白是由"儿"义生发而来的。

可见儿化不仅是一种构词手段,也是一种修辞方式。

以上儿化名词性的特点仅仅是儿化性质最基本的方面,不能以此作为划定儿化范围的一个标准,因为名词以外还存在动词、形容词、指示代词、副词及量词的儿化,儿化后并不全部转化为名词。例如北京的动词儿化"玩儿",形容词重叠末音节的儿化"好好儿"、"干干净净儿",指示代词儿化"这儿",副词儿化"慢慢儿"、"没准儿",量词儿化"一对儿"、"三本儿",等等。儿化超出名词范围的在有些方言中更是值得注意,下面介绍几例动词儿化和形容词儿化的情况。

动词儿化在胶辽官话中相当普遍。据厉兵(1981)介绍,辽宁省长山群岛长海县的方言,谓词儿化[①]除去也有转为名词的以外,还有许多不仅没有失去谓词的性质,而且还使谓词增加了"体"及其他的一些语法意义,有以下四种:

1. 相当于谓词加"了": 　宰儿头猪　　　阴儿天了
2. 相当于谓词加"着": 　走儿去的　　　红儿个脸儿
3. 相当于谓词加"到、在": 掉儿井儿去了　睡儿炕上
4. 相当于谓词加"得": 　涮儿干净　　　咸儿利害

像长海这种谓词儿化的形式在山东的烟台、长岛[②]等地也较常见,例如烟台的"抬儿上山"、"抬儿山底下",长岛的"跳儿黄河也说不清"、"一个小匣,盛儿两个老鸹儿"等。

江苏省赣榆方言(蒋希文,1962)音系跟胶辽方言有许多共同之处是早为人们所熟知的了,现在看,这个方言所存在的动词和形容词儿化的特点,也跟胶辽方言相似。例如:

动词儿化

挂儿墙上。　　　　　　　　　刚买的碗,打儿了。

64　汉语方言研究的方法与实践

堆儿门外去。　　　　　　　　　新鞋,掉儿底儿了。

　　形容词儿化

这点儿东西不沉儿,一个人就拿动了。

离家不远儿了,还有里把路儿。

不孬儿了,越来越大胆了。

赣榆方言动词儿化表示"说话的人对于处置事物感到轻而易举的语气","动词所涉及的物体'轻巧'、'体积小'、'容易处置'";有时则"带有一种幸灾乐祸的语气"。形容词儿化表示轻松可喜的语气;对人,则带有一种轻视或责备的口气。

　　山东临朐方言的一些在意义上存有正反对立的单音节形容词,其重叠形式表示程度深,例如:

大长长	精短儿短儿	大粗粗	精细儿细儿
大厚厚	精薄儿薄儿	大深深	精浅儿浅儿
大宽宽	精窄儿窄儿	大远远	精近儿近儿
大高高	精矮儿矮儿	大胖胖	精瘦儿瘦儿

表消极义的词除前加"精"跟表积极义的"大"对称以外,重叠的两个音节还双双儿化,充分表示"短而又短"、"细而又细"的程度。

　　以上列举的情况说明:方言中动词和形容词的儿化,虽然超出了儿化的名词性特点,但就其所表达的意义和语气,仍不难体味跟"儿"的关系。

二　分布·类型

　　以下所举儿化的分布及类型,因限于笔者之所见,仅仅是举例性的。

关于分布，周祖谟早在 1956 年就曾指出"儿化词不仅北京有，在基础方言内的其他方言里也有，但是在吴语、粤语、闽语里就没有。"（周祖谟，1956）袁家骅等《汉语方言概要》也说："儿化是北方话的普遍特点。"又说："浙江有些地方有'儿'尾，大概是南宋以后受了杭州话的影响。"（袁家骅等，1983）袁书举出浙江"儿尾"的例子是杭州"儿"ʅ自成音节和义乌"儿"n、平阳城"儿"ŋ 为韵尾两类，后者属于儿化。（平阳城还存在"儿"ŋ 自成音节的儿尾形式。）

李荣分析浙江温岭方言的一种变调在功用上有"名词化"、"表示小"的作用，"浙江温岭的变调相当于'儿化'"（李荣，1978）。李先生所说的这种小称变调除分布于浙南吴语和徽州的一些地区以外，还存在于广东、广西的一些方言，例如广州、台山、玉林等地。严格说来，小称变调跟本文所说的典型的儿化形式并不等同，但是都具有儿化音变"单音节化"的特点，而且有的地方如浙江青田又是跟典型的儿化韵相伴存在的（详见下文）。因此，本文将小称变调作为儿化的一种特例加以讨论。

儿化在北方方言区内的分布是如此广阔，本文对北方方言的儿化分布除列举代表点以外，并对已知北方方言中不存在儿化的方言略加说明；对非北方方言区，则只举存在儿化的代表点。表一列出北方方言区十二个有儿化的代表点，可以大致看出儿化在北方方言中的普遍情况。

表 一

地 点	"儿"音	儿化词及其读音		材料来源
沈 阳	ər	枣儿 tsauɹ	抽匣儿 tsʻouɹ ɕiaɹ	《汉语方言词汇》
烟 台	ər	桃儿 tʻaoɹ	那儿 n̠ieɹ	《烟台方言报告》
济 南	ɚ	叶儿 ieɹ	豆芽儿 touɹ iaɹ	自 查

66　汉语方言研究的方法与实践

地　点	"儿"音	儿化词及其读音		材料来源
洛　　阳	ɣu	侄儿 tʂuiˇ	做活儿 tsɤˇ xuəxˇ	《洛阳方言志》
西　　安	ər	枣儿 tsɑuˇ	罗锅儿 luoˊ kuorˇ	《汉语方言词汇》
兰　　州	ɯ	马儿 maɯˇ(快读)	叶儿 ieuˊ(快读)	《兰州方言音系》③
乌鲁木齐 (回民汉语)	ər	咋儿(这儿)tʂaɣˇ	小褂儿 ɕiɑˇ kuaˊ	《乌鲁木齐回民汉语调查报告》
成　　都	ɚ	这儿 tserˊ	盖盖儿 kɑiˇ kerˉ	《四川方言与普通话》
保　　山	æ	盘儿 pʻæˊ	今儿 tɕiæˇ	自　　查
南　　京	ər	盘儿 pʻərˊ	明儿 mərˊ	曹德和同志提供
忻　　州	ər	鸡儿 tɕiərˇ	鱼儿 yərˇ	《忻州方言志》
休　　宁		兔儿 tʻnˊ	袋儿 tonˉ	《徽州方言的内部差异》

以上列出的各点，只说明儿化在这些方言中存在，具体到每个点来说，儿化词的范围是大不相同的，例如，新疆乌鲁木齐回民汉语的儿化词其实不多而"子"尾特别丰富。乌市儿化词少于"子"尾的情况，汉民汉语也是如此（杨晓敏，1979），像"电影子"、"围脖子"、"心窝子"等。

按照儿化时"儿"音跟前一音节融合的原则，可以看到北方方言区内也存在没有形成儿化的方言。例如山西交城，潘家懿《交城方言的语法特点》（1981）谈到交城话名词的"－儿"尾读音"同单音节词'儿'一样，只是读成轻音而已"，其与北京的明显差别是"不能构成'儿化韵'"。潘文以"冰棍儿"为例，比较了北京儿化 [ˌpiŋ kuər²] 跟交城儿尾 [ˌpiə̃ kuəǐ' ər] 的不同。郭正彦《晋中方言中的特殊语法现象》（1981）在讲到当地儿尾的语音特点时也说："晋中方言的'－儿'是以独立的音节出现，而不同于普通话的'儿'只属于音节的一个组成部分。"又如青海西宁，据张成材、朱世奎《西宁方言志》的记录,儿尾词如"花儿"xuaˠ ·ɜ ˠ、"枣儿"ˠcɤˈ ·ɜ ˠ、"电影儿"tiãˠ iɤˈ ·ɜ ˠ、"鞋底儿"ɣɜˣ ˠtsˠ ·ɜ ˠ,"儿"也是自成音节的。再如安徽,孟庆惠《安徽方音辨正》:"安徽的很多方言都没有 er 和'儿化'。这些方言把普通话 er 韵母的字,分别读成 a、e、ai 等韵母了。……普通话里的'花儿(huār)'、'鸟儿(niǎor)'、'鱼儿(yuér)'等'儿化'的音节,在这些方言里根本就没有。"另据《安徽方言概况》"韵母表",庆惠同志所说安徽"儿"读平舌元音的地域分布比较集中,主要在淮河两岸及其以南的长江以北的大片地区,南部另有一小片,但是并不与中部大片相连接。

非北方方言区内的儿化在浙南吴语中比较普遍,表二列出三点可见一斑。

表 二

地点	"儿"音	例词及其读音		材料来源
义乌	n̩	珠儿 tɕy:n̩ˠ	尖儿 tsie:n̩ˠ	《浙江义乌方言里的"n"化韵》
汤溪	ŋ̍	猫儿 məŋ̍ˠ	尖儿 tsiŋˠ	《金华汤溪方言的词法特点》
平阳	ŋ̍	刀儿 tœ:ŋˠ	花儿 huo:ŋ̍ˠ	《平阳方言记略》

粤方言的小称变调例如广东台山。台山话的这种变调形式是(陈锡梧,1966):除原调都是 55 的阴上和上阴入两类以外,其余各类不论本调是什么,变调一律由原调值上升到 5,例如:荔枝 ˧˥、油条˧˥、号码˧˥、单位 ˧˥。台山的这种变调主要用于名词,也有动词名词化的作用,例如"封"、"学"都是动词,作为名词语素时声调要发生变化:信封˧˥、中学 ˧˥。

关于儿化的语音形式,[日]太田斋《山东方言的"儿化"》把汉语儿化分为融合式和非融合式两大类(相当于儿化、儿尾),其中融合式有六种类型:卷舌音式、韵母交替式、鼻音韵尾式、元音韵尾

68   汉语方言研究的方法与实践

式、嵌1式、变调式,大体概括了汉语方言儿化音变的各种情况。本文以韵母、声母、声调为序,列举方言中儿化的各种格式,因为有些音变影响到声母和韵母,所以不能笼统地称为"儿化韵"。

"儿化韵"指"儿"音跟前一音节韵母的融合,一般是"儿"成为韵尾,大体有四种形式:元音卷舌式、舌面元音式、鼻辅韵尾式、边音韵尾式。

毫无疑问,元音卷舌式在北方方言中最为普遍,以北京为代表。当然,元音卷舌的实际音值及具体的变化规律在不同的方言中还是有许多不同的。例如山东德州的儿化韵,ŋ韵尾来源的字儿化时并不带鼻化,这样,德州的儿化韵就比北京有了更多的合并:ar(帮忙儿、打杂儿)、iar(亮儿、小虾儿)、uar(小筐儿、画儿)、ər(剃头棚儿、老婆儿)、iər(影儿、叶儿)、uər(空儿、干活儿)。再如山西长治的儿化韵合并后只有 ar(iar uar yar)、ər(iər uər yər)两套共八个(侯精一,1985),湖南安乡话的儿化韵则全部按原韵母的开齐合撮四呼归并成 ər iər uər yər 四个(应雨田,1985)。三处显然都跟北京有别,但不论怎样,都没有超出元音卷舌的范围。对这一类型,本文不再赘述。

由于一些方言"儿"的单字音本身是不卷舌的舌面元音,这就使汉语儿化韵有了第二种较为常见的形式,即舌面元音式。舌面元音式的儿化韵,就是用"儿"这个舌面元音音节作为前一音节的韵尾,例如兰州:马儿 maɯ、叶儿 ieɯ、杯儿 peɯ、镜儿 tɕiðɯ④等。有的方言则是用"儿"全部替换了前一音节的韵腹(单韵母 i u y 除外)和韵尾,这样就出现了儿化韵的大合并,例如云南保山开齐合撮四呼,只有四个儿化韵(保山"儿"音 æ):

æ   树枝儿 ʂuˑ tʂæɹ   格儿 kæɹ

     豆儿 tæɹ   盘儿 pʻæɹ

iæ   嘴皮儿 tsueiˊ pʻiæɹ   尖儿 tsiæɹ

     今儿日 tɕiæɹ zʅ   影影儿 inˊ iæɹ

uæ   蟢珠儿 ɕiˊ tʂuæɹ   筷儿 kʻuæɹ

     老官儿官儿 laoˊ ɣuæɹ kuæɹ   一会儿 iˊ xuæɹ

yæ   山麻雀儿 ʂaŋʂ mAˉ tsʻyæɹ

河南洛阳的儿化韵共八个,也按开齐合撮四呼合为两套。也
许因为洛阳"儿"ɯ的舌位太高,儿化时只替代了前一音节舌位较
高的部分,而低元音部分都增加了一个过渡的央元音。洛阳八个
儿化韵及其跟原韵母的关系如下:

ɯ: ɿ ʅ ei ɤ ə̃ ɣə   侄儿   本儿

iɯ: i   iɤ ui ĩ iŋ   粉皮儿   捎信儿

uɯ: u ui   ũ uŋ   小树儿   嘴唇儿

yɯ: y   ỹ yŋ   小裙儿   小闺女儿

əɯ: a ə ai e a ã aŋ :ɯə   没法儿   面袋儿

iəɯ ia iɛ cai ĩ iaŋ   一家儿   小辫儿

uəɯ ua uɔ uai uã uaŋ   红花儿   水管儿

yəɯ: yɔ yɛ   yæ̃   水橛儿   汤圆儿

山东平邑仲村方言(孟子敏)有一种特殊的韵变,实际上也是
属于儿化韵变的舌面元音式,不过这种变化跟"儿"lə音的关系不
如上述保山等方言那么明显,而且发生韵变的也只限于37个韵母
中的12个,主要规律如下:

1. ã iã uã yã → ɛ iɛ uɛ yɛ

     两半儿 liɛ̃ˊ pɛɹ   小辫儿 ɕiɛˊ piɛɹ

70　汉语方言研究的方法与实践

药丸儿 ysɹ˩ uɤɤ˧　　　　社员儿 ʃʌuɤ˩ ysɤ˩

2. ɿ i u y、ɤ̃ iɤ̃ uɤ̃ yɤ̃ → ei iei uei yei

写字儿 ɕiɤ˩ tθeiɹ˩　　　大侄儿 ʌuɤʃ tʃei˩

树枝儿 fuuɹ˩ tʃeiɹ　　　小米儿 ɕiɤ˩˩ miei˩

小驴儿 ɕiɤ˩ luei˩　　　小雨儿 ɕiɤ˩˩ yei˩

大婶儿 tʌuʌʃ ʃei˩　　　带劲儿 tɛuʌ˩ tɕieiɹ˩

三轮儿 θɑ̃˩ luei˩　　　合群儿 xɤɤ˩ tɕʰyei˩

　　平邑方言的这种变韵形式在山东中部和西南一带比较普遍，像章丘、博山及定陶等地也都存在。把山东的这种变韵形式归入儿化的范围，主要是考虑当地方言整个音系的布局和韵变词的性质及作用。这并不等于说凡词根发生韵变的情况都是属于儿化，例如河南获嘉（贺巍，1965）的"z变韵母"也是舌面元音（原韵母有鼻辅尾的为鼻化的舌面元音），但是因为这个方言音系中还存在一套元音卷舌的儿化韵系统，而且其"主要功用相当于其他方言加轻声词尾'·子'字，虽然其意义也是通过前一音节的语音变化来表示的，当然也不能看成是儿化韵。

　　儿化韵的第三种常见格式是鼻辅韵尾和鼻化元音式，这是浙南吴语和皖南儿化韵的主要特色。"鼻音仍是现代浙江方言'儿'尾的主要语音形式。"（郑张尚芳，1980）武义方言（傅国通，1961）单字"儿"音n̩，韵母儿化的语音特点就是加韵尾n，即所谓"n（儿）化韵"。武义的这种儿化韵数量不多，原韵母经儿化后大量合并："原来的开口韵变成ən，合口韵变成uən，齐齿韵变成in，撮口韵变成yn。"四个儿化韵跟原韵母的关系如下：

ən：a æ ɤ ɿ aɔ ɔ ɛ ɿ ɤ　　　（小后）生儿　石头子儿

uən：uo ua ui　　　　　　（小铜）锅儿　（小活）鬼儿

in：　i ie iŋ iaŋ　　　　　　蟢儿　　　　（小）娘儿

yn：　y ye yæ　　　　　　（茶壶）嘴儿　（小小）船儿

浙南吴语儿化韵为鼻辅尾的又如金华汤溪。汤溪"儿"音 ȵ，26个儿化韵跟基本韵母的关系如下：

ŋ̍ŋ：ʅ	iŋ：	i	ie	uŋ：u o uo	yŋ：y
uɯŋ：ɯ ɤ	iuɯŋ(yuŋ)：	iɤ(yɤ)		uɯɯŋ：uɤ	yuŋ：yo
eŋ：ɛ ei	ieŋ：	iɛ	iei	ueŋ：uɛ uei	yeŋ：yei
ɑŋ：a	iɑŋ：	ia		uɑŋ：ua	
oŋ：ɔ	ioŋ(yoŋ)：	iɔ(yɔ)			
əŋ：ə e	əŋ：ə	eŋ：əi	məi		
aiŋ：ai	iaiŋ：	iai		uaiŋ：uai	yaiŋ：yai
ɑoŋ：ɑ ao	iɑoŋ(yɑoŋ)：	iɑ(yɑ)		uɑoŋ：uɑ	
	iɑoŋ：	iao			

皖南方言的鼻辅韵尾式儿化如黟县（伍巍，1985）：

鸟 niuˣ（单字音）　　　　鸟儿 tyŋˉ

瓶 paeˉ（大瓶）　　　　　瓶儿 pinˉ（小瓶）

包 pouˍ（动词）　　　　　包儿 punˍ（名词）

鼻化元音由鼻辅韵尾弱化而来。鼻化元音式的儿化如金华（曹志耘）：

虾 ȵuɑ（单字音）　　　　虾儿 ȵuã

鸟 ˉtiau（单字音）　　　　鸟儿 ˉtiõ

婶 ɕiŋ（单字音）　　　　（小）婶儿 ˉɕĩ

鸭 uaʔ（单字音）　　　　鸭儿 uãʔ

狗 ˉkiu（单字音）　　　　（小）狗儿 ˉkẽ

粟 soʔ（单字音）　　　　粟儿 sõ

第四种儿化韵的格式边音韵尾式在汉语方言中并不多见。杨

72　汉语方言研究的方法与实践

时逢《李庄方言记》（杨时逢，1987）对四川南溪县李庄方言语音分析中的韵母音值说明第（12）讲到了李庄的儿化情况：李庄"儿"音 əl，儿化韵就是 əl 替代前一音节的韵腹和韵尾，"其他韵母与本韵合并时，除齐合撮口韵的前面介音 i,u,y 不变外，其余无论开口韵或收 i,u 尾韵及收鼻音尾韵，皆一律变为 əl"。这样，李庄的儿化韵一共只有四个：

əl	尾巴儿 uei˅ pəl˅		盖盖儿 kai˄ kəl˄
	沙葫豆儿 sa┐ fu」 təl˅		老汉儿 nau˅ xəl˅
iəl	画眉儿 xuau˄ miəl」		蚊烟儿 uən」 iəl┐
	钉儿 tiəl┐		鱼鳅儿 y」 tɕʰiəl┐
uəl	花儿 xuəl┐		么姑儿 iau┐ kuəl┐
	氎窝儿 tsan┐ uəl」		娃儿 uəl」
yəl	鱼鱼儿 y」 yəl 」┐		汤圆儿 tʰaŋ┐ yəl」
	雀儿 tɕʰyəl˄		

这种边音韵尾式还见于跟南溪县相距不很远的四川仁寿县。仁寿方言（刘自力，1988）单字"儿"音 l̩，除 l̩ 以外的 36 个韵母儿化后合并成八个儿化韵，大致规律是：

ol̩：　o oŋ

ɿl̩：　跟 ts tsʻ s 相拼的韵母

ʅl̩：　跟 tʂ tʂʻ ʂ ʐ 相拼的韵母

əl̩：　其余的开口呼韵母

iol̩：　io ioŋ

il̩：　其余的齐齿呼韵母

ul̩：　合口呼韵母

yl̩：　撮口呼韵母

　　在汉语方言中，"儿化韵"固然是儿化音变中最普遍的形式，但是儿化影响到声母变化的也不乏其例。

　　徐通锵《山西平定方言的"儿化"和晋中的所谓"嵌ʅ词"》第一部分"与声母有密切关系的'儿化'"说到："'儿化'与声母有密切的关系，这是在其他方言中很少见到的一种特殊的语言现象。"该文介绍，山西平定方言"儿"音是自成音节的卷舌边音ʅ。儿化时这个边音跟前一音节的声母发生四种不同类型的关系：

　　1. 前一音节的声母是舌尖辅音的，儿化时ʅ紧随声母之后，形成复辅音，这时ʅ的实际音值是闪音ɽ。例如：

枣儿 ꜕tsʅɑ	豆儿 tʅ ɤu꜒
小葱儿 ꜕ɕiɑɔ ꜕tsꜛ ʅuɤŋ	手套儿 ꜕ʂɤu tꜛʅ ɑɔ꜒
小锁儿 ꜕ɕiɑɔ ꜕sʅuɤ	

　　2. 前一音节的声母是双唇、舌根辅音的，儿化时ʅ随声母之后，两个辅音"复化"程度不如前一种明显。阴声韵除u以外的元音带有卷舌作用。例如：

刀把儿 ꜕tɑɔ ꜕pʅʌ	门缝儿 ꜕mɤŋ fʅ ɤŋ꜒
黄花儿 ꜕xuɑŋ ꜕xʅuʌ	蛾儿 ꜕ʅɤ

　　3. 前一音节的声母是舌面前辅音的，儿化时原声母的发音部位转为舌尖前，然后加ʅ。韵母也由原来的齐齿呼和撮口呼转为相应的开口呼和合口呼。例如：

鸡 ꜕tɕi	小鸡儿 ꜕ɕiɑɔ ꜕tsʅə
球 ꜕tɕꜛiɤu	球儿 ꜕tsꜛʅɤu
心 ꜕ɕiɤŋ	菜心儿 tsꜛæɔ꜒ ꜕sʅɤŋ

　　4. 前一音节的声母是零声母的（按，平定方言零声母没有开口呼，北京开口呼零声母跟平定的ŋ声母相当，在平定的儿化属

74　汉语方言研究的方法与实践

第二种,如"蛾儿"),合口呼韵母儿化时前加 ļ,齐齿呼和撮口呼则要增加一个声母 z,其后加 ļ,齐、撮两呼的韵母也要相应地转为开口呼和合口呼。例如:

窝 ₍uɤ　　　　　　（被）窝儿 ₍u ļɤ

芽 ₍ia　　　　　　豆芽儿 tɤu, ₍zļa

鱼 ₍y　　　　　　鱼儿 ₍zļu

以上平定方言凡儿化的音节,其结果都不存在齐齿呼和撮口呼,即使原韵母是齐、撮二呼的,儿化后也都转成为开、合,这种韵呼的变化,连同声母由舌面转而为舌尖,从发音看都是适应了发卷舌音的需要。

在山东方言的调查中,由于儿化而使儿化音节发生声母变化的也已多有发现,从目前掌握的材料说,东部有掖县、即墨、诸城等,南部有费县等,西部有鲁西南的金乡、定陶及鲁西北的宁津等。山东方言中,声母因儿化而音变的主要是两方面:一,儿化音节原声母发音部位的转移;二,某些声母或某些介音后加入舌尖闪音 ɾ 之类的辅音。下面以即墨为例说明。

即墨县城"儿"音 ļə(ļ 的本音发得较长,除阻时很自然地带出央元音 ə),儿化除原韵母的舌面元音略带卷舌和伴随元音卷舌的韵母变化以外,另有 tʃ tʃʻ ʃ、ts tsʻ s 和 l 七个声母产生发音部位的变化,在 t tʻ n、tθ tθʻ θ 六个声母和 i y 两个元音后要加闪音 ɾ。例如:

tʃ　→　tʂ　　侄 tʃ1ˇ　　　侄儿 tʂɤerˇ

tʃʻ　→　tʂʻ　　尺 tʃʻ1˥　　　尺儿 tʂʻer˥

ʃ　→　ʂ　　叔 ʃu˥　　　　小叔儿 ₍ɕio˥₍ ʂur˥

ts　→　tθ　　节 tsiei˥　　节儿 tθʻɾe˥

论 儿 化 75

ts' → tθ'	雀 ts'yɔ꜔	家雀儿 tɕiaꜜ tθʳuaꜛ	
s → θ	小 siɔꜛ	小小儿 siɔꜛ θʳɔrꜜ	
l → ɭ	楼 louꜜ	小楼儿 siɔꜛ ɭuoꜜ	
t 后加 ɭ	点 tiã꜔	一点儿 iꜜ tʳɛrꜛ	
t' 后加 ɭ	天 t'iãꜛ	伏天儿 fuꜜ t'ʳɛrꜛ	
n 后加 ɭ	脑 nɔꜛ	豆腐脑儿 touꜜ fu· nʳɔrꜛ	
tθ 后加 ɭ	子 tθɿꜛ	鸡子儿 tɕiꜜ tθʳerꜛ	
tθ' 后加 ɭ	刺 tθ'ɿꜜ	刺儿 tθʳerꜜ	
θ 后加 ɭ	丝 θɿꜛ	肉丝儿 iouꜜ θʳerꜛ	
i 后加 ɭ	鸡 tɕiꜛ	小鸡儿 siɔꜛ tɕiʳerꜛ	
y 后加 ɭ	鱼 yꜜ	小鱼儿 siɔꜛ yʳerꜜ	

古知系字今即墨分 tʂ、tʃ 两组，儿化时 tʃ 组与 tʂ 组相合；古精组字即墨按韵母洪细分 tθ、ts 两组，儿化时 ts 组与 tθ 组合并，韵母也由细音转而为洪音。此外，t t' n 三个声母可以跟开齐合撮四呼相拼，儿化加 ɭ 后，原韵母如果是齐齿呼和撮口呼，也要转为相应的开口呼和合口呼。

"儿"在山东的读音主要有 ər、lə 两类，不论读 ər、读 lə，都有卷舌音。儿化时的声母变化乃至加闪音 ɭ，都是卷舌音所起的作用，说起来也很顺口。值得一提的是山东金乡方言儿化音变声母的卷舌化还会影响到儿化音节的前面一个音节。金乡方言（马凤如，1984）儿化时 ts ts' s z 声母变 tʂ tʂ' ʂ ʐ 是无条件的，例如：

卒	ꜛtsu	（小）卒儿	ꜛtʂur
虫	ꜛts'uã	（小）虫儿	ꜛtʂ'uã
四	sɿꜜ	（小）四儿	ʂərꜜ

76　汉语方言研究的方法与实践

飘 ₌zã　　　　（瓜）瓤儿 ₌z‚ãr

儿化音节前面一个音节的声母变化如：

张 ₌tsã　　庄 ₌tsuã　　张庄儿 ₌tʂã ₌tʂuãr

周 ₌tsou　　周桥儿 ₌tʂou ₌tɕ‚iɔr

但这前一音节的声母变化要受到古音类的制约，发生变化的只限于古知系字，精组来源的字则不变，如"孙庄儿"的"孙"仍是 s 声母。

　　像山东这样的儿化音变，除韵母变化以外又变声母的类型，还见于河南的偃师（马克章，1985），此不赘述。

　　以改变声调起到儿化作用的情况在浙江南部一带比较普遍，有的是伴随韵母变化而存在的。典型的例子是浙江温岭。李荣《温岭方言语音分析》讲到温岭方言的两种变调时说："温岭方言有两种变调：一种变调受音的环境制约，一种变调不受音的环境制约。前者是连读变调，像北京的变调似的。后者逢入声还要改变韵母，在功用上和广州的'变音'、北京的'儿化'有类似之处；为了和前者区别，这种变调可以叫做'变音'。"据《温岭方言的变音》，温岭方言小称变调的模式是：古平声为升变音 15，古仄声为降变音 51，见表三：

表　三

古　平 15	阴平：转弯 tɕyøʋ˥ ʔuɐ˥˩ʋ	阳平：鱼 ŋʋ˩ʋ
古　仄 51	阴上：鸟 tiɔʋ˥˩ʋ	阳上：公社 kuŋ˥ʔoz zɔ˩ʋ
	阴去：马褂 ʔʋom˥˩ʋ kuoʔɔ˩ʋ	阳去：妹 mei˩ʋ
	阴入：橘 ky?˥→kyn˥ʋ	阳入：闸 zʋ˩ʔɐʔz→zz˩ʋ

（入声韵母变为舒声韵母）

以上变调虽然看不出跟"儿"n˩ʋ 的本调有什么联系，但这种"名词化"、"小称义"的类化作用是如此严整，而且从部分入声韵变鼻辅尾的现象中,也还不难寻出一点"儿"音的作用。

　　类似温岭这样的小称变调又如浙江青田。潘悟云《青田方言的连读变调和小称音变》讲到青田方言小称变调"主要用于名词,表示'小''爱'或'微不足道'等意义。也有少数用于形容词、副词的,表示'少许、浅、差一点儿、有点儿'等意义,大体上从小义引申而出"。潘文介绍了青田方言小称变调的两种形式:平声[(3)]55,仄声22[4]。青田小称变调不同于温岭的有两点:第一,多字组除末字的声调发生上述格式的变调外,其余的音节都要按末字的平仄全部分别变为11或22,形成"x…平"(11…[(3)]55)和"x…仄"(22…24[4])的模式;第二,除去跟温岭一样有入声变舒声的韵变以外,青田还有更多的如浊变清、加鼻韵尾 ŋ 之类的声母、韵母的变化。

　　汤溪方言儿化时的韵母变化已如上述。这个方言的儿化也伴随有声调的变化,其规律是:除阴平、阴入、阳入三类不变外,其余各调阳平11变113、阴上534变52、阳上113变231、阴去52变534、阳去231变113。

　　安徽绩溪华阳镇方言(赵日新,1989)也以变调表示小称,多用于量词表示少,例如"你要的书我尔塔只几本儿",但也用于名词。华阳镇有阴平55、阳平44、上声213、阴去35、阳去31、入声 <u>32</u> 六个声调,小称变调的规律是:

　　阴平、上声变阳平:猪 tɕy˥　细猪 sˑ˥ tɕy˦˥

　　阳平变阳去:牛 ɲiɯ˦　细牛 sˑ˥ ɲiɯ˨˩

　　阴去、阳去变阴平:凳 tiã˥˥　细板凳 sˑ˥ pɔ˩ tiã˥˥

　　入声变高降:鸭 ŋaʔ˥˨　细鸭 sˑ˥ ŋaʔ˥˨

　　以上这样成系统的小称变调在北方方言中尚未见到,但也并非不存在局部的儿化变调。众所周知的例子是北京。北京单音节

78　汉语方言研究的方法与实践

形容词重叠形式的后一音节儿化，其声调不论本调一概为阴平，像
"高高儿的、黄黄儿的、好好儿的、淡淡儿的"等，其中的"高儿、黄
儿、好儿、淡儿"都是阴平。再如山东平度，平度方言古去声和次浊
入声字今归阴平和阳平，没有什么规律，儿化时则一般为阳平。单
字调阴平儿化时变为阳平的例如：ᴄ盖→ᵴ盖儿、ᴄ命→ᵴ命儿、ᴄ亮→
ᵴ亮儿、ᴄ调→ᵴ调儿、ᴄ月→ᵴ月儿，等等。

三　余　论

　　以上列出了汉语方言中儿化音变的一些不同类型，可以看出
儿化音节的构成一般是"儿"音融入或取代前一音节的韵母，但也
有跟声母结合的例子。徐通锵在分析山西平定方言儿化时"儿"之
所以不跟韵母组合有这样两段话："[ɭ]是卷舌的边音。汉语中能
作为韵尾的辅音传统上只有[-m, -n, -ŋ]和[-p, -t, -k]两套。'儿
化'后实现单音节化[ɭ]处于韵尾的地位，显然与汉语的音节结构
的格局相矛盾。在现代汉语的方言中，除了从入声[-t]尾转化来
的[-l]韵尾（如赣方言的'笔'[pil]）以外，还没有因复合的音节的
单音节化而形成的边音（特别是卷舌的边音）收尾的音节。""平定
方言的'儿化'既要实现单音节化，又要符合汉语语音结构的传统
格局，不使[ɭ]处于音节的末尾，因而使'儿'在'儿化'时嵌入声、韵
之间而成为一个中缀。这是汉语因'儿化'而使两个语素挤入一个
语素的音节框架（单音节化）的又一重要方式。"

　　笔者认为，这两段话用来解释形成平定这个点的儿化的特殊
形式完全合乎情理。明确树立一种语言总体格局的意识，对分析
一些语言现象确实大有必要，这可以帮助认清许多问题。但是又

不能不考虑到问题的另外方面。如果提出这样的疑问：平定方言儿化后所出现的复辅音，难道是符合汉语声母的传统格局和现代汉语方言的普遍情况么？何况又有四川李庄、仁寿的材料说明，事实上汉语方言中是存在以 l、ɭ 为韵尾的儿化韵的。这样看来，山西平定儿化"儿"ɭ 跟声母的结合，四川李庄、仁寿儿化"儿"l、ɭ 作为韵尾，是两种儿化音变方式的不同结果：一种打破了汉语通常没有复辅音的格局，另一种则打破了汉语通常没有边音韵尾的格局。

一种语言有一种语言的结构规则，形成自己的特色。这个规则固然制约着语言的发展，起到统一、规范的作用，但也绝非是一成不变的，总有一些新旧交替的内容。汉语的儿化是汉语发展到一定历史时期之后才产生的，本身就是超出汉语原有框架的新形态，这在汉语发展史上具有至关重要的意义。

目前的研究成果还不能确切判定儿化产生的具体时期。研究汉语儿化的产生应该对具体的方言进行深入的探讨。北京话儿化的前提是"儿"音完成读 ər 的转变，这个问题唐虞《"儿"[ɚ]音演变考》、李格非《汉语"儿尾词"音值演变问题商榷》都进行过踏实而有成效的考证。至于儿化的产生时期，周定一说："根据有关资料和近人研究，在北方话里，'儿'字演变为零声母，可能开始于金元时代；而儿化，例证从十六世纪开始，一直到红楼梦问世的十八世纪，不断出现，地区相当于现在的北京、河北、山西、山东。"李思敬通过对《金瓶梅》的考察，看到在"十六世纪中叶，北方话中的儿化音已经有了高度的发展，使用得非常普遍了"。林焘《北京儿化韵个人读音差异问题》根据北京至今还有一些老年人仍旧把一些应该儿化的音节读成两个音节，例如"灯儿"，"歌儿"读成 dēng'er、gē'er 而没有儿化成 dēngr、gēr 的情况，推测"北京话儿化韵儿化作用的

完成,很有可能只是近一百多年的事。"[美]薛凤生认为儿化韵的
产生"不会早于明朝",[日]太田辰夫认为"最晚在清初就已存在"。

　　以上都是从北方方言的范围来说的,几种说法并没有多大分
歧,时间差说明儿化从产生到完成的发展过程。这使我们想到浙
江南部吴语儿尾(温州等)和儿化(汤溪等)并存的局面,有时一个
点就有两种情况,例如平阳。平阳"儿"音 ŋ̩,其儿化和儿尾对比
如下:

儿化:虾儿 ho:ŋ̍　　　刀儿 tœ:ŋ̍　　　辫儿 bie:ŋ̍

儿尾:被儿 bi˥ ŋ̩　　　刀儿 tœ˥ ŋ̩　　　鸡儿 tɕi˥ ŋ̩

平阳方言也存在儿化变调,其规律是浊声母音节变 13 调,清声母
音节变 24 调;自成音节的儿尾变 13 调。这说明儿化音节在声调
上跟儿尾的一致性。

　　平阳儿化的特点是 ŋ 成为韵尾后,儿化音节的主要元音变为
长元音。类如这种音变的又如义乌(方松熹,1988)。义乌"儿"音
n,儿化韵的构成是把 n 附在前一音节的后面,这时前一音节的韵
母除了要有塞辅尾丢失之类的变化以外,n 尾前的元音无一例外
要变为长元音,例如"糕儿"ko:n、"梨儿"li:n、"橘儿"tɕyɛ:n 等。
平阳、义乌儿化音变中所出现的长元音,又是一个超出吴方言韵母
框架的实例。这种长元音,可以看成是当地方言双音节儿尾向单
音节儿化的一种过渡形式。

　　周祖谟《普通话的正音问题》写道:"一般说起来,受过学校教
育的北京人口里说的儿化词并不很多,例如'手腕儿'说'手段',
'围脖儿'说'围巾'。"这启发我们从另一个角度去考虑汉语儿化的
发展。书面语是口语的记录,儿化显然也是从口语先兴起来的。
山东作家蒲松龄(公元 1640—1715 年)的作品《聊斋志异》和《聊斋

论 儿 化 81

俚曲集》分别用两种不同的语体写成,前者是近代文言文,属于书面语形式,后者接近口语,其中不少方言词语在当地至今还被使用。把《聊斋志异》中的《商三官》跟《聊斋俚曲集》的《寒森曲》作一比较,可以看到这两篇同一题材的作品,前者没有一个儿化词而后者有"样儿"、"坐儿"、"娘儿两个"、"气儿"、"话儿"、"夜儿"、"险些儿"等等,可以作为儿化发展中口语先于书面语的例证。

　　汉语儿化的产生虽然不过是近几百年的历史,在汉语发展的历史长河中还是如此的短暂,但是由于音律及表义方面的优异条件,加上中国人传统的心理因素,其不断扩大之势是显而易见的。陈治文《关于北京话里儿化来源》补充董少文《语音常识》所举到的第四项,即除去最重要的"儿"(花儿)及"里"(这儿)、"日"(今儿)三项以外,还有个别来源如"不知道"说快了成为"不儿道",陈说:"我们由此得到启发,经过初步调查,发现有些材料,特别是 tʂ- tʂʻ- ʂ- ʐ-做声母的字,在一定条件下往往会使得它前头的一个音节发生儿化现象"。据陈文,tʂ tʂʻ ʂ ʐ 四个声母跟前一音节结合为儿化韵的条件必须是"口语"、"轻声"、"说快了"。以下就陈文摘举四例:

　　　tʂ 顺治门 ʂuàn tʂɿ mán → 顺儿门 ʂuàr mán

　　　tʂʻ 盘缠钱 pʻán tʂʻan tɕʻián → 盘儿钱 pʻár tɕʻián

　　　ʂ 图书馆 tʻú ʂu kuǎn → 图儿馆 tʻúr kuǎn

　　　ʐ 羊肉胡同 iáŋ ʐou xú tʻuŋ → 羊儿胡同 iár xú tʻuŋ

　　以上的儿化词只有轻松的语气还可以跟"儿"义相联系,毕竟是大大淡化了"儿"字的意义;而明显跟"儿"相关的倒是语音的卷舌因素。可见北京儿化词在口语中的扩展,已经由"儿"义的范围进而延伸到字音的类化了。李国正《四川儿化词问题初探》也谈到

82　汉语方言研究的方法与实践

了四川话儿化范围的逐渐扩展之势,李文举到明显的例子是 50 年代以来逐渐发展起来的人名的儿化及叠音名词更为广泛的儿化。

另一方面,有的学者也注意到了儿化在有的方言中衰落的情况,讨论的专文有《宁波方言的"鸭"[ɛ]类词和"儿化"的残迹》(徐通锵,1985)、《宁波方言"虾猪鸡"类字声调变读及其原因》等,所论及的地点集中于吴语北片的宁波、绍兴、上海一带。至于这方面的具体内容,本文不再讨论。

附　注

①　厉文"谓词"包括动词、形容词。

②　烟台、长岛的材料由作者实地调查所得。下文凡未注明出处者均属作者调查而尚未正式发表者。

③④　兰州方言急读为儿化,缓读时"儿"ɯ自成音节。

参考文献

徐通锵　《山西平定方言的"儿化"和晋中的所谓"嵌 l 词"》,《中国语文》1981
　　年第 6 期。

李　荣　《汉语方言调查手册》,科学出版社,1957 年。

赵元任　《汉语口语语法》,商务印书馆,1979 年。

周定一　《红楼梦里的"儿"和"子"》,《中国语言学报》第 2 期,商务印书馆,
　　1985 年。

厉　兵　《长海方言的儿化与子尾》,《方言》1981 年第 2 期。

蒋希文　《赣榆话儿化词的特殊作用》,《中国语文》1962 年第 6 期。

周祖谟　《普通话正音问题》,《中国语文》1956 年第 5 期。

袁家骅等　《汉语方言概要》,文字改革出版社,1983 年。

李　荣　《温岭方言的变音》,《中国语文》1978 年第 2 期。

北京大学中国语言文学系语言学教研室　《汉语方言词汇》,文字改革出版

社,1964 年。

钱曾怡等　《烟台方言报告》,齐鲁书社,1982 年。

曾光平、张启焕、许留森　《洛阳方言志》,河南人民出版社,1987 年。

高葆泰　《兰州方言音系》,甘肃人民出版社,1985 年。

刘俐李　《乌鲁木齐回民汉语调查报告》(油印稿),汉语方言学会 1983 年学术讨论会论文。

梁德曼　《四川方言与普通话》,四川人民出版社,1982 年。

温端政　《忻州方言志》,语文出版社,1985 年。

伍　巍　《徽州方言的内部差异》(油印稿),汉语方言学会 1983 年学术讨论会论文。

杨晓敏　《乌鲁木齐汉语方言的特殊语法现象》(油印稿),1979 年。

潘家懿　《交城方言的语法特点》,《语文研究》1981 年第 1 期。

郭正彦　《晋中方言中的特殊语法现象》,《语文研究》1981 年第 1 期。

张成材、朱世奎　《西宁方言志》,青海人民出版社,1987 年。

孟庆惠　《安徽方音辨正》,安徽人民出版社,1961 年。

合肥师范学院方言调查工作组　《安徽方言概况》(铅印内部发行),1962 年。

方松熹　《浙江义乌方言里的"n"化韵》,《吴语论丛》,上海教育出版社,1988 年。

曹志耘　《金华汤溪方言的词法特点》,《语言研究》1987 年第 1 期。

陈承融　《平阳方言记略》,《方言》1979 年第 1 期。

陈锡梧　《台山方言特殊变调初探》,《中国语文》1966 年第 1 期。

[日]太田斋　《山东方言的儿化》,《东京都立大学人文学报》166 号,1984 年。

侯精一　《长治方言志》,语文出版社,1985 年。

应雨田　《安乡话的儿化》,湖南师大学报 1985 年增刊,湖南方言专辑。

孟子敏　《仲村方言的语流音变》(手稿)。

贺　巍　《获嘉方言韵母变化的功用举例》,《中国语文》1965 年第 4 期。

郑张尚芳　《温州方言儿尾词的语音变化》(一),《方言》1980 年第 4 期。

傅国通　《武义话里的一些语音、语法现象》,《中国语文》1961 年第 9 期。

伍　巍　《徽州方言的音系特点》(油印稿),汉语方言学会 1985 年学术讨论会论文。

杨时逢　《李庄方言记》,史语所专刊之 87,中国台北,1987 年。

刘自力　《仁寿方言报告》(油印稿),山东大学研究生学位论文摘要,1988 年。

马凤如　《山东金乡话儿化对声母的影响》,《中国语文》1984 年第 4 期。

84   汉语方言研究的方法与实践

马克章　《偃师方言儿化初探》(油印稿)，汉语方言学会 1985 年学术讨论会论文。

李　荣　《温岭方言语音分析》，《中国语文》1966 年第 1 期。

潘悟云　《青田方言的连读变调和小称音变》，《吴语论丛》，上海教育出版社，1988 年。

赵日新　《绩溪方言语法研究》(油印稿)，山东大学研究生学位论文，1989 年；《安徽绩溪方言音系特点》，《方言》1989 年第 2 期。

唐　虞　《"儿"[ɚ]音演变考》，史语所集刊第 2 本第 4 分册。

李格非　《汉语"儿词尾"音值演变问题的商榷》，武汉大学学报 1956 年第 1 期。

李思敬　《从〈金瓶梅〉考察十六世纪中叶北方话的儿化现象》，北京大学《语言学论丛》第 12 辑，商务印书馆，1984 年。

林　焘　《北京儿化韵个人读音差异问题》，《语文研究》1982 年第 2 期。

[美]薛凤生　《北京音系解析》，北京语言学院出版社，1986 年。

[日]太田辰夫　《中国历史文法》，蒋绍愚、徐昌华译，北京大学出版社，1987 年。

陈治文　《关于北京话里儿化的来源》，《中国语文》1965 年第 5 期。

董少文　《语音常识》，文化教育出版社，1956 年。

李国正　《四川话儿化词问题初探》，《中国语文》1986 年第 5 期。

徐通锵　《宁波方言的"鸭"[ɛ]类词和"儿化"的残迹——从残存现象看语言的发展》，《中国语文》1985 年第 3 期。

陈忠敏　《宁波方言"虾猪鸡"类字声调变读及其原因——兼论汉语南方方言表小称义的两种语音形式》(油印稿)，汉语方言学会 1989 年学术讨论会论文。

（原载《中国语言学报》第 5 期，商务印书馆，1995 年）

官话方言调查研究对汉语史
研究的意义

1981 年 11 月，在厦门召开的全国汉语方言学会成立暨首届年会上，笔者即兴向大会提出加强官话方言（当时称北方方言）调查研究的动议，得到会议阶段性主持人及与会代表特别是官话区方言工作者的热情肯定。当时除感到官话方言区的研究阵营和研究成果相对薄弱以外，还认为官话方言分布地域宽广、使用人口众多，最能代表汉语发展的方向。

时至今日，十六年过去了，官话方言的研究队伍已空前壮大，官话方言研究取得了令人瞩目的成绩。面对亲身调查及不断接触到的许许多多官话方言的新鲜材料，使我们对官话方言调查研究的意义有了深一步的认识。这意义是多方面的，除了官话方言中同样蕴藏着无限丰富的资源必须及时"抢救"以外，还有作为基础方言对汉语规范化、作为分布地区最广在汉语方言分区等各项研究中的理论意义和实践意义等等。本文仅就笔者所看到的有助于了解某些汉语历史发展的一些官话方言资料，从两个方面谈谈官话方言调查研究对汉语史研究的意义。

一　入声消失的过程

不少学者总结汉语语音发展的大致趋势是"古音繁，今音简"。

86　汉语方言研究的方法与实践

声调简化的一项重要内容是入声的消失。入声消失包括塞音尾的失落和入声调类的转化两个方面。目前官话方言以外的南方各大方言区都还保留着独立的入声调和塞音尾。从南方及保留古塞音尾的官话一些方言的比较中，我们可以见到古塞音尾存在着由合并到消失的过程，见下面的比较：

	广州	厦门	南昌	苏州	扬州	太原	张家口
立深开三缉来	-p	-p	-t	-ʔ	-ʔ	-ʔ	-ʔ
栗臻开三质来	-t	-k <u>-t</u>	-t	-ʔ	-ʔ	-ʔ	-ʔ
力曾开三职来	-k	-k <u>-t</u>	-k	-ʔ	-ʔ	-ʔ	-ʔ

南方各大方言都还保留入声，这些方言凡有入声就都有塞音尾，因此难以从入声存在的情况下总结入声消失的过程，也难以在塞音尾存在的情况下了解塞音尾失落后是否还有入声的存在。

官话方言中恰好存在有入声和无入声的地域差异，也存在入声有塞音尾和无塞音尾的差异，这正是我们研究入声发展的必要条件。官话方言中有许多有独立的入声调而无塞音韵尾的方言。例如：属于西南官话的四川省有近三分之一的地区有入声，主要分布于南部及岷江流域一带的綦江、南溪、西昌、犍为、峨眉、灌县、松潘等地，山东省目前发现有入声的方言利津、章丘、邹平、桓台四点，这两省的入声全都是没有塞音尾的；河北省有入声的方言分布于西北和南部，跟内蒙、山西的晋语相交接的近40个县市，其中中部的灵寿、平山、元氏、赞皇、获鹿等点也没有塞音尾。见下面的比较：

	广州	苏州	犍为	桓台	获鹿
鸽	kap(下阴入)	kɤʔ(阴入)	kæ(入)	（不详）	kɤ(入)<u>kʌ</u>(入)
割	kɔt(下阴入)	kɤʔ(阴入)	kæ(入)	kə(入)<u>ka</u>(入)	kɤ(入)<u>kʌ</u>(入)
革	kɔk(下阴入)	kɤʔ(阴入)	kæ(入)	kei(上)	kɤ(入)

但是方言中不存在有塞音尾而没有入声的，足见古人声的消

官话方言调查研究对汉语史研究的意义　87

失是以塞音尾的失落为前提的。塞音尾失落,入声韵变为阴声韵,调值也由促调变为舒调,就有了跟非入声调归并的可能。

我们知道,在汉语声调的古今发展中,声母的清浊具有极为重要的作用,其中全浊声母是最为活跃的因素,这在入声的变化中也不例外。在河北东南部 39 县市的语音调查中,邯郸地区的邯郸、临漳、鸡泽、曲周、肥乡、广平、魏县共七个点有入声调,收喉塞尾ʔ。在所调查的 405 个入声字中,七个点没有一点是全部读入声的。通过地域及入声字声母清浊的比较,我们发现:这个地区的入声存在自西向东先全浊、再次浊、到清声母逐渐转化为舒声调的趋势(详情见 1987《方言》第 3 期钱曾怡、罗福腾、曹志耘《河北省东南部三十九县市方音概况》,1987 年《中国语文》第 4 期钱曾怡《汉语方言学方法论初探》,这里不赘述)。这个情况跟刘淑学 1996 年的调查结果相同。又据刘学淑学调查,河北北部入声的转化则是次浊声母稍快于全浊声母,但不论怎样,清声母的转化都在最后。山东四个有入声的方言,其入声调也全部都只包括清声母入声字。山东的入声目前正处于向其他调类转化之中,例如章丘,入声只存在于老派的口语,据 1982 年胡延森同志调查,章丘老派读入声的约占古清入字 85%,到 1996 年高晓虹同志的调查,章丘老派读入声的已只占古清入的 65% 了。

在山东有入声的四个方言中章丘、桓台、邹平跟利津在调类上并不相同:章丘等三点连入声在内总共是四个声调,而利津有五个。比较如下:

	阴平	阳平	上声	去声	入声
章丘	213	55	21		33(据高晓虹调查)
邹平	213	45	41		33(据王中修调查)

88   汉语方言研究的方法与实践

桓台　　213　　　　24　　　　31　　　　33(据于中调查)

利津　　213　　53　　55　　21　　　　44(据杨秋泽调查)

以上章丘、邹平、桓台的阳平和上声单字调相同,联系跟这些地区相接的淄博地区的淄川、博山等地已没有入声而只有阴平、上声、去声三调的情况,可以说明这些地区阴入调的消失要比阳平、上声合并要晚。

二　词缀在汉语发展中的作用

汉语的词缀在东南各大方言与官话方言之间存在较为明显的差异。南方粤、闽、客等方言的名词词缀很有特点,如粤方言的前缀"阿",后缀"仔、佬、婆、女、妹、公、嚟"等。其中名词前缀"阿",三国有个刘阿斗,北魏民歌《木兰诗》有"阿爷无大儿,木兰无长兄。……阿姊闻妹来",说明"阿"作为前缀已有悠久的历史,在东南方言中被广泛地保存下来,而且构成的名词很多。北方方言与之相比,前缀"阿"用得较少,例如济南,基本上不用"阿",只有一个"阿姨",实际上是后起的新词,老济南人叫"大姨"。济南人对人的称呼表尊敬时常用"大",如"大爷、大叔、大妹子、大兄弟、大侄子"等,同样也很有地方特点。

词缀大多由词根虚化而来。看一个词素是不是词缀,一看词义的虚化程度,再看构词能力。例如各方言共有的前缀"第、初",后缀"家、坛",原先的词汇意义都还保留,但是构词能力强,一般认为是词缀。"雪白"是雪一般的白,"蜜甜"是蜜一般的甜,构词能力稍差,有人认为是偏正式合成词。构词能力是不断发展的。"飞快"表示快得跟飞一般,因此同音也就可以表示刀子快,东西切得

官话方言调查研究对汉语史研究的意义　89

"飞薄"。不同的词缀在不同方言中虚化的程度不相同。"飞"在济南方言中,还可以组成"飞细、飞脆、飞碎"。"骏黑"的"骏"是黑的意思,加在黑的前面,表示很黑,在佳木斯方言中,"骏"还可以构成"骏清、骏紫、骏白",其中"骏白"的"骏"就完全没有了"黑"的意义。

官话方言的后缀是很丰富的。名词后缀如,早期白话小说常见的"厮",指男性仆人或对人的轻视的称呼,如"小厮"、"李逵这厮"。"厮"作为人称名词的后缀,在山东中部的一些方言还较常见,例如,临朐方言的"小厮小男孩儿、嫂厮嫂子",博山,桓台等方言的"瞎厮瞎子、秃厮秃子"。作为人称名词的后缀在博山方言中除了"厮","汉"(聋汉),"头"(老实头、孙头懦弱的人,家夯凫头不敢出头露面的人)等以外,还有用神鬼仙或动物名称的,多指品行不良或被认为是不吉祥的人,如"神"(丧门神、殃神、磨神好磨蹭的人),"仙"(脏仙、窝囊仙),"鬼"(破家舞鬼败坏家庭财产的人、调皮鬼),"精"(山精精明的山里人)、"虎"(赖皮虎、把家虎贬称善理家的人、老狠虎脾气不好的人),"熊"(懒熊、死熊无能的人、馋熊、狼熊忘恩负义的人)等。

名词后缀"子"在官话方言中的构词能力很强,以下的例子是普通话不用"子"而方言用"子"的名词:

新疆焉耆	奶子乳汁	下巴子	手腕子
	房檐子	麻雀子	花生仁子
	羊羔子	蜜蜂子	茶叶子
	手套子	顶针子	萝卜干子
宁夏银川	小米子	扁豆子	山尖子
	东头子	教员子	脑袋瓜子
	羊羔子	草鸡子	墨盒子
	粉锭子粉笔	毛角子辫子	月亮牙子

90　汉语方言研究的方法与实践

山东诸城	侄妞子	孙女子	手掌子
	树枝子	花心子	狗食盆子
	牙刷子	电棒子	抹布子
	鸡屋子	风门子	猪食槽子

官话方言以"巴"为后缀的不少名词已被共同语所吸收,如"嘴巴、尾巴、哑巴"等,名词后缀"巴"在官话方言中分布很广,例如:

黑龙江佳木斯	剦巴	嗑巴	瘫巴
	哑巴	结巴	
江苏徐州	泥巴	锅巴	鸡巴_{男阴}男阴
	瘫巴	瘸巴_{瘸子}瘸子	结巴	赖巴
湖北大冶	泥巴	锅巴	土巴	哈巴_{傻子}傻子
山东邹平	聋巴	嘲巴_{傻子}傻子	馋巴_{馋嘴的人}馋嘴的人
	瘸巴	结拉巴	

实际上"巴"在官话方言中还可作形容词后缀,而更多的是作动词后缀,下面以山东新泰为例:

形容词后缀	窄巴	秕巴	瘦巴儿	俊巴儿
	老巴儿	干巴儿	紧巴儿	
动词后缀	撕巴	捏巴	砸巴	切巴
	缝巴	擦巴	叠巴	刮巴
	摞巴	压巴	捆巴	讲巴
	念巴	长巴	学巴	弄巴

官话方言的动词后缀已经引起了一些学者的注意。周一民《北京方言动词的常用后缀》(《方言》1991 年第 4 期),列举了北京口语中的"巴、达、拉、喽、哧、咕、道、腾、哥"等九个常用后缀,合称为"巴"类后缀,并从书写形式、读音情况、附加意义(表情表势的作

官话方言调查研究对汉语史研究的意义　91

用)、历史源流等多方面进行了仔细的讨论。该文对推动官话方言动词后缀的研究有促进作用。动词后缀在山东方言中也很丰富，不少方言志都有描写。这里仅以济南为例。济南方言的动词后缀可按构词能力的强弱分为两类：一类是构词能力强的，相当于上述北京的"巴"类后缀；另一类构词能力虽然差些，但这些后缀较多，集中起来看也很成气候，形成了当地方言的一大特色。举例如下：

第一类	巴	撕巴	眨巴	揉巴	洗巴	打巴	砸巴
		捏巴	剁巴	扫巴	捆巴	脱巴	撸巴
		薅巴	摘巴	扎巴	择巴		
	拉	扑拉	划拉	扒拉	拨拉	谝拉	夺拉
		糊拉	白拉白眼看				
	悠	搓悠	抟悠	蜷悠	逛悠	晃悠	转悠
	么	捞么	揣么	舔么	抠么	寻么	趸么
	打	摔打	踮打	呲打	搐打	踢打	磕打
	和	凑和	虚和	对和	搀和		
	乎	揽乎	嫌乎	占乎			
	棱	扑棱	支棱	立棱			
	溜	提溜	嘻溜				
	鲁	秃鲁	顾鲁				
	弄	糊弄	摆弄				
第二类	摸拾	闯势	骨搐	捣古	溜达		
	扑撒	爬查	怄作	掂对	眍娄		
	晃当	晃登	当郎	折腾	支生		

　　济南方言的动词后缀一般也可作形容词后缀，济南的形容词后缀也分两类：

92　汉语方言研究的方法与实践

第一类　巴　紧巴　　窄巴　　挤巴　　瘦巴

　　　　拉　粗拉　　侉拉　　斜拉　　枵拉

　　　　乎　邪乎　　黏乎　　烂乎　　稠乎　　热乎

　　　　和　忙和　　软和

　　　　实　皮实　　硬实　　壮实　　结实　　瓷实

　　　　古　蹩古　　拐古

　　　　溜　稀溜　　酸溜

　　　　悠　光悠　　蔫悠

　　　　么　迁么

　　　　棱　斜棱

　　　　生　轻生　　脆生

　　　　发　细发　　大发

第二类　做势　　挺脱　　齐截　　腻外　　宽快　　活泛

　　　　平分　　凉森　　紧帮　　正当　　慢腾

　　济南方言带后缀构成的动词和形容词有特定的语义作用，多表示随意轻松的语气，如"这纸叫我给撕巴了"，有的后缀表示厌恶的感情，如"你到处捞么啥？"。动词后缀常常重叠使用为"ABAB"式，如"洗巴洗巴"、"拨拉拨拉"、"转悠转悠"、"磕打磕打"、"凑和凑和"等，表示动作在短期内连续反复；如果重叠后再加"的"，就会失去动词词性而为形容词，如"这鸡在那里扑棱扑棱的不知怎么了"。动词和形容词的后缀词可以构成重叠式"AABB的"，如：动词后缀"扑扑棱棱的"、"摔摔打打的"、"凑凑和和的"，都转而为形容词，形容词后缀如"紧紧巴巴的"、"粗粗拉拉的"、"热热乎乎的"、"忙忙和和的"、"做做势势的"、"宽宽快快的"。

　　济南方言的这种动词和形容词后缀在山东方言中相当普遍，

官话方言调查研究对汉语史研究的意义　93

在明清时代的山东作家作品中已很常见,如蒲松龄俚曲集中的"插和"、"踢弄"、"爬查"、"踢登"等,这里不细叙。

附加式构词是汉语由单音词向多音词发展的重要方式之一,不仅在语义上带有喜爱、厌恶、轻松、随意等不同的感情色彩和语气,其连用式和重叠式还是一种比较固定的语法结构。词缀的发展在语音方面也有特殊的作用。拿官话方言的后缀来说,后缀一般读轻声,重叠使用时往往含有两个以上的轻声。轻声的音高决定于前一音节,在语流音变中其本调已经失去了制约作用,是汉语单字调向语调转化的一种过渡形式。轻声跟非轻声的音节交叉组合,使汉语固有的抑扬顿挫节律性特点同样能得到充分的发挥。

以上从两种方言现象看汉语的发展。入声的消失是汉语语音简化的主要内容之一,官话方言首当其冲,最后完全转为其他声调该是不成问题的。我们从官话方言的其他现象来看,汉语的单字调这种非音质音位还有逐渐弱化的可能(笔者将另作专文讨论)。语音简化必然要从语言要素的其他方面得到补偿,否则难以适应表达客观事物发展日益丰富、人类思想不断复杂的需要,官话方言词缀的丰富正是从一个方面适应了这种补偿的要求。当然,这并不是说,入声消失和词缀发展是一对一、此消彼长的补偿关系。因为语言毕竟是无限复杂的,各种关系千丝万缕。

本文仅仅是很不成熟的一孔之见,希望得到同行师友的批评。

（原载《首届官话方言国际学术讨论会论文集》,

青岛出版社,2000 年）

山东方言研究方法新探

一　山东方言的产生

（一）史前时期的山东人

语言与人类共生，要了解语言的起源，必须研究人类产生的初始。探索山东方言的由来，需要从认识原始的山东人开始。

山东历史悠久。1981 年 9 月，沂源县土门乡骑子鞍山山东麓猿人化石的发现，说明远在四、五十万年以前的旧石器时代早期，就有古人类在山东大地上生存。历史学家根据猿人化石的体质特征论定，"沂源猿人"跟我国在二十年代周口店发现的著名"北京人"是同时代的人，是迄今为止山东境内发现的最早的原始居民。"沂源猿人"的存在并不是孤立的，跟"沂源猿人"大体同时代的旧石器文化，在山东还有两处发现，一处是 1983 年沂水范家旺村西南山顶南洼洞出土的石器和动物化石，另一处是 1983 年日照竹溪村和秦家官庄的石片、刮削器和砍砸器等，说明旧石器时代早期，山东已有多处远古人类的存在。

山东境内所发现的旧石器时代中晚期的遗存比旧石器早期的发现丰富得多，其中具有时代意义的是 1966 年 4 月在新泰乌珠台村一个石灰岩溶洞中发现的"新泰人"，出土了一枚人类牙齿化石及一批哺乳动物化石。"新泰人"距今约 2—5 万年，属于晚期智人。这时人的体质已具备了现代人的特征,代表了旧石器文化晚期阶段。"新泰人"是山东境内发现的最早的现代人。在这之前,1965年6月山东沂源骑子鞍山千人洞中还发现另一距今约2—3万年的旧石器晚期遗址的灰烬、烧土和打制石器石片、刮削器以及部分动物化石等。这些遗物说明,旧石器时代晚期的山东人,大脑更为发达,双手更为灵巧,已经知道生肉熟食,制造复合工具,开始进入了"比较稳定的穴居生活"①。

最晚在距今7000多年以前,山东地区已经有了相当发达的新石器文化,相继是后李文化、北辛文化、大汶口文化、龙山文化和岳石文化。家畜饲养、农耕、制陶及磨光石器是史学界公认的新石器时代的四大特征。从山东境内发掘的距今约3600－8000年间的房址、墓穴、器械等遗址遗物来看,新石器时代的山东人,社会经济有了很大的发展,农业、饲养业、渔业、狩猎业、纺织业兴起,手工业的显著进步是陶器制作从手工制作发展到了轮制。生产有了剩余,贫富差异形成,出现了城堡。社会生活逐渐丰富,有了原始的宗教信仰,占卜之风兴起,饰物品类繁多,并且在莒县陵阳河出土的大汶河晚期墓葬中还有一种细柄陶杯笛,说明当时已有乐器的产生。新石器文化在龙山文化时期达到鼎盛的阶段。龙山文化自1928年在龙山镇的城子崖发现以后,受到史学界的极大关注,70年来的发掘和研究取得了丰硕的成果,为我们今天山东方言的研究提供了重要的信息。龙山文化距今4000－4600年,属于新石器时代晚期的一种遗存,是中国文明史前时期晚期的代表,史学界称之为"龙山时代"。龙山文化处于我国进入文明时代的前夜,其丰富的遗存和显著特点对研究中国文明的起源具有极为重要的价值。

96   汉语方言研究的方法与实践

　　创造上述文化的主人是山东的原始土著居民，也就是东夷人。我国古代文献将山东一带的东方各部族统称为"东夷"。"夷"，《礼记·王制》："东方曰夷。"《说文·大部》："东方之人也，从大从弓。"在长江、黄河流域地区，东夷族跟华夏、苗蛮等部族并立而存在，在漫长的历史中始终在本地区不断地发展进步，当然也跟周围华夏等族有千丝万缕的联系。

（二）山东方言随山东人的定居而开始形成

　　人不能脱离社会而生存，社会离不开语言。语言是随着人类的形成而形成的，语言与人类共生。只要有了人，就有语言的存在。语言是人类进行思维、相互交流思想、组织社会生产和斗争的工具。没有语言，人类物质文明和精神文明的建设全都不可想象。可以设想，人类在从猿到人的发展过程中，语言也随之由简单的原始状态逐渐地发展丰富起来。由于考古科学的发展，人类学家可以根据头骨将古人类的面貌复原，认为复原时除根据已发现的完整的头骨以外，还应该加进地域性的原则，"因为人类学上的研究确定了在一定地域居住了长期之后，人类体质便大大地固定了"，[②]这正是所谓的"一方水土养一方人"。考古的遗物提供不了文字产生之前具体的语言信息，我们今天还不可能复原史前时期的语言面貌，无法了解山东"沂源猿人"和"新泰智人"的语言在当时是什么情况，但是按照上述古人类复原的地域性原则，至少可以推测不同时期的语言也存在地域性的特征。

　　方言是一种语言在某一局部地区的实际存在形式，是语言发展到一定历史时期的产物。方言的产生跟人类开始定居生活密切相关，恩格斯说："部落和方言本质上是一致的"[③]。方言的形成，要经历漫长的历史过程,《礼记·王制》所记"五方之民,言语不通"的情况,是语言长期在不同地域发展的结果。笔者目前还判断不了山东旧石器时代初期的"沂源猿人"是否是已经进入定居的时代,现在暂时把这个时期的人所说的话归属于原始的氏族语言,而把山东方言的产生溯源到山东的旧石器时代的晚期,也就是作为"现代人"的"新泰智人"时代,因为在这个时候,人类定居的历史已经开始,这是方言产生的前提。

（三）现代山东方言分区格局在新石器时代基本定型

山东方言发展到新石器时代,其大体格局已定,这从现代山东方言的分区及考古学家对山东龙山文化的分类比较中可以看得十分清楚。山东方言分为东西两区,两区又各分为两片;按照目前一些学者的说法,山东的龙山文化可以分为六种类型。方言的两个层次,两区四片的分区结果跟山东地区龙山文化的类型分布基本符合④。方言区片跟龙山文化的分布关系对照如下表:

东　区			西　区		
东莱片	东潍片		西齐片	西鲁片	
杨家圈类型	姚官庄类型	两城镇类型	城子崖类型	尹家城类型	鲁西南类型

以上龙山文化的"杨家圈类型"、"姚官庄类型"、"城子崖类型"、"尹家城类型"四种都是处于山东东西四片方言的中心位置。"两城镇类型"处于山东、江苏之交的日照、赣榆等地,"鲁西南类型"则处于山东、河南、安徽之交的曹县、商丘、宿县等地。这两个类型在山东地区的分布范围较小,其文化也带有过渡性的特点,如日照的尧王城遗址就发现过人工栽培的稻米,"鲁西南类型"的文物则跟河南省的龙山文化比较一致,而与其东部的地区差别很大。

98　·汉语方言研究的方法与实践

我国历史上第一部方言专著，西汉扬雄《方言》，总共收录词语675条，其中有方言词语内容的约340条。《方言》对山东地区方言记录的地名组合统计如下表⑤：

地名	出现次数	单列次数	并列次数	并立中出现最多的地名、次数、百分比		
东齐	62	29	33	海岱	24	72.7%
海岱	29	1	28	东齐	24	85.7%
齐	60	13	47	鲁	13	27.7%
鲁	27	1	26	齐	13	50%

从以上《方言》出现的地名组合数字来看，东齐、海岱方言一致性很强，齐、鲁方言也有许多共同特点，说明秦汉时期山东方言东西两区的分别十分明显。再从各地出现的总数字来说，四地方言各有特色：东齐方言自古就有独立的文化，单列次数达到29次之多，方言自成系统不在话下。海岱方言独立的特点不多，除了跟东齐有较强的一致性以外，也跟"青徐"、"大野"、"齐"等地并举，这个方言有一定的过渡性特点。齐方言因齐国的强国地位而在当时有重要影响，与齐并举的地名较杂，除了鲁以外，还有卫、宋、陈、燕、赵、晋、楚等，齐方言所具有的这种开放性，是齐国长期实行开放政策的结果。鲁方言单独列举一次，在26次并举的次数中，除了跟齐并举以外，其他大多是宋、卫、陈，其中宋有9次之多，鲁方言也是属于过渡性的方言。

以上用西汉扬雄《方言》的地名组合关系，来跟今天山东方言两大区四小片的分区结果进行对照，也是大体一致的。

山东方言是山东土著居民远古以来长期使用的交际工具。山东方言既属于山东的地域文化，也是山东地域文化不可或缺的载体。山东方言从形成到不断发展成为今天的面貌，始终跟山东人民的社会文化生活紧密相连。山东方言跟山东的地域文化存在着与生共来的一致性关系。这种一致性关系,就是山东的本地特色。

二 山东方言的地位和影响

(一)史前时期的山东龙山方言

对于史前时期,由于没有文字记载,历史的建立主要依靠考古发掘的实物和文献记录的有关传说。长期以来,由于受到夏王朝正统思想的影响,黄河流域中游地区是中华文明的摇篮得到广泛的认同,随着考古所得的资料日益丰富和研究工作的不断深入,不少史学家对我国这种史前文化起源的认识开始由一元论转变为多元论。其中如,夏鼐:"黄河流域是早期文化发展的一个中心,长江下游是另一个中心,山东地区史前文化的发展自有系列,是与黄河中游相对的另一文化圈。这三个地区的晚期新石器文化与中国文明起源关系最密切。"苏秉琦:"把黄河中游称为中华民族的摇篮并不确切,如果把它称作在中华民族形成过程中起到最重要凝聚作用的一个熔炉,可能更符合历史的真实。"安志敏认为,在中国史前文化发展的整个过程中,"始终以中原为核心,特别是进入阶级国家之后,则表现得特别突出。"但是"把黄河流域作为中国古代文化的中心并不排斥其他地区也有古老的遗存和悠久的文化传统,以及他们在之后民族共同体形成过程中的积极贡献。"⑥

我国古代各部族的发展自然是不平衡的。从大汶口龙山文化来看,新石器时期东夷的力量很强,经济文化的发展水平是相当高的,跟中原文化相比并不逊色,只不过因为华夏族首先建立了我国

100　汉语方言研究的方法与实践

历史上第一个夏代王朝,使之在以后的发展中处于更为有利的地位。但是从另一方面来说,夏王朝的建立,也促使了中原文化和东夷文化的交融,使之共同成为汉民族的前身华夏族形成的重要一员。当然,东夷族在以后的发展中也仍然保存着自己的文化特色。

我们无法具体描摹史前时期东夷人的语言,但是考古发掘的东夷人丰富的生产、生活资料告诉我们,当时的东夷方言已经达到了相当丰富的阶段。就拿典型龙山文化的代表性器物"蛋壳陶"来说,这种磨光黑陶薄如蛋壳,种类繁多,主要是器皿,有鼎、鬶、鬲、甗、盘、豆、盉、盆、杯、罐等,也有纺轮、矢镞等非容器类制品。质地精细轻巧,造型秀雅规整,形状各异,每种器物往往不只是一种形式。制作方法多种多样,有手制、模制和轮制,除去少量大型或特殊器物,或陶器附件如耳、鼻、器足等以外,绝大多数都是轮制的,说明当时的陶器制作的轮制技术已经相当成熟。龙山时代陶器制作的技艺代表了史前时代制陶业的顶峰,"即使在近代一般也难作到"[⑦]。制陶业的发展,是生产、生活的需要,也是当时社会经济文化发展的体现。龙山时代丰富的陶制品遗存,不仅是研究当时社会生产、物质和精神生活的依据,也为山东方言的早期历史提供了重要的信息。《荀子·正名》:"名也者,所以期类实也。""名闻而实喻,名之用也。"是说语言的名称概念是用来表达客观事物的,听到名,就会知道他所代表的实际事物,这是名的用处。名由实而生,多种多样的黑陶器皿,肯定有相应的多种多样的名称,还有对用以制作的不同工具、不同工序的说法等等,没有语言,不可能协调其操作过程,也无法传授技艺经验,制陶业就没有可能发展。多年以来,有关经济发达地区的方言对其他方言具有明显影响已经成为方言学界的共识,那么,创造了以蛋壳陶为代表的龙山文化的东夷人的方言在当时的地位和影响也是可想而知的。

上文说到,龙山文化时期已经处于中国文明的前夜。文字的产生是文明时代开始的一大标志。东夷人在山东创造的原始文字,就是史学家援"金文"、"甲骨文"之例命名的"陶文"。在山东发现的"陶文",属于大汶口晚期文化的,有在莒县陵阳河、大朱村及诸城前寨出土的一种刻在陶尊上的图像文字。属于龙山文化的,是1991—1992年山东大学历史系考古实习队在邹平丁公遗址灰坑中发现的刻有11个文字的陶盘残片。对于"陶文"的性质和解释,各家的看法还没有完全取得完全一致,唐兰《再论大汶口文化的社会性质和大汶口陶器文字》:陶器文字"既不是符号,更不是图画,而是很进步的文字,是商周时代文字的远祖。""是属于远古时期的义符字。"[8]裘锡圭《笔谈丁公遗址出土陶文》:"这些符号不是图绘,也不是无目的任意刻划的产物。它们大概也不会是跟语言毫无关系的一种表意符号,不然为什么会有11个符号排列有序地刻在一起呢?另一方面,从遗物的时代和符号的形式来看,它们也不可能是成熟的文字。所以它们大概是一种原始文字。不过我认为这并不是一种处于向成熟的文字发展的正常过程中的文字,而是一种走入歧途的原始文字。"[9]作出这样的结论,缘于丁公遗址的文字跟通常见到的甲骨文差别较大,但是不论对陶器文字的性质有何不同的认识,承认"陶文"是我国原始文字已被越来越多的人所认同。文字是记录语言的工具,山东陶器文字的发现,进一步证明山东方言已经到了相当发达的程度。

(二) 历史上的齐鲁方言

文明时期是有文字记载的时代 ,也是有了国家的时代。华夏

102　汉语方言研究的方法与实践

族首先在我国建立了第一个奴隶制王朝夏朝,标志着原始社会的终结。夏朝的统治地区主要在黄河中游,但是华夏族自古以来就跟东夷族有着密切的关系,夏朝建立以后,政治文化的交往更为密切,《后汉书·东夷列传》:"夏后氏太康失德,夷人始畔。自少康已后,世服王化,遂宾于王门,献其乐舞。桀为暴虐,诸夷内侵,殷汤革命,伐而定之。至于仲丁,蓝夷作寇。自是或服或畔,三百余年。"这种关系有争战、有亲和。战争固然给人民带来巨大的灾难,但从语言的角度说,却是促进了语言的交融,而文化的交往对于语言融合的作用自然是更不在话下的了。正是这种长期的交往关系,使东夷语言跟华夏语言有所融合,使之共同成为汉民族共同语的基础方言。

周定天下,实行大分封。周武王封功臣谋士,《史记·周本纪》:"封尚父于营丘,曰齐。封弟周公旦于曲阜,曰鲁。"周公留佐武王,其子伯禽受封,为鲁公。齐鲁在山东立国从此开始,山东地区遂有齐鲁之称。齐国和鲁国都是我国先秦时期的两大诸侯国,虽然都以周文化为官方文化,都是我国的礼仪之邦,但是由于政治文化等多种原因,他们政治上走的是两条不同的发展道路,文化特色也就有所不同。

齐国通达权变,自建国开始就采取了一系列开明的政策。《史记·齐太公世家》:"太公至国,修政,因其俗,简其礼,通商工之业,便鱼盐之利,而人民多归齐,齐为大国。"以后齐桓公在管仲的辅佐下,对内改革政治,"设轻重鱼盐之利,以赡贫穷,禄贤能,齐人皆说",对外实行"尊王攘夷",在大征伐大吞并的基础上,"九合诸侯,一匡天下",确立了中原霸主的地位。齐国到了威王和宣王时期,国力达到鼎盛。在文化建设方面设"稷下学宫",招揽天下贤士,广开言路,《汉书·艺文志》所称"九流十家"的儒家、道家、名家、法家、阴阳家、兵家、墨家等都在这里留下足迹,各著书立说,讨论天下大事,开创了解放思想、百家争鸣的风气,临淄成了当时学术交流的中心。齐国的强大和开放的学术风气,扩大了齐语在汉语方言中的影响。西汉扬雄《方言》共收入当时全国方言对照的词语共 675 条,其中出现"齐"地方言的竟有 30 条之多。《孟子·滕文公下》中记载孟子跟戴不胜的一段对话,虽然是用语言环境对于学习语言的重要性来说明环境对于培养人的作用,但也说明齐语在当时士大夫心目中的地位:"孟子谓戴不胜曰:'子欲子之王之善与？我明告子。有楚大夫于此,欲其子之齐语也,则使齐人傅诸？使楚人傅诸?'曰:'使齐人傅之。'曰:'一齐人傅之,众楚人咻之,虽日挞而求其齐也,不可得矣;引而置之庄岳之间数年,虽日挞而求其楚,亦不可得矣'。"

鲁国封于少昊之墟,商奄故地,地理环境优越,又受到周王朝的种种特殊待遇,在诸侯王国中居于首屈一指的地位,后来因为拘守传统,政治经济上缺少改革措施,以致发展迟缓,国力日趋衰弱。但是从另一方面来说,鲁国对于保存和发展传统文化又有其独特的贡献。鲁国原是东方各国的文化中心,后来成为著名的礼乐之邦。西周经犬戎之乱,大量典籍文物遭损,周公所制的礼乐及法器史册只有鲁国得以保存。鲁人尊崇周公,笃守礼乐传统,《汉书·地理志》:"其民有圣人之教化"。鲁国尊师重教,孔子正是应时而生的教育家,他开创了私人办学的先河,《史记·孔子世家》:"孔子以诗书礼乐教,弟子盖三千焉,身通六艺者七十有二人",足见规模之大。孔子创立的儒家学说,影响了我国传统文化几千年,他整理的儒家经典《易》、《诗》、《书》、《礼》、《乐》、《春秋》,为继承、传播古代

104　　汉语方言研究的方法与实践

文化作出杰出的贡献。这些著作以及由孔门弟子和再传弟子所编纂的孔子言行录《论语》，代表了汉语发展史上的重要阶段。据《论语·述而》记："子所雅言，诗、书、执礼，皆雅言也。"说明雅言是孔子的教学语言，"六经"应该基本上也是用雅言整理的。从现代汉语方言的分区看，鲁地曲阜跟周都西安一带方言都是属于官话方言的中原官话区，可以推测雅言跟当时的鲁语相差不会很大。另外，孟子讥笑许行"南蛮鴃舌之人"（《孟子·滕文公上》），批评"盛德之士，君不得而臣，父不得而子"的俗话是"齐东野人之语"（《孟子·万章上》），也可从侧面看出鲁语的地位，至少孟子认为自己的母语鲁语是比较高雅的。

　　我们在了解齐鲁两国不同发展道路的同时，也不可忽略了两者之间特殊的关系。两国地域毗连，历史上交往频繁，早在公元前4世纪左右，人们就已经开始习惯于把"齐鲁"作为这片较大地区的通名。齐鲁之邦是东夷文化的直接继承，原本就有深厚的基础，以后经过长期发展，成为中华文化辉煌的代表。春秋战国时期重要学派儒家、墨家、兵家、阴阳家等都在这里孕育产生，我国历史上最有影响的文武圣人孔子和孙子也是鲁人和齐人。从语言的角度来看，齐鲁学者的著述，不仅是汉语书面语的较早的记录形式、大量成语典故的源头，也是历史上相当长时期内的必读教材，其在汉语发展中举足轻重的地位是不言而喻的。直到今天，"学而不厌，诲人不倦"，"知之为知之，不知为不知"，"学而时习之"，"知己知彼，百战不殆"等等，都仍是众所公认的至理名言。

（三）胶东方言与胶辽官话的形成

　　在汉语官话方言中，胶东方言是学术界公认的比较特殊的一支。胶东方言有狭义、广义之别,狭义的胶东方言指胶莱河以东胶东半岛地区的方言,广义的胶东方言则指山东半岛地区的方言。从山东境内的地域分布来说,广义的胶东方言区跟上文的齐鲁方言区形成互补。胶东方言跟齐鲁地区方言存在明显的不同,这跟两地原始文化的不同正相对应。

从蓬莱、长岛发现的旧石器晚期的打制石器来看,胶东人的历史至晚在旧石器时代晚期就已开始。考古研究工作者公认胶东地区的原始文化跟山东西部地区存在不同。韩榕《胶东史前文化初探》:"山东地区的史前文化存在着两大分支系统,一支是以泰山周围一带为其主要分布区的大汶河文化,它的前身是'北辛文化';另一支则以胶东地区为其主要活动范围,其相当于大汶口文化的阶段,我们称之为'丘家庄类型'和'北庄类型'。"严文明也说:"胶东地区在我国东方新石器文化发展的总进程中并不是一开始就处在派生的次级文化区的地位,而是自有起源和自己的发展谱系,只是后来同鲁中南等地的文化联系越来越密切, 相互影响越来越深,才融合为一个较大的大汶口—龙山文化体系。即使到那时,胶东地区原始文化的若干地方体系仍是不应当忽视的。"⑩

李荣主编的《中国语言地图集》将上述广义的胶东地区跟辽东半岛辽宁、黑龙江一些县市的方言划为官话方言的胶辽官话区。胶辽官话的划分,是根据这些地区的方言存在着一些共同的特征,而方言间亲疏关系的形成,则是跟地理历史密切相关的。下面主要讨论山东方言对胶辽官话形成的影响。

胶东的史前文化主要是在沿海一带发展起来的,活动的地区多在海边河岸。遗址的"贝丘"堆积及石锚、网坠等遗物,说明了渔业和航海业的发展。史前时期胶东半岛的文化跟辽东半岛的关系

106　汉语方言研究的方法与实践

已很密切,但是只局限于互相接近的地区,具体说就是辽宁省南端的大连、长海等地,中间海域中今长岛县所属的庙岛列岛大体属于胶东文化区,位于南部大黑岛的北庄文化是胶东新石器文化的重要代表。就现代方言的特点说,辽宁的大连、长海、庄河等地的方言跟胶东方言同是一个体系,都是属于胶辽官话三个次方言中的登连片。虽然主要特点相同,但是也存在某些不同,其间的庙岛列岛处于一个过渡的地位。庙岛列岛有大小不等的 30 多个岛屿,有居民的是 10 个岛。这 10 个岛的方言,大体以砣矶岛为界,砣矶岛以南的南北长山岛、大小黑山岛、庙岛等(当地人称"下岛"或"南五岛")跟胶东的蓬莱话相同,以北的大小钦岛、南北隍城岛等(当地人称"上岛"或"北五岛")比较接近辽东的大连话,砣矶岛则有的特点跟大连相同,有的特点跟蓬莱相同。例如:"梨李力"等一类字跟"雷累积累累"一类字,蓬莱跟和下岛不同音(li≠lei),大连和上岛同音(li＝li);"月越"等字跟"药悦"等字,蓬莱和下岛不同音(ye≠yo),大连和上岛同音(ye＝ye)。砣矶岛则前项跟大连相同,后项跟蓬莱相同。[①]

　　胶东方言是胶辽官话形成的最早发生地。如果说辽东半岛南端的方言从远古就是属于同一体系,所存在的某些不同是由于在以后的发展中受到东北官话的影响,那么胶辽官话在辽宁其他地区及黑龙江乃至吉林的分布,则是明清以后山东人口大量往东北移民的结果。罗福腾根据正史、地方史志、民间的家谱和流传的歌谣,考察山东人口大量迁移东北的社会背景有三:"清朝满族入主中原后,造成东北人口锐减";"山东半岛地区人多地少,生存环境狭窄,天灾频仍,导致胶东人北上辽东半岛谋生";"山东半岛与辽东半岛一衣带水的地理优势,为山东人下关东提供了便利"。胶辽官话在东北地区的分布,除了上述辽东半岛南端的登连片以外,北部地区都是属于盖桓片。盖桓片虽然基本上具有胶辽官话的特点,但是跟胶东方言差异扩大,增加了东北官话的色彩。罗福腾分析胶辽官话的特点在东北地区由南部的"浓重"向北部的"浅淡"逐渐变化的原因"与当地移民的祖籍来源、时间先后有关"。"总体上说,清代前期和中期,山东的胶东人首先迁移到辽东半岛,把胶东话带到了大连至丹东沿海一带;清代后期至民国年间,山东人(包括胶东和其他地区的人)、先期由胶东到达辽东后再次搬迁的新辽宁人、部分河北省的人,开始流向辽东半岛以北和吉林通化、长白山区,这一带的方言便出现了以胶东话为基础、同时掺杂有其他方言成分的方言。"⑫

以上说明胶东方言在胶辽官话形成中的基础地位。实际上胶东方言在汉语官话方言中的影响并不限于胶辽官话,胶辽官话的有些特点也一直延伸到东北官话,例如中古日母的多数字读零声母等,这里不细述。

三　建国以来山东方言研究概述

本节从研究内容和研究方法两方面简述建国以来山东方言的发展,以文化大革命为界分两个阶段。

(一) 五六十年代的语音普查

方言调查在我国有悠久的历史。东汉应劭《风俗通义序》:"传曰:千里不同风,百里不同俗,户异政人殊服。由此言之,为政之

108　　汉语方言研究的方法与实践

要,辩风正俗最其上也。周秦常以岁八月遣輶轩之使求异代方言,还奏籍之,藏于密室。及嬴氏之亡,遗脱漏弃,无见之者。蜀人严均平有千余言,林间翁孺才有梗概之法。扬雄好之,天下孝廉卫卒交会,周章质文,以次注续,二十七年尔乃治正,凡九千字。”我们从这段话中了解到:第一,在当时官方人氏看来,收集方言资料是“辩风正俗”的重要内容,而“辩风正俗”属于“为政之要”,所以周秦时期的方言调查是一种政府行为。第二,当时方言调查的方法,以及周秦到西汉扬雄《方言》问世的简略历史。

如果说周秦时期政府进行的方言调查还只是限于当时周秦各地词语初步记录的话,那么,新中国建立后的汉语方言普查则是达到了全国性的范围。其规模之大、组织人力之多,是至今为止古今中外绝无仅有的。新中国刚刚建立,汉语规范化的工作马上就提到了议事日程。1949 年 10 月 10 日,“中国文字改革协会”成立。1955 年 10 月,中国科学院在北京召开“现代汉语规范问题学术会议”,提出了加强汉语规范化、进行汉语方言调查的建议:“中国科学院、高等教育部、教育部迅速拟订在两年内完成汉语方言初步调查的计划,分区进行,如何训练调查人员,并且应该考虑到此次普查以帮助推广普通话为目的,调查方法务求简便易行。”之后不久,高等教育部和教育部联合发出“关于汉语方言普查的联合指示”,要求“在 1956、1957 两年内把全国各地的汉语方言普查完毕”。这个指示还明确规定了这次方言普查的目的、内容、组织分工,等等。

1957 年 1 月,山东省教育厅召开了方言调查工作会议,通过了“山东省汉语普查实施方案”和“调查具体办法”,成立了方言调查指导组。从 1957—1958 年,以山东大学、山东师范学院、曲阜师范学院、三校以外中央普通话语音研究班毕业的教师等四方面的人员为骨干,对山东省的汉语方言展开了调查,截至1959年,完成了当时山东省110个县市的103点的调查。1960年,省教育厅抽调上述三校参加了方言普查的教师对山东方言普查进行总结,写出了《山东方言语音概况》。这是历史上对山东方言的第一次全面描写记录,当时把山东方言分为东西两区,全部内容包括四编:

　　第一编,山东方言的声韵调(附:古入声字表)

　　第二编,东区(声韵调特点并举莱阳音系为例)

　　第三编,西区(声韵调特点并举济南音系为例)

　　第四编,山东方言中一些零散的语音特点(附:例外字表)

　　[附录:山东省方言图18幅]

　　这份材料虽然由于面临当时全国性的政治运动,没有按计划正式出版,但是初稿油印本送交有关研究部门以后,一直是研究山东方言的必要参考资料,其中如1987年的《中国语言地图集》的有关山东方言部分,就有许多内容是根据《概况》而写成的。《山东方言语音概况》存在的问题是:由于调查人员严重不足,短时期内不可能跑遍全省范围,有的点往往在地区找发音人,有的发音人虽然原籍是某个县但未必是县城人,所以有的点未必能够反映县城方言的特点;又由于少数点的调查人并未受过专业训练,影响记音的正确性,材料也过于粗疏。当然,这都是局部的问题。

　　与此同时,在收集整理山东方言原始资料的基础上,山东大学和曲阜师范学院又组织调查人员按照方言特点分片编写了胶东、昌潍、泗水滕县人学习普通话的手册三种。手册内容大体为:普通话语音的介绍、当地方言跟普通话的比较、当地人怎样发好普通话的声韵调、当地人学习普通话的难点和克服办法、如何掌握普通话的变调轻声儿化进一步说好普通话、说话和朗读的材料等。这些

110　汉语方言研究的方法与实践

手册，以及在这之前的《鲁西南人怎样学习普通话》，都在当时的推普工作中发挥了积极的作用，并且为以后同类著作的编写提供了参考。

总之，五六十年代的山东方言普查，为推广普通话的目的十分明确，调查的内容主要是单字音，成果主要是方言音系或方言与普通话的对照两个方面。

（二）改革开放以来的山东方言研究

1978 年"实践是检验真理的惟一标准"的讨论，带来了中华文化的复苏，山东方言的调查研究也迅速进入了一个崭新的历史时期。研究工作者遵循客观存在的方言事实是研究、分析、探讨各种方言现象、总结发展规律、建立理论体系的惟一依据这一原则，在具体的调查实践中不断有新的发现，扩大了视野，提高了对山东方言乃至整个汉语方言的认识，从而拓宽了研究的内容，并且在研究的方法上、理论上都有一些创新，研究的广度和深度都是空前的。

1. 由以语音为主到语音、词汇、语法的全面铺开

方言的特点存在于语言要素的各个方面，但是因为语音是语言的物质外壳，方言语音的分歧在方言差异中是最为明显、最先为人们所感知的，方言调查从语音开始合乎认识事物的客观规律。早在 1955 年"现代汉语规范问题学术会议"上，丁声树、李荣在《汉语方言调查》报告中就指出，今后的方言调查"不仅要调查语音情况，还要重视方言词汇和方言语法的调查"。只不过由于当时推广普通话的任务，词汇、语法的调查才暂时没有全面开展。文革之后，在山东方言调查研究的范围方面，很快就注意到重视语音的同时也必须加强词汇和语法的调查，这表现在，一些方言重点研究、

方言志、指导全省或某地区人学习普通话的手册,多数都具有语音、词汇、语法等包括语言要素的全部内容。如《博山方言研究》、《山东省志·方言志》、《山东人学习普通话指南》等。词汇的专题研究,除了多种方言词典和某某点的方言词汇报告以外,有的论文能注意到分析方言词汇的特点、比较方言词语的地域差别、探讨方言词语产生的原由,如《曲阜方言词汇管窥》、《山东方言词汇东西比较》、《从山东新泰方言看方言词语的产生》等。方言语法研究在山东起步较早,1981年《牟平方言的比较句和反复问句》发表以来,全面描写一个点语法特点或某一点部分特点的文章相继发表,如《枣庄方言的语法特点》、《山东肥城方言的语法特点》、《寿光方言的形容词》、《庆云方言里的"着"》等,其中《山东方言比较句的类型及其分布》探讨了山东全省的比较句类型,是有一定代表性的成果,在汉语方言语法研究中有较大影响。

2. 从单字音调查向语流研究的发展

方言普查时期的山东方言调查以记录单字音和总结方言与普通话的对应规律为主,专文讨论语流音变的内容不多。1963年,《济南话的变调和轻声》发表,初次对济南方言两字组、三字组和轻声音变进行调查总结,这在当时的全国方言研究中还很少见。改革开放以后,中国社会科学院《方言》杂志于1979年创刊之始,连续发表了多篇有关变调的文章,将五六十年代静态的单字音系引向动态的语流研究[⑬]。山东方言调查跟全国的汉语方言研究步调一致,虽然关于变调的单篇文章不多,但是只要其内容是对一个点的全面调查,几乎都安排了变调的内容在内。从目前山东方言的变调情况来看,山东方言两字组连读中"上上相连前上变阳平"是一种普遍现象,由此对以往认为北京两上相连前上变阳平是因为

112　汉语方言研究的方法与实践

两个曲折调的调值异化的论断提出质疑,因为山东方言中的上声大多是高平而非降升。另外,山东方言中上声和阳平作为前字时合并的也并不限于上上和阳上,例如德州还有上声在阴平、去声前跟阳平的合并,结合官话方言三个调类的方言中有一种情况是上声、阳平合为一类的情况看,可以推断官话许多方言上上变阳上不是调值异化而是一种调类归并的趋向。足见山东方言的变调研究对认识山东方言声调的发展具有单字调研究起不到的特殊的作用。

　　轻声一般要读得轻而短,但是山东方言中有的轻声并不都是轻短。如博山古清声母入声今读阴平的字,后面的轻声读长调33;有的轻声调还是曲折调形,例如临沂一些人轻声在阴平后面时读为长音213。说明判断轻声不能绝对以轻短为条件,还应考虑单字调的作用和语义等因素在内。例如临沂话"张家"、"脊梁"、"刀子"、"生气"后字阴平、阳平、上声、去声,在前字阴平后都读213,"家"、"梁"、"子"、"气"的本调已经没有了区别性的功能,可以作为轻声处理。轻声不读轻短的现象在新疆的巴里昆也有发现,见曹德和1987年硕士论文,此不引述。另外,轻声在山东的一些地方还有另一情况很值得注意,就是轻声进一步弱化而成为零音节。"零音节"首先于1984年8月山东方言志部分编委在德州进行的试点调查中发现,后来在《临清方言志》中有详细描写。零音节因为没有元音和辅音,识别零音节的存在主要是前一音节按轻声前的音变规律发生调值变化,而且字音略为拉长。零音节也有进一步扩展的势头,博山方言中特殊的轻声音节"ə",有时几乎已跟前一音节合为一体,博山的"ə"音节,可说是轻声向零音节的过渡。

山东方言音变调查的许多发现,引起了学界对于语音学理论的一些思考,在不少地方至少是动摇了某些定论,如上文所说的北京两个上声相连前上变阳平的解释、轻声是"读得又轻又短的调子"。又如,儿化是"韵母带上卷舌色彩的特殊音变现象",用这个定义来说明北京的儿化未尝不可,但是概括不了山东方言的多种儿化方式。正如汉语分不分尖团,用方言中尖音读舌尖前、团音读舌面前的解释一样,受到了音值的限制,山东方言中尖团的分混在音值上有多种搭配,只有从古今音类的角度才能概括全面。儿化音变的定义则除去应考虑"儿"字的本音以外,还需结合儿化词的意义在内。

3. 从单点调查到成片的特点比较以及方言地理学的运用

方言地理学的运用,跟探讨方言的历史发展、语流音变一样,都是属于方言的动态研究,是将方言跟方言、方言跟共同语进行比较。山东方言的地域比较研究在普查时期做了许多工作,主要是寻求方言与普通话的对应关系以指导方言区的人们学习普通话,另外在"山东方言语音概况"中用五项语音条件将山东方言分为东、西两区已见上文。80年代开始,为搞清楚山东方言某些特点的地域分布范围,对一些县市的特点进行了数十点的密集调查。例如《潍坊方言志》,就尖团、古日母字读音、"登东"和"硬用"分混、清声母入声字的归类、"饺子"和"玉米"的说法、程度副词"綦"的分布等问题,对潍坊市12县市的70点作了调查,绘制了方言地图,可以十分清楚地看清潍坊市方言的内部异同。潍坊市西部处于山东方言东西区的交界,对潍坊市各地方言特点进行调查比较,为方言分区的研究提供了充足的依据。像这样的调查在山东还有荣成、平度、长岛、莒南、临沂等地市,但是毕竟还只是在局部的县市

114　汉语方言研究的方法与实践

中进行,如果能够推广到全省乃至整个的汉语方言调查,必将大大地推进汉语方言地理学的发展。

4. 从方言研究中探索汉语发展的历史

语言研究的重要目的之一,是构建语言发展的历史。目前汉语史的研究,主要的资料来源是历史文献,大多是各个历史时期的书面语记录。不同时期的书面语,一般是当时共同语的记录,并不包括更大范围的方言情况在内,而各个历史时期的方言情况,又没有及时记录下来,这对勾勒汉语发展的历史自然是很不利的。但是,许多学者早就注意到,现代汉语是古代汉语历史演变的积存,现代汉语方言中蕴含的许多语言资料虽然是属于现代汉语,却往往可以为研究汉语发展的历史提供某些依据。在山东方言的调查中,不少学者已经着意于从所调查到的方言材料探讨汉语发展的历史。例如有关古入声消失的问题,从山东目前还保留古入声调的方言利津、章丘、桓台等地入声字的情况来看,这些地方的入声字都没有塞音韵尾,而且基本属于古入声的清声母字,由此可以推知汉语入声转入舒声的条件和途径是:以塞音韵尾丢失为前提,由浊音声母字开始,最后才是清声母字。根据这些地方的入声只保留在老派读音之中,也就可以预测山东方言中独立的入声调必将最终消失。在一个地区或单点方言历史来说,如东莱片烟台、文登等地中古次浊平声字不规则分化为阴平、阳平两个调类,《荣成方言志》附录二"中古次浊平声字的演化"对这一分化现象作出了解释:荣成等地的方言中古次浊平声字原来是跟清声母一起读阴平的,后来这一部分字由于受到共同语和周围方言的影响而逐步转化为阳平,这种变化到目前为止还没有完成。得出这一结论的根据是对这部分字所存在的异读音的分析,一般读阳平音是书面语或新词,而口语、人名、地名则多读阴平音。如"鸣",在"鸣枪"、"鸡鸣狗盗"中读阳平,在"鸡打鸣"中读阴平。又如,"洋",在"海洋"、"大西洋"、"汪洋大盗"等词中读阳平,在"前洋"、"后洋"(分别指岛前和岛后的海湾)、"船在洋(海)里"读阴平。其他如《山东西南方言的变调及成因》、《山东桓台方音180年来的演变》、《寿光方言古调值内部构拟的尝试》、《山东淄博方言"看他看"结构三百年间的发展与变化》等,都对山东方言发展历史的探讨作出了有益的尝试。

5. 山东方言研究跟地域文化等多学科的结合

地域文化是一个地区的居民在当地长期生活中创造的具有稳定地域性特征的物质财富和精神财富的总和,体现了当地人们的生活方式和思维模式。方言既属于地域文化本身,也是地域文化的重要载体。山东方言的调查必然要接触到山东的地域文化,山东方言跟山东地域文化的研究课题也就必然会引起人们的关注。

通过某些文学作品所运用的语言来分析作品所属的方言,从而探讨作者问题,30年代就已开始有学者注意,跟山东方言有关的主要是《金瓶梅词话》和《醒世姻缘传》等。进入70年代末以后,学术界围绕《金瓶梅词话》作者问题展开了热烈的争论,《中国语文》就此问题连续发表了不少文章,不同意见针锋相对,例如《〈金瓶梅〉的作者究竟是谁?》(朱星)、《〈金瓶梅〉是山东话吗?》(张惠英)、《〈金瓶梅是山东话吗?〉质疑》(刘钧杰)等。值得注意的是,以往讨论《金瓶梅》的语言,主要以词汇为据,1987年《〈金瓶梅〉的方音特点》的发表,标志着《金瓶梅》语言研究的全面和深入,在学术界有较大反响。关于山东方言跟山东地方作家作品的研究,山东学者的重要著作如《金瓶梅语音研究》、《醒世姻缘传作者和语言考

116　汉语方言研究的方法与实践

论》等。

在山东方言研究中，较早注意到方言跟地域文化关系的，有《山东方言与社会文化二题》，是一篇方言跟社会因素联系起来进行研究的专文。这方面的论述尤其在方言跟民俗的关系方面更是引人关注，主要成果如《山东方言与山东民俗探微》、《从山东谚语看民间居住习俗》等，其他如《语言崇拜与风俗习惯》、《试论民间的"四最"谚语》，也是根据山东的方言和习俗而写成的。

近几年来，山东的方言研究工作者又跟考古学家联系，尝试着利用考古总结的山东龙山文化类型来验证现代山东方言的分区，其一致性的结果使方言、考古人员进一步确信：方言跟地域文化同样都有悠久的历史，虽然都处于不断发展的过程之中，却同样牢固地保存着地区性的特点而跟其他地区有所区别。这项研究在全国也还是刚刚开始，但其学术价值显而易见，相信会有进一步的深入发展。

6．山东方言研究中现代化手段的运用

方言研究现代化手段的运用，主要指方言语音的实验研究、运用数量统计的方法总结古今语音演变的规律和方言分区中比较各种特点的分布范围、方言地图的计算机绘制等。总的来说，在山东方言研究中，现代化手段的运用还是处于初始的阶段，其中方言语音的实验研究取得了初步的成绩。

80年代中期，山东大学在教育部的支持下建立了语音实验室。自《山东大学文科学报》1990年发表《山东方言声调的声学测算》以后，主要将方言语音的实验运用于测算方言单字调和变调音值，相继有《牟平方言上上相连的变调分析》、《济南方言上上相连前字变调的实验分析》、《枣庄方言上上相连前字变调的实验分析》

等文发表。至于本课题研究成果中所绘制的 24 幅山东方言地图，也正是计算机绘制方言地图的初步尝试。

目前方言语音的实验研究在国内还不普遍，跟兄弟省市相比，山东应该算是处于领先的地位，但就学科发展的要求来说并不理想。主要是内容还只是局限于对某些点的声调研究，实际上山东方言中的不少问题如元辅音的音值、语调等等，很需要运用实验研究的手段得到更为科学的认识。特别是语调问题，目前即使在全国的方言研究中也还十分薄弱，而据已经了解到的情况说，山东一些地方的语调很有特点，例如莱州话有人把叙述句说成为上扬的语调，可惜至今尚未有人专门进行研究。语调研究涉及语流、句型、语气等多个方面，过去也没有经验可以借鉴，项目本身难度大，再加人力、实验经费等多种原因，目前的发展并不顺利。

半个世纪以来，山东方言研究取得了令人瞩目的成果。实践出真知，我们在总结成绩的同时，也清醒地看到存在的不足。山东方言具有十分丰富的内涵，一方面是方言资源充裕，另一方面又在一定程度上代表着汉语发展的方向。对山东方言的开发，不仅可以补充普通语言学的理论，也可为总结汉语的历史、探索汉语发展的方向提供鲜活的语料和确切的依据。山东方言还有许多问题有待进一步了解讨论。其中如：山东方言不同特点的分布，从地域来看，两个特点的交接地带是什么情况？就像山东西区西齐片和西鲁片去声调型是低降和中高降升的不同，两片的交接地带有些点存在一调两值的现象，这类问题必须通过一定范围的成片调查才有可能找到答案，我们需要更多的调查来充实方言地理学的内容。又如：山东方言在汉语分布区是单字调明显减少的省份之一，连读

118　汉语方言研究的方法与实践

调又存在较多合并的现象。汉语的将来,字调的辨义功能究竟会弱化到什么程度? 最终有无丢失的可能? 方言的变调、轻声跟语调又是什么关系? 相信对山东方言的调查研究,必将有利于诸如上述问题的探索。

历史从不停歇前进的步伐,学术研究永无止境,过去虽成历史,但也为未来奠定基础。新世纪的山东方言研究,必将进一步开拓前进,更上一层楼。

附　注

① 安作璋主编《山东通史·先秦卷》,山东人民出版社,1993 年。

② 翦伯赞、郑天挺主编《中国通史资料》古代部分第一分册,中华书局,1962 年。

③ 恩格斯《家庭私有制和国家的起源》,见《马克思恩格斯选集》第 4 卷,人民出版社,1972 年。

④ 钱曾怡、蔡凤书《山东地区的龙山文化与山东方言分区》,《中国语文》2002 年第 2 期。

⑤ 参见吴永焕《从〈方言〉所记地名看山东方言的分区》,《文史哲》2000 年第 6 期。

⑥ 夏鼐《中国文明的起源》、苏秉琦《苏秉琦考古学论述选集》、安志敏《略论三十年来我国新石器时代考古》,皆转引自蔡凤书、栾丰实主编《山东龙山文化研究文集》、高广仁、邵望平文《海岱文化对中华古代文明形成的贡献》,齐鲁书社,1992 年。

⑦ 刘敦愿《龙山文化若干问题质疑》,《山东龙山文化研究文集》,齐鲁书社,1992 年。

⑧ 黎家芳《山东史前文化在中华远古文明中的地位》,《山东史前文化论文集》,齐鲁书社,1986 年。

⑨ 裘锡圭《裘锡圭学术文化随笔》,中国青年出版社,1999 年。

⑩ 韩榕《胶东史前文化初探》、严文明《胶东原始文化初论》,均见《山东

山东方言研究方法新探   119

史前文化论文集》，齐鲁书社，1986 年。

⑪ 参见钱曾怡、罗福腾《长岛方言音系》，（日本）内陆アジア言语の研究，1990（Ⅵ）。

⑫ 罗福腾《胶辽官话研究》，山东大学博士论文（打印稿），1998 年。

⑬ 参见钱曾怡《世纪之交汉语方言学的回顾与展望》，《方言》1998 年第 4 期。

（本文应《山东大学学报》之约，由齐鲁书社 2001 年出版的《山东方言研究·概论编》节选改写而成，载《山东大学学报》哲学社会科学版 2002 年第 2 期）

对编写山东省方言志的
认识和初步设想

编写地方志，是太平盛世学术昌盛的象征。这几年，中央负责同志相继提出了古籍整理、地方志编写等能为祖国文化有所建树的重大工作；国务院在制定全国社会科学发展十二年规划时，也把编纂地方志列为重点项目之一。目前，全国范围内地方志工作的普遍开展，充分说明了党的魄力和事业心，意味着我们国家的安定和繁荣。

在中央的统一部署下，从 1981 年开始，山东省人民政府着手组织山东地方志的编纂工作。据了解，这次省志的编写，其规模之大，组织人力之广泛，领导机构之强有力，以及工作计划之周密，都是空前的。

地方志是一个地方的百科全书，不论历史、地理、文化、交通、人物、风俗、工农商学兵等各业情况，都要收录在内。它虽然无所不包，却也都围绕着一个中心，这个中心就是人。例如：地理环境为人们提供了生存的条件；工农商等各业的发展越来越好地解决了人们衣食住行的需要；革命历史是人类为求解放、推动社会前进的记录，等等。

可见，百科全书都是关乎人的。只要我们认识到地方志是以人为中心的，也就可以理解方言志在地方志中的重要地位，它绝不是可有可无，也不应只写一鳞半爪就完事的。因为我们知道：能够

对编写山东省方言志的认识和初步设想　121

运用语言是人的重要标志之一,不能想象人类社会可以没有语言。方言是全民语言的地方变体,一种语言如果在不同地区分化为若干方言,那么在不同地区里,这种语言的实际存在形式,主要还是方言。像山东省几千万居民,说山东话的占绝大多数。我们编写规模空前的关于山东人的百科全书,对于山东居民不可以须臾离开的山东方言,岂可有一丝一毫的忽视呢?

山东方言是一个十分丰富的宝藏,早就引起了中外学者的注意。我们知道,粤方言的韵母很复杂,主要是保存了切韵音系的全套鼻辅音韵尾和塞辅音韵尾;声母的特点比较显著的有吴方言,主要在发音方法上保存了切韵音系的全浊声母;如果从声母的发音部位看,山东方言的塞擦音及与之同部位的擦音之多在说汉语的方言中是不多见的,常常有四组乃至五组不同部位的塞擦音和擦音在一个方言点中同时存在。此外,山东方言的声调也是富有特色的。一方面,山东有的地方还保留着一个独立的清入调类;另一方面,山东方言单字调之少在汉语方言中也是数得上的。据五十年代的方言普查材料统计,山东一百零三个调查点中,只有三个声调的点有 12 个。现在我们又看到:有些四个调类的点还存在向三类转化的趋势。当然,只有三个调类的点又有许多复杂的情况,例如:许多古去声字在掖县读阴平,儿化时则为阳平;古清声母、次浊声母的上声字和古浊声母的平声字在博山合为一类,但在轻声前又有明显的区别。了解方言中存在的这种声调类变的过渡形式,对研究汉语声调的发展是十分重要的。至于山东方言词汇之丰富,语法规则之独特现象,也是令人惊异的。新编的山东省地方志能把山东的方言经过科学的整理后收录进去,不仅对当前研究汉语的现状和汉语的历史具有重要的参考价值,将来,由于山东方言

122　汉语方言研究的方法与实践

的发展改变了今天的面貌，那么，真实地记录了今天这个特定时期方言的山东方言志，就可为子孙后代的汉语研究提供一份珍贵的史料。

方言跟一个地区的文化发展有着不可分割的联系。山东是我国文化的重要发祥地之一，经学的故乡，一直对中国历史作出巨大的贡献。研究山东方言，对了解我国的历史和文化发展有重要意义。远的不说，就说对明、清以来著名小说《金瓶梅词话》、《醒世姻缘传》和蒲松龄这样的作家作品的研究，以及对掖县人毕拱辰所编韵书《韵略汇通》的研究等，都有必要借助于山东方言的材料。

方言跟一个地区的政治经济、风俗乃至气候、地理等自然环境也是有密切联系的。例如：土特产的名称，人们衣食住行、婚丧嫁娶的特有习惯，地名，等等，有许多是必须用方言才能表达的。通过方言，可以了解一方的风土民情，人与人之间的各种关系。这都说明方言纳入志书是很有意义的。

编写新的方言志，自应对前人的成果有所继承和发扬。这就有必要对旧志中属于方言的内容进行了解，下面仅就个人所见作一点简略的介绍。本文所说的旧志，是指解放以前编写的。

总的说来，方言部分在旧方志中的篇幅较少，远不能反映当时当地的方言全貌，而且还有相当多的方志根本没有这项内容。但是我们毕竟是大国，汉语方言分布的地区是那么广，把全国方志中的方言集中起来，那材料还是相当的丰富。这些材料可以帮助我们了解某个地方在某一时期的一些方言情况，对研究民族的历史和汉语的历史都很有参考价值。

我国旧方志中的方言部分，从编写的地域范围看，有关于全省的，例如广东、湖南、陕西、山西、甘肃、福建等省通志的方言部分，但更多的是县、州、府的，而县又居多，这是因为大多数的方志是以县为单位编修的。在上述不同范围的方志中，方言部分往往作为民社志、民俗志、文献志或杂志的一部分，有的则列入附录。以下主要谈山东省方志中所录方言的情况。

旧方志中的方言内容大多是关于词汇的，山东也是这样。词汇的收录主要有下列几种类型：

一种，对照《方言》、《说文》等书，为方言词考源作注的，例如《临朐续志》(1935 年)："攥，《唐韵》：手把也(子括切)，俗谓以手紧持物曰攥，又转为子贯切，如攥拳。"①"䈰，《说文》：饭筥也，今谓水桶曰䈰。""战敠，俗谓商度曰战敠，音如颠对，见《广韵》。战，俗作掂"。"殜殗，《方言》：病而不甚曰殜殗②，俗谓花草枯萎曰殜殗，读为叶奄。""刺挠，犹芒刺在背也。""冗过，俗谓得闲曰冗过，冗读如笼。"又如《胶沃志》(1928 年)："妈(祖母之谓)"、"嫚(女童谓之嫚)"、"扎拈(装扮或修缮之谓)"、"锅炸(即京语饺子)"、"压(倾水之谓)"、"蚁羊(蚁群之谓)"、"稳(安置物件之谓)"、"折蹬(折磨之谓，又有变卖之义)"、"闪下(遗弃之谓)"。

另一种，某一种意思的方言说法，例如《胶州志》(1845 年)："䀎远曰夼(音圹)"、"驿平曰曈(音毯)"、"高阜曰埂(音梗)"、"高崖曰䀎(刚上声)"、"肥肉曰膔(音镳)"、"缝衣曰幣(峭平声)"、"肘量物曰庹(音托)"、"种麦曰耩(音讲)"、"种谷曰耧(音楼)"、"拔草曰薅(音蒿)"、"雨侵曰潲(音哨)"、"线一札曰一绺(音柳)"。

再一种，分类排列。有按意义分类的，如《寿光县志》(1936 年)分天时、地理、身体、性情、伦类、人事、宫室、服食、器具、五谷、树木、花草、禽兽、昆虫、鳞介，十五类，《莱阳县志》(1935 年)分土

124   汉语方言研究的方法与实践

字、土言、转音、声音、行为、隐语、称谓、操作、争斗、衣服、饮食、居住、器用、交易、天时、地理、动物、植物、矿物、疾病二十类；也有按词性分类的，如《牟平县志》（1936 年）分名词、代名词、动词、形容词、副词、介词、联词、叹词、助词九类；还有像《潍县志稿》（1941年）则又分为名物词、形容词、动作词三类。这一种的编写时间多在本世纪的二、三十年代以后。

　　方言语音的内容比词汇要少一些。这部分材料有的是跟词汇部分混编的，例如《临邑县志》（1874 年）："国为诡"、"或为回"、"不为补"、"出为处"、"六为溜"、"霍为火"、"笔为北"、"函为寒"；"什器为家火"、"赴市为赶集"、"不托为扁食"、"喜鹊为野鹊"、"乌鸦为老呱"，以上十三例前八例是语音，后五例是词汇。有的题为"方音"跟"方言"并立，例如《胶州志》："虹曰酱"、"雹曰拔"、"肉曰幼"、"额曰叶"、"尾曰乙"、"场园曰场完"、"胶河曰焦河"。这部州志还把一些声调有特殊读法的列为"讹音"：平声讹为他调的如"雌讹次"、"亏窥皆讹愧"、"谋牟皆讹木"，上声讹为他调的如"轨讹规"、"估诂皆讹孤"，去声讹为他调的如"付讹夫"、"邵讹韶"，入声讹为他调的如"戚讹妻"、"服讹符"、"俗讹徐"。

　　值得一提的，《胶沃志》中，还对当地的一些特殊音读作了一点考释："王筠《说文释例》载：产，《唐韵》所简切，段氏谓今南北语言皆作楚简切。余妻高，胶州人，其读书语言皆作所简切。王著《说文释例》所述如是。是知即墨人产读如陕，乃《唐韵》之读法也。《胶志》所谓变音如港曰蒋、日曰义之类，亦古音耳。"

　　注音的方法以直音（"×曰×"、"×为×"、"×音×"等）、读如（"×读如×"）居多，也有反切。到有了《注音字母》后，就有用《注音字母》的，例如《牟平县志·牟平方言分类注音表》中有："夼°ㄎ

ㄨㄤ"、"蹭ㄘㄥ°"、"抠°ㄎㄡ"、"遏ㄍㄚ°"等,"°"号所在的位置表示声调,即传统的ㄓ口ㄕ。《潍县志稿》也用《注音字母》标音,声调的标法则是阴平声不标调,另用"ˊ"、"ˋ"、"ˇ"分别表示阳平声、去声和上声。

方志中收入的一些谚语和歌谣,也对方言的词汇、语音情况有不同程度的反映。例如:《胶沃志》:"山鸦鹊,尾巴长,将了媳妇忘了娘"。将,娶。《临清县志》(1934 年):"娶媳妇打灵幡——铺张失当。"《四续掖县志》(1935 年):"东虹雾露西虹雨,南虹出来晒乾麯,北虹出来下潦雨。(虹音洪,胡公切,又古巷切,音绛,俗音读如酱者,盖绛音之转变也。)""淋伏头,晒伏脚,打的粮食无处着。(俗谓器能容物曰着了,伏头伏脚言初伏之首日有雨、末伏之末日晴霁,燥湿应时,可期仓箱满溢。)"

方志中的方言部分,除上述内容外,还有涉及方言理论等问题的,大体有下述几项:

关于什么是方言,《邱县志》(1934 年):"凡土俗语,限于一方,不能流行者,谓之方言。"

关于方志中纳入方言的意义,《四续掖县志》:"谶纬之说,君子不道,无稽之言,圣王弗听,编纂奚取焉,然古者太师陈诗以观风,旅人入国而问俗,是知其民情语言相沿之习惯,各地方必有不同,非但水土使然,亦且教化攸关,若不采而问之,将彼此之交涉隔阂,即莅斯土者,安得悉所从违? 况或阐天时、徵人事,有未可以全非者,续志体例宜备也。"

关于方言词的取舍原则,《临朐续志·方言略序》中提出四取四不取的条例如下:

四不取:1.典籍雅文、都市通语,其意义可直解者,安用博引;

126   汉语方言研究的方法与实践

2.故属于普通官话不录;3.一方之言古无考者不录;4.新造之俗字不录。

四取:1.虽为通语而其字罕见者录之;2.本为古字古义而言独行于一方者录之;3.恒用之语,虽为《尔雅》、《说文》、《方言》所无而其字已载于各韵书者,择要录之;4.数字缀成之短语,虽不见于典籍而甚流行于一方,亦择意味隽永者录之。

以上说明,旧方志中方言部分的内容是很丰富的,可以吸取和借鉴的地方很多,但也有许多不足的地方。例如:取材有很大的随意性,内容比较零散不全面,作为语言,看不出完整的系统。方法上不够科学,特别是旧的注音方法不能使人一看就知其实际读音,由于认识的不够深入,以致有时陷入讹误和牵强,像"人曰仁"用"仁"来注"人"的读音,两字中古同韵同声同调,今音相同,注了音等于不注,又像"服讹符"、"俗讹徐",实际上是古今字音系统变化的结果,并非讹误。出发点比较偏重于有本可源,拘泥于古代字书,相对地轻忽了方言实际。当然,对于这些,我们是不应该苛求于前人的。

另外,从旧志编写的不同时代来看,"五四"以后,由于受到新兴的语言学理论的影响,我国二、三十年代以后编写的有些方言志,能够提出关于方言的理论问题,在编纂中注意到了收词标准、词类区分,以及用《注音字母》注音等等,比起传统方言志的内容,无论在理论上、方法上都有很大的突破,达到一个新水平。

胡乔木同志在中国史学学会成立大会上要求,用新的观点、新的方法、新的材料编写地方志。以下对如何编好新时期的山东省方言志问题,谈一点很不成熟的设想。

对编写山东省方言志的认识和初步设想　127

　　首先是,体现胡乔木同志提出的"三新",对方言志的编写来说,必须坚持突出现状、联系历史的原则,从两方面讲:

　　第一,新编方言志应该以现状为主,全面描写方言的静态,就像电影里的一个特写镜头,这可是一个特大特大的镜头。也就是说,要有大量的方言口语的记录材料,经过分析,总结规律,语音、词汇、语法三者不可偏废。

　　一种语言的各个方言都有自己的特征,这些特征或多或少、或此或彼地存在于语言要素的各个方面。我国传统的方言学比较注意词汇。"五四"以后,汉语方言在语音上的分歧得到了较多的注意,特别从五十年代全国汉语方言普查工作开始以来,汉语方言语音的调查虽然还远远谈不上深入,毕竟是做了大量的工作。但是对一个方言的调查,如果仅仅停留在单字音上,那即使是对语音本身的了解,也不可能是全面透彻的,因为人们说话,并不是一个字、一个字地分隔着说出来的。这就必须注意到语流音变的问题。而语流音变,则又跟词汇、语法的调查有密切的关系。

　　方言语音的调查,跟方言词汇和方言语法的调查是相辅相成的。词汇、语法要通过语音来表示,没有语音调查为基础,要想真切地了解一个方言的词汇、语法情况比较困难。例如:博山方言的"出产",除去通常的"天然生长或人工生产"的意思以外,还有"培养教育"的意思,表示前一种意思的语音不变调,表示后一种意思的语音"产"字读轻声。烟台方言中,"山东"两字都是平声,降调。如果前字按通常规则变高升,后字不变,意思是"山以东";如果前字变成上声,降升调,后字变去声,高平调,意思才是地名"山东"。从语法来看,博山方言中相当于普通话的"儿"、"子"、"的"、"着"、"里"等的词尾是用同一个轻声音节〔ə〕来表示的。方言的词汇、语

128　　汉语方言研究的方法与实践

法调查如果只限于汉字记录,就难以分清像上述这样的两个词语和这种特殊语法形式。另一方面,词汇、语法的调查又可以补充语音调查的材料,解决语音调查中的疑难问题。例如:在博山方言的调查中,有许多音节是通过词汇的调查以后才得到补充的;许多音变现象,也是在记录了许多具体的词以后才了解到的;四字格"ABBə"和五字格"AABBə"、"ABABə"的变调,则都是由固定的语法形式所决定的。

第二,以发展的观点看待方言,认清方言的动态。跟其他任何事物一样,方言也是处在不断发展的过程中,现状只不过是历史长河中现在这个相对静止的断面。实际上,现状本身就是一个新旧矛盾的统一体。同一方言中常常存在着许多不一致的地方,存在着新旧、老少、文白等多种差别。这种差别表现了历史发展的不同进程。有些现象单从现状本身不好解释,如果能结合历史,就能条分缕析。举一个普通的例子:济南等地的〔ei〕韵母字,北京读〔ei〕（如贼北）、〔o〕（如墨伯）、〔ɤ〕（如得策）、〔ɑi〕（如白麦）等韵母,这是因为中古德、陌、麦三个韵的字在山东济南等许多地方读〔ei〕韵母相当整齐,而在北京则分化为上述几个不同的韵母。济南等地的〔ei〕韵母字有的又有韵母是〔ə〕的新的读书音（新派读音）,如"格、克、摘、拆"等,显然是受了普通话的影响。

以上说明,要从"动"的角度观察方言,把现状放在历史发展的过程中进行分析。当然,这并不等于说,方言志的每一部分都必须包括古今对照的具体内容在内,因为方言志的目的,是要真实地写出今天的方言面貌,而了解历史只是为把现状表述得更为科学。

再就是,对山东省方言志编纂提纲及有关资料、人手问题的初步考虑意见。

对编写山东省方言志的认识和初步设想 129

第一,《山东通志·方言志》包括下列内容:

前言

一、山东方言概述

1. 简略的说明 包括山东方言在汉语方言中的地位及其历史情况等。

2. 语音 特点及历史演变中的一些特殊规律。

3. 词汇 特点,包括构词特点及历史发展中带有普遍性或具有特殊性的规律。

4. 语法 特点,包括虚词的运用、词组和句子结构,古汉语有源可求的略加说明。

5. 分区情况

    附:分区代表点音系

6. 方言地图

二、山东方音字汇 包括 20—30 个代表点 2000—2500 常用字跟中古音、普通话的对照。

    附:山东各地特殊字音汇编

三、山东方言词汇 包括 20—30 个代表点 1000 左右常用词跟普通话的对照。

    附:山东各地特有词汇编

四、山东方言语法对照 包括 20—30 个代表点 100 左右短语或句子跟普通话的对照。

    附:山东各地特殊句式汇编

五、一定代表点的标音举例 选用流行于当地的具有地方特色的谚语、歇后语、迷语、儿歌、民歌和故事等,按照该方言的音系特点进行记录。

130   汉语方言研究的方法与实践

第二, 县(市)志方言部分包括下列内容：

前言

一、××县(市)方言概述

1. 简略的说明 （参考省志内容）

2. 语音 包括音系特点、声韵调、变调、儿化韵、特殊字音等。

3. 词汇 包括特殊的构词法及特殊词举例等。

4. 语法 包括有特殊用法和特有意义的虚词、词组和特有的句式等。

5. 分区情况和方言地图

二、××方言同音字表 3000左右常用字。一县境内的方言不一致时, 按具体情况具体解决：如果两种以上的音系中有一种是有代表性的, 即具有该县(市)方言的一般特点, 分布地域大, 使用人口多, 就可从中找出一个代表点(最好为人民政府所在地), 以这个点的字音为同音字表的字音标准。其余音系特点另加说明, 可附以声韵调等音系简介材料。如果两个以上的音系悬殊大, 分布地域的面积又差不多, 也可考虑有两个同音字表。

三、××方言词汇 1000—1500常用词, 排列顺序按义分类或按音序待编写人员讨论决定。

四、××方言标音举例 包括语法例句, 其余内容同省志部分。

第三, 关于资料和人手：

一、资料

方言志的材料来源, 自应以第一手材料, 即编写人的实地调查为主, 又因为是在过去的基础上编新志, 旧有的成果能利用的要尽

对编写山东省方言志的认识和初步设想　131

量利用,例如五十年代的方言普查成果,对山东方言区的划分、对某些方言点的重新调查,都是很有参考价值的。过去的资料包括:

1. 旧方志中的方言部分。

2. 山东省汉语方言普查成果:《山东方言语音概况》、《山东方言词汇》。

3. 散见于各种报刊上的有关山东方言的论文(包括解放以前的)。

4. 尚未公开出版的方言报告,如各种学术会议的交流论文、研究生或大专学生的有关论文,以及非专业工作者的业余创作等。

收集到的资料,经审核确认有参考意义,最好能复制几套:一套留存;一套交省志编写单位;有关县(市)的另交县(市)志编写单位一套。

二、人手

人手是个关键问题,不管计划好不好,如果没有人手,都是纸上谈兵。方言调查这项工作,专业性相当强,只有受过专门业务训练的人才有可能胜任。从现在看,人员可从下述方面商洽解决:

1. 省一级的,高等院校的有关教师和社科所的专业研究人员。

2. 地(市)的,各地区师专的有关教师、能胜任此项工作的中学语文教师。

3. 各校方言学、现代汉语研究生,以及能胜任此项工作的本科或专科学生,包括已经毕业分配而有条件可参加此项工作的。

解放以后,山东方言的调查研究工作,也随全国形势的发展,经历了有起有落的不同时期。可以预料,这次山东省方言志的编

132   汉语方言研究的方法与实践

写任务,将大大地促进山东方言的调查研究工作。让我们在此项工作中锻炼自己,不断提高业务工作的能力,为山东省的方言调查,为推广普通话,为促进对汉语现状和历史的研究,为祖国的社会主义文化建设作出贡献!

上面只以个人名义提出浅见,谨供有关方面设计工作时参考。

附   注

① 本文所选旧志中的例词,一般能跟现在的当地口语相符。
② 按:《方言》曰"殓殍"。

（原载《文史哲》1983 年第 2 期）

山东方言的分区

本文根据 1957 年前后方言普查的九十七个点的材料,和新近调查的诸城、五莲、崂山、平度、海阳、长岛、掖县、博山、莱芜、临清、东阿、东明、汶上等十三个点的材料写成。汶上是新建的煤矿基地,只作过声调和本文例字的简单记录。淄博市以博山话为代表,现驻地张店和博山的语音情况基本相同,文内只记博山。本文共分四节:(一)山东方言的分区,(二)字音特点比较表,(三)东西两区的语音特点,(四)东西两区的内部差别。还有山东方言地图十四幅,见 145—158 页。

一　山东方言的分区

图一山东方言的分区见下文 145 页。本文根据古知庄章三组字今声母的异同,把山东方言分为东西两个区;根据东西两区的内部差别,把东区分成东莱和东潍两片,把西区分成西齐和西鲁两片。

1 东区四十个县市　①东莱片十五个县市:荣成、威海、文登、牟平、乳山、海阳、烟台、长岛、蓬莱、黄县、福山、招远、栖霞、莱阳、莱西。②东潍片二十五个县市:掖县、平度、即墨、崂山、青岛、胶县、高密、昌邑、潍县、寿光、益都、昌乐、潍坊、临朐、安丘、诸城、胶南、五莲、日照、莒县、莒南、沂水、沂南、蒙阴、沂源。

2 西区七十个县市　①西齐片四十二个县市:济南、沾化、利

134　汉语方言研究的方法与实践

津、广饶、博兴、桓台、博山、邹平、章丘、高青、滨县、无棣、乐陵、阳信、惠民、商河、济阳、历城、莱芜、新泰、新汶、泰安、肥城、长清、临邑、德州、陵县、平原、禹城、齐河、武城、夏津、临清、高唐、茌平、东阿、平阴、聊城、阳谷、梁山、莘县、冠县。②西鲁片二十八个县市：临沂、郯城、苍山、费县、枣庄、平邑、滕县、微山、泗水、曲阜、邹县、宁阳、兖州、济宁、东平、汶上、郓城、巨野、嘉祥、金乡、成武、单县、范县、鄄城、东明、菏泽、定陶、曹县。

二　字音特点比较表

下文表一列举三十七项比较各地字音的异同，见 134—136 页。1—16 是比较声母的，17—28 是比较韵母的，29—37 是比较声调的。下文各区、片的说明，只举表中的某些要点。表头列的地名共有八个：莱阳、荣成、崂山、诸城是东区的代表点，济南、德州、曲阜、菏泽是西区的代表点。表中一般只注例字的声母、韵母或声调；加圆圈的数码按顺序说明如下：

①莱阳的上声是 34 调，本文记作[˦]35 调。

②荣成的去声是 334 调，本文记作[˦]35 调。

③济南、德州、曲阜、菏泽的阳平是 42 调，本文记作[˥]53 调。

④博山、崂山等十四处是三个声调，古今声调的关系如表二，见 136 页。

表一　字音特点比较表

	莱阳	荣成	崂山	诸城	济南	德州	曲阜	菏泽
1 资此四	ts	ts	tθ	tθ	ts	ts	ts	ts
2 支齿事	ts	tʂ	tʂ	tʂ	tʂ	tʂ	ts	tʂ

3 知耻世	tɕ	tʃ	ts	tʃ	tʂ	tʂ	ts	tʂ
4 争抄生	ts	tʂ	tʂ	tʂ	tʂ	tʂ	ts	tʂ
5 蒸超声	tɕ	tʃ	ts	tʃ	tʂ	tʂ	ts	tʂ
6 准船顺	ts	tʂ	ts	tʃ	tʂ	tʂ	ts	tʂ
7 产	s	tʂ'	ʂ	tʂ'	tʂ'	tʂ'	ts'	tʂ'
8 染人让热	ø	ø	ø	ø	z̩	z̩	z	z̩
9 如软绒弱	ø	ø	ø	ø	l	z̩	z	z̩
10 精经	tɕ c	ts c	ts tɕ	ɬ tʃ	tɕ	tɕ	tɕ	tɕ
11 西稀	ɕ ç	s ç	s ø	ɕ ʃ	ɕ	ɕ	ɕ	ɕ
12 祖粗苏	ts	ts	tθ	tθ	ts	ts	ts	ts
13 栽菜腮	ts	ts	tθ	tθ	ts	ts	ts	ts
14 树富	ɕ f	ʃ f	s f	ʃ f	ʂ f	ʂ f	s f	f
15 双方	ʂ f	ʂ f	ʂ f	ʂ f	ʂ f	ʂ f	s f	f
16 爱藕安恩	ø	ø	ø	ŋ	ŋ	ŋ	ɣ	ɣ
17 歌锅	uə	o uə	uə	uə	ə uə	ə uə	ə uə	ə uə
18 河和	uə	o	uə	uə	ə uə	ə uə	ə uə	ə uə
19 队	ei	ei	ei uei	uei	uei	uei	uei	uei
20 最醉	ei	ei	uei	uei	uei	uei	uei	uei
21 短胆	ã	ã	uã ã	uã ã	uã ã	uã ã	uã ã	uã ã
22 村孙	ə̃	ə̃	uə̃	uə̃	uə̃	uə̃	uə̃	uə̃
23 飞肥匪肺	fei	fei	fei	fei	fei	fei	fi	fi
24 笔	pi	pi	pi	pi	pei	pei	pei	pei
25 凳冻	əŋ uŋ	əŋ uŋ	oŋ	əŋ	əŋ uŋ	əŋ uŋ	əŋ uŋ	əŋ uŋ
26 证众	əŋ uŋ	əŋ uŋ	oŋ	əŋ	əŋ uŋ	əŋ uŋ	əŋ uŋ	əŋ uŋ
27 硬用	iŋ yŋ	iŋ yŋ	ioŋ	iŋ	iŋ yŋ	iŋ yŋ	iŋ yŋ	iŋ yŋ
28 窄策色	ə	ɛ	ei	ei	ei	ɛ	ei	ei
29 高天诗	ɤ	ɤ	ɤ④	ɤ	ɤ	ɤ	ɤ	ɤ

136　汉语方言研究的方法与实践

30 南男　〔调号〕…③
31 鱼余　〔调号〕
32 时同陈床　〔调号〕
33 古史好老　〔调号〕①
34 淡菜帽事　〔调号〕②
35 接铁笔郭劈　〔调号〕
36 物列律业麦木　〔调号〕
37 白毒拾局　〔调号〕

表二　博山、崂山等十四处古今声调的关系表

古声调	平		上			去		入			
古声母	清	浊	清	次浊	全浊	清	浊	清	次浊		全浊
今声调	阴平	阳平	上声			去声					
例字	公	男同	水	满	淡	对	骂树	百	麦	律	滑
济南	213	42	55		21			213	21		42
青岛	213	42	55		31			55	31		42
菏泽	213	42	55		312			213			42
博山	214	55			31			214	31		55
博兴	213	54			31			213	31		54
无棣	213	55			31			213	31		55
莱芜	213	55			31			213	31		55
崂山	213	31	55		31			55	31		
即墨	214	31	55		31			55	31		
海阳	53	324	214		324			214	324		
莱西	214	51	44		51			44	51		
威海	53	44	312		44			312	44		
烟台	31	55	214		55			214	55		
福山	31	55	214		55			214	55		
栖霞	52	44	314		44			314	44		
掖县	213	42	55		42/213	55	42	213	42	213	42
平度	214	53	55		53/214	55	53	214	53	214	53

表上济南、青岛、菏泽三处各有四个单字调，不在十四处之内，

是用来和崂山等十四处对比的。

　　表上博山至莱芜四处古平声浊音声母字和古上声清音、次浊声母字同调。与济南等三处对比，可以说这四处阳平和上声同调。本文叫做上声。

　　表上崂山至平度十处古平声浊音声母字和古上声全浊声母字、古去声字同调。与济南等三处对比，可以说这十处阳平和去声同调。本文叫做阳平。

　　表上海阳至栖霞六处，少数古平声次浊声母字声调和清音声母字相同。例如"南"字今声调和"公"字相同，"南、男"两字不同音。表上其他各处"南、男"两字同音。

　　表上威海至栖霞四处古入声次浊声母字，今读阳平比读上声的多。例如"律"字读阳平，"麦"字读上声。

　　表上掖县和平度两处古入声次浊声母字，今读阳平比读阴平的多。例如"麦"字读阳平，"律"字读阴平。这两处古上声全浊声母字和古去声字，今分读阴平和阳平两类，参看《方言》1985.215。

三　东西两区的语音特点

　　1　山东方言东西两区的划分主要是依据古知庄章三组字今声母的异同（例字2—6，参看图二）。除山臻两摄合口和通摄合口入声的知章组外，这三组字的今声母东区可以分为甲乙两类。本文所谓的甲类包括庄组字全部，知组开口二等字，章组止摄开口字和知章两组遇摄以外的合口字；乙类包括知组开口三等字，章组止摄以外的开口字和知章两组遇摄的合口字。如表三。

138　汉语方言研究的方法与实践

表三　古知庄章三组字东区今声母分类表

		甲　类	乙　类
知组	开口二等	茶罩站绽撞桌撑宅	
	开口三等		滞池超抽沾沉缠珍张徵贞掷
	合口三等	缀蟹追止忠通舒	猪遇
庄组	开口	沙斋巢斩山杀窗生　师愁渗衬虱色	
	合口	闩刷　初衰率崇	
章组	开口	支止	遮制烧周占针十善真章升织正石
	合口	税蟹吹止众通舒	诸遇

东区甲乙两类字今声母不同,西区甲乙两类字今声母相同。比较:

东区　支≠知　争≠蒸　愁≠酬　巢≠潮　梳≠书　生≠声

西区　支=知　争=蒸　愁=酬　巢=潮　梳=书　生=声

　　东区这两类字今声母不同,可以分为以下六派。每派举一处为例。潍县派的[tʂʅ₂]组,是稍带舌叶色彩的舌尖后音,跟[tʂ]极为接近,这两类字现在新派已经混同,但老派仍有区别。

		莱阳	威海	荣成	崂山	掖县	潍县
甲	支	tsʅ	tsʅ	tʂʅ	tʂʅ	tʂʅ	tʂʅ
甲	愁	tsʰou	tsʰou	tʂʰou	tʂʰou	tʂʰou	tʂʰou
甲	生	səŋ	səŋ	ʂəŋ	ʂəŋ	ʂəŋ	ʂəŋ
乙	知	tɕi	tʃi	tʃi	tʂʅ	tʂʅ	tʂʅ₂ʅ
乙	酬	tɕʰiou	tʃʰiou	tʃʰiou	tʂʰou	tʂʰou	tʂʅ₂ʰou
乙	声	ɕiŋ	ʃiŋ	ʃiŋ	ʂəŋ	ʂəŋ	ʂʅ₂əŋ

　　西区这两类字的今声母相同,多数点今读[tʂ- tʂʰ- ʂ-],如济南"支=知"[tʂʅ],"巢=潮"[tʂʰau],"梳=书"[ʂu];少数点今读[ts- tsʰ- s-],如曲阜"争=蒸"[tsəŋ],"愁=酬"[tsʰou],"生=声"

[ᵴəŋ]。此外本区的无棣、乐陵、商河、临邑、陵县、平原、东明、成武、曹县等九处古知庄章三组字的今声母虽然也可以分成甲乙两类，但其他语音特点接近西区，因此暂且把这些点也列入西区。

2 古日母字_{止摄在外}除益都、临朐两处读[1 ʐ]声母外，东区今读[ø]声母(例字 8—9，参看图七)和古疑影云以等母今读[ø]声母的字同音。如莱阳、青岛、诸城"染＝眼"[ᶜiã]、"忍＝饮"[ᶜin]、"让＝样"[iaŋᵎ]、"乳＝雨"[ᶜy]、"软＝远"[ᶜyã]等。西区今不读[ø]声母，古日母字的读音可以分为以下七派。每派举一处为例：

	德州	曲阜	广饶	济南	平邑	泗水	高唐
染	ᶜʐã	ᶜzã	ᶜlan	ᶜʐã	ᶜʐã	ᶜzã	ᶜlã
日	ʐ̩ɭᵎ	ᶜzɭ	lᵎ	ʐ̩ɭᵎ	ʐ̩ɭᵎ	ᶜzɭ	erᵎ
让	ʐ̩aŋᵎ	zaŋᵎ	laŋᵎ	ʐ̩aŋᵎ	ʐ̩aŋᵎ	zaŋᵎ	laŋᵎ
如	ᶜʐu	ᶜzu	ᶜlu	ᶜlu	ᶜv	ᶜv	ᶜlu
软	ᶜʐuã	ᶜzuã	ᶜluã	ᶜluã	ᶜvã	ᶜvã	ᶜluã
绒	ᶜʐuŋ	ᶜzuŋ	ᶜluŋ	ᶜluŋ	ᶜvəŋ	ᶜvəŋ	ᶜluŋ

3 古精清从心邪和见溪群晓匣五母今读齐齿和撮口两呼的字，东区除寿光、潍县、潍坊、临朐、益都、蒙阴等六处相混外，其他三十四处这两类字不混，但各地的读音不一，拿"酒九、须虚"这两对字的声母来说，可以分成以下七派。每派举一处为例：

	青岛	烟台	福山	莱西	莒南	昌乐	诸城
酒	ᶜtsiou	ᶜtsiou	ᶜtɕiou	ᶜtʃiou	ᶜtθiou	ᶜtsiou	ᶜtiou
九	ᶜtɕiou	ᶜciou	ᶜciou	ᶜciou	ᶜtɕiou	ᶜtʃiou	ᶜtʃiou
须	ᶜsy	ᶜsy	ᶜɕy	ᶜʃy	ᶜθy	ᶜsy	ᶜɕy
虚	ᶜɕy	ᶜcy	ᶜcy	ᶜcy	ᶜɕy	ᶜʃy	ᶜʃy

西区除广饶、利津、滨县、费县、临沂、苍山、郯城、冠县、范县、鄄城、

140　汉语方言研究的方法与实践

郓城、菏泽、巨野、成武、曹县等十五处这两类字不混以外，其他五十五处这两类字的声母相同。如济南、高青、聊城、泰安、莱芜、曲阜、邹县"精＝经"[ʨiŋ]、"秋＝丘"[ʨʻiou]、"须＝虚"[ɕy]。（例字10—11，参看图六）

4　果摄一等开口、合口两类字东区一般不分。如平度"歌＝锅"[kuə]，"河＝和"[xuə]；黄县"个＝过~去"[kuəˀ]，"河＝和"[xuə]等。西区这两类字一般不混，如济南"歌"[kə]≠"锅"[kuə]，"贺"[xəˀ]≠"货"[xuəˀ]；曲阜"个"[kəˀ]≠"过"[kuəˀ]，"河"[xə]≠"和"[xuə]等。（例字17—18）

5　"笔"字的韵母东区除沂源、蒙阴、沂水、沂南、莒南五处读[ei]韵外，其他三十五处全读[i]韵；西区除滨县、利津、博兴、广饶、桓台、邹平六处读[i]韵外，其他六十四处全读[ei]韵。（例字24，参看图十）

6　古入声清音声母字，东区除沂源、蒙阴、沂南三处今读阴平，寿光、潍坊、昌乐、莒县、莒南、日照六处今多数字读阴平、少数字读上声外，其他三十一处今读上声。西区除平原、临邑、济阳、商河、无棣、阳信、惠民、滨县、沾化、高青、博兴、广饶十二处今多数字读阴平、少数字读上声，利津、桓台、邹平、章丘四处今多数字读入声（自成调类，一般读平调）、少数字读阴平外，其他五十四处今读阴平。（例字35，参看图十四）

四　东西两区的内部差别

1　东区　山臻两摄合口古知庄章三组字的今声母，是归甲类还是归乙类在本区的内部有差别（例字6，参看图三）。根据这种差别可以把本区划分成东莱和东潍两片。拿"准船顺"这三个字来说，东莱片除威海外归甲类，和"争抄生"的声母相同；东潍片归乙类，和"蒸超声"的声母相同。现在两片各举五处为例，对比如表四。

表四　东莱东潍两片准船顺声母的部位

		甲	甲	甲				乙	乙	乙
		争	抄	生	准	船	顺	蒸	超	声
东莱片	荣成	tʂ	tʂ'	ʂ	tʂ	tʂ'	ʂ	tʃ	tʃ'	ʃ
	文登	tʂ	tʂ'	ʂ	tʂ	tʂ'	ʂ	tʃ	tʃ'	ʃ
	烟台	ts	ts'	s	ts	ts'	s	tɕ	tɕ'	ɕ
	黄县	ts	ts'	s	ts	ts'	s	tɕ	tɕ'	ɕ
	莱阳	ts	ts'	s	ts	ts'	s	tɕ	tɕ'	ɕ
东潍片	平度	tʂ	tʂ'	ʂ	tʃ	tʃ'	ʃ	tʃ	tʃ'	ʃ
	即墨	tʂ	tʂ'	ʂ	ts	ts'	s	ts	ts'	s
	潍县	tʂ	tʂ'	ʂ	tʂ$_2$	tʂ'$_2$	ʂ$_2$	tʂ$_2$	tʂ'$_2$	ʂ$_2$
	诸城	tʂ	tʂ'	ʂ	tʃ	tʃ'	ʃ	tʃ	tʃ'	ʃ
	日照	tʂ	tʂ'	ʂ	ts	ts'	s	ts	ts'	s

东莱和东潍两片除以上的差别外，还有以下七点。

①见溪群晓匣今读齐齿和撮口两呼的字，东莱片的声母全读[c- c'- ç-]，如烟台"经"[ciŋ]、"轻"[c'iŋ]、"稀"[çi]；东潍片多数读[tɕ- tɕ'- ɕ-]，如崂山"京"[tɕiŋ]、"桥"[tɕ'iɔ]、"香"[ɕiaŋ]；少数读[tʃ- tʃ'- ʃ-]或[c- c'- ç-]，如昌乐"九"[tʃiou]、"虚"[ʃy]，高密"丘"[c'iou]、"休"[çiou]等。（例字10—11）

②甲类字东莱片除沿海的荣成、文登、乳山、海阳四处读[tʂ- tʂ'- ʂ-]声母以外，其他十一处全读[ts- ts'- s-]和精组字同音，如莱

142　汉语方言研究的方法与实践

阳"争＝增"[ˌtsəŋ]、"山＝三"[ˌsā]；东潍片除掖县外，甲类字今全读[tʂ- tʂʻ- ʂ-]，和精组字不同音，如青岛"支"[ˌtʂʅ]≠"资"[ˌtsʅ]、"事"[ʂʅʼ]≠"四"[sʅʼ]。（例字 1,2,4）

③精组今读开口合口两呼的字，东莱片除长岛以外，其他各点今读[ts- tsʻ- s-]，如黄县"栽"[ˌtsɛ]、"菜"[tsʻɛʼ]、"腮"[ˌsɛ]；东潍片的平度、高密、胶县、崂山、即墨、胶南、诸城、五莲、安丘、临朐、沂源、沂水、蒙阴、莒县、莒南、日照等今读[tθ- tθ- θ-]，如"祖"[ˈtθu]、"粗"[ˌtθu]、"苏"[ˌθu]等（例字 12—13）。

④古疑母、影母一二等字，如"鹅爱藕安恩"等，东莱片全读[ɑ-]声母开口呼。东潍片潍县、潍坊、寿光、益都、昌乐、临朐、安丘、沂源、诸城、五莲、日照、莒县、沂水、沂南、蒙阴十五处今读[ŋ-]声母；掖县、昌邑、平度、高密、胶县、即墨、崂山、青岛、胶南九处今读[ɑ-]声母开口呼，只有莒南一处读[ɣ-]。（例字 16,参看图八）。

⑤蟹山臻三摄合口一三等和止摄合口三等端系字，东莱片一律没有[u]介音。如烟台"对"[tei ʼ]、"岁"[sei ʼ]、"短"[ˈtā]、"孙"[ˌsā]。东潍片掖县、即墨、崂山、青岛、胶县、胶南、高密、昌邑、潍县、潍坊、昌乐十一处少数字没有[u]介音，多数字有[u]介音，如青岛"醉"[tsei ʼ]、"算"[sā ʼ]，"最"[tsuei ʼ]、"顿"[tuã ʼ]、"端"[ˌtuā]、"乱"[luā ʼ]；其他十五处这类字都有[u]介音（例字 19—22,参看图十一）。西区的泗水、邹县、平邑、滕县、枣庄、梁山六处"醉算寸"的韵母是[yei yā yə̄]。

⑥曾梗两摄开口和通摄合口字，东莱片一般不混，如莱阳"登"[ˌtəŋ]≠"东"[ˌtuŋ]，"庚"[ˌkəŋ]≠"公"[ˌkuŋ]、"影"[ˈiŋ]≠"永"[ˈyŋ]；东潍片平度、即墨、崂山、青岛、胶县、高密、安丘、诸城、胶南、五莲、日照等十一处这两类字相混，如诸城"登＝东"[ˌtəŋ]、

"影＝勇"['iŋ]，即墨、崂山"增＝宗"[ˏtsoŋ]，"影＝永"['ioŋ]等（例字25—27）。

⑦古平声次浊声母字，东莱片除长岛、蓬莱、黄县三处都读阳平外，其他十二处今读阴平和阳平两类，没有什么规律；东潍片今一律读阳平（例字30—31）。比较：

东莱片　　　ˏ锣≠ˏ箩　ˏ媒≠ˏ煤　ˏ人≠ˏ仁　ˏ南≠ˏ男　ˏ迎≠ˏ营

东潍片　　　ˏ锣＝ˏ箩　ˏ媒＝ˏ煤　ˏ人＝ˏ仁　ˏ南＝ˏ男　ˏ迎＝ˏ营

2　西区　古入声清音声母字东区一般读上声，西区一般读阴平。古入声次浊声母字，东区一般读去声，西区则分归阴平或去声（例字36）。根据古入声次浊声母字的今声调，可以把西区划分为西齐和西鲁两片。拿"业月律落麦木"等六个字来说，西齐片今读去声，阳谷、梁山两处今多数字读去声，少数字读阴平，暂列入西齐片；西鲁片今读阴平，范县、东平、汶上、宁阳、平邑、郯城六处今多数字读阴平，少数字读去声，暂列入西鲁片。西齐和西鲁两片除以上的差别外，还有以下四点。

①古疑母、影母一二等字，如"鹅爱藕安恩"等字，西鲁片读[ɣ-]声母；西齐片除新汶今读[ø-]声母及梁山、阳谷、莘县、冠县、聊城、茌平、东阿、平阴、肥城今读[ɣ-]声母外，其他三十二处全读[ŋ-]声母。（例字16，参看图八）

②"抓猪庄吹初窗"等字，西齐片一般读[tʂ- tʂʻ-]或[ts- tsʻ-]声母，如济南"猪"[ˏtʂu]，"初"[ˏtʂʻu]，平原"庄"[ˏtsuaŋ]、"窗"[ˏtsʻuaŋ]等；西鲁片泗水、枣庄、滕县等读[pf- pfʻ-]声母，如"抓"[ˏpfa]，"吹"[ˏpfʻei]等。此外西齐片济南等地[ʂ-]声母拼合口呼韵母的字，西鲁片范县、鄄城、郓城、菏泽、巨野、定陶、曹县、成武、单县、平邑、泗水、滕县、微山、费县、枣庄、苍山、郯城等今读[f-]声

144　汉语方言研究的方法与实践

母。（例字 14—15，参看图四）比较：

西鲁片　刷＝发　鼠＝府　树＝富　睡＝肺　顺＝奋　双＝方
西齐片　刷≠发　鼠≠府　树≠富　睡≠肺　顺≠奋　双≠方

③"飞肥匪肺"等字，西鲁片除平邑、费县、临沂、苍山、郯城五处今读[ei]韵外，其他二十三处全读[i]韵；但梁山"飞"[ɕy]例外；西齐片除阳谷、梁山、平阴、长清、肥城、泰安六处今读[i]韵外，其他三十六处今全读[ei]韵。（例字 23，参看图九）。

④"坐最葱孙"等字，西齐片今读 [ts- tsʻ- s-]的合口呼，如济南"坐"[tsuə˒]、"最"[tsuei˒]、"葱"[ˌtsʻuŋ]、"孙"[ˌsuə]；西鲁片梁山、泗水、平邑、邹县、滕县、枣庄今读[tɕ- tɕʻ- ɕ-]的撮口呼。如泗水"坐"[tɕyə˒]、"最"[tɕyei˒]、"葱"[ˌtɕʻyŋ]、"孙"[ˌɕyə]（参看图十二）。

下文 145—158 页是山东方言地图，共十四幅：

图一　山东方言的分区　　　图八　爱字的声母
图二　增争蒸的声母　　　　图九　飞肥肺的韵母
图三　争准蒸声母的部位　　图十　笔字的韵母
图四　追吹睡的声母　　　　图十一　醉算寸的韵母
图五　产字的声母　　　　　图十二　坐最孙葱的韵母
图六　精经的声母　　　　　图十三　南男同音不同音
图七　染软的声母　　　　　图十四　接铁笔郭的声调

（原载《方言》1985 年第 4 期，合作者高文达、张志静）

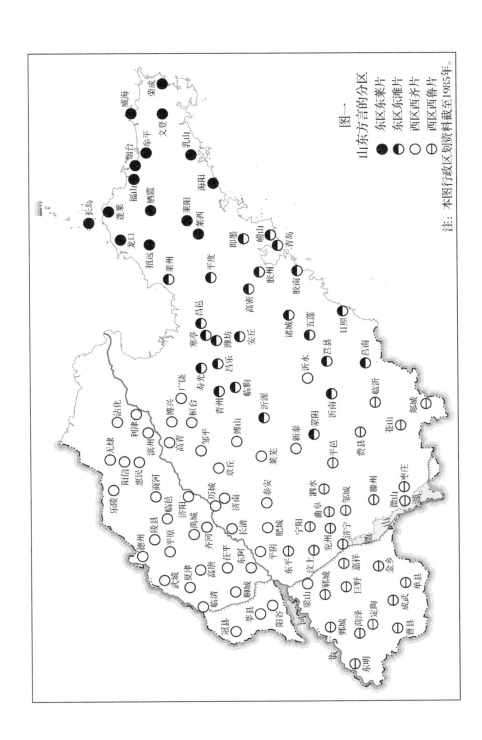

图一
山东方言的分区
东区东莱片 ●
东区东潍片 ◐
西区西齐片 ○
西区西鲁片 ⊖

注：本图行政区划资料截至1985年。

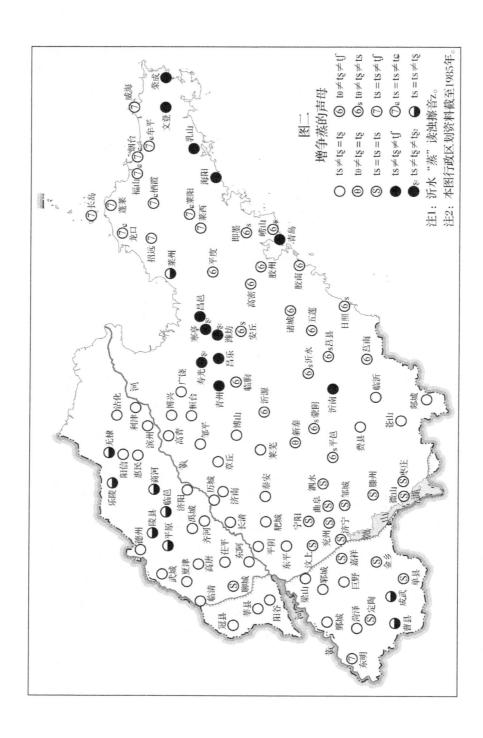

图二

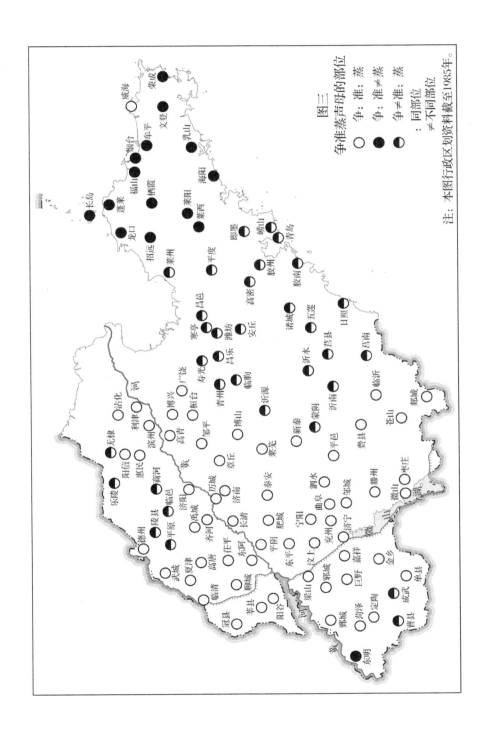

图三

争准蒸声母的部位

争：准：蒸

争：准≠蒸

争≠准：蒸

：同部位

≠不同部位

注：本图行政区划资料截至1985年。

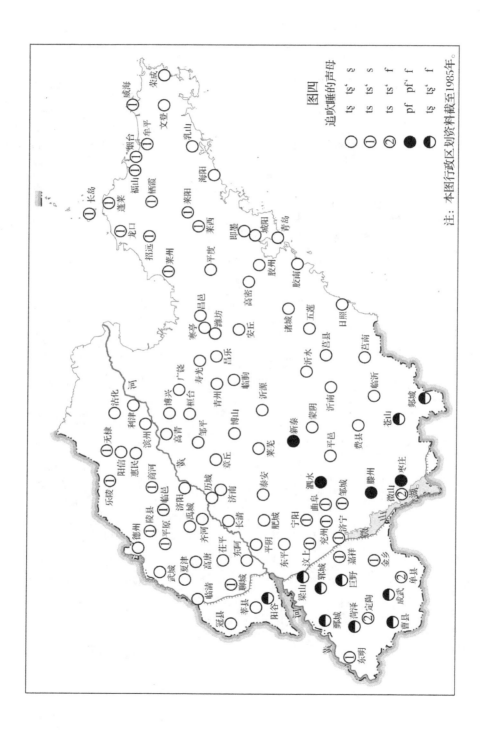

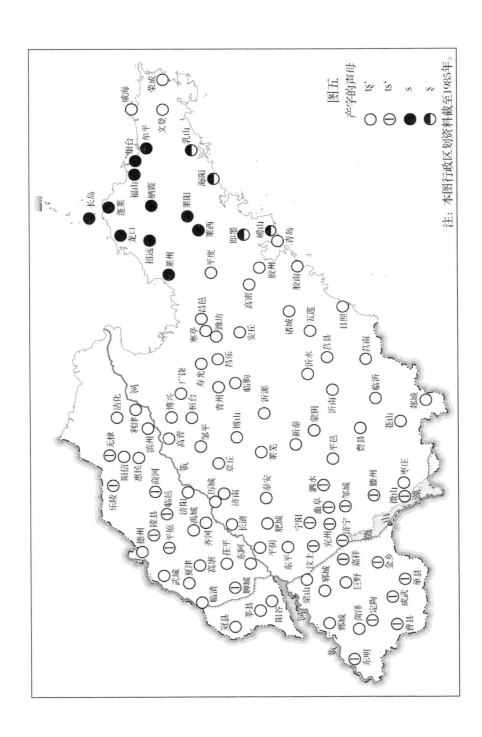

图五

产字的声母

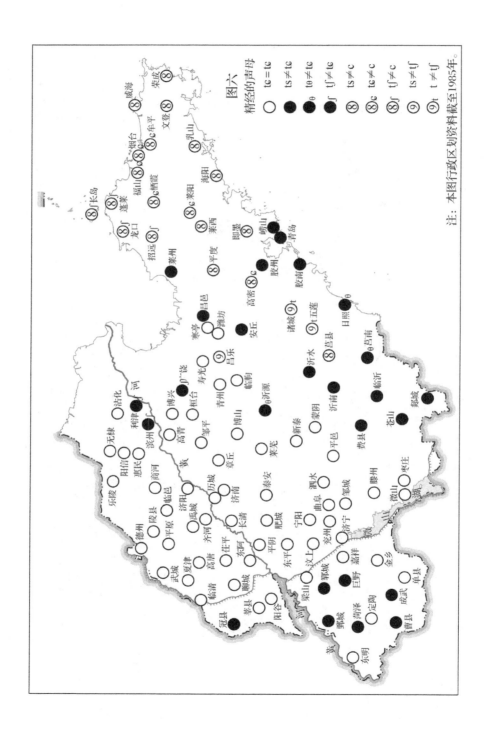

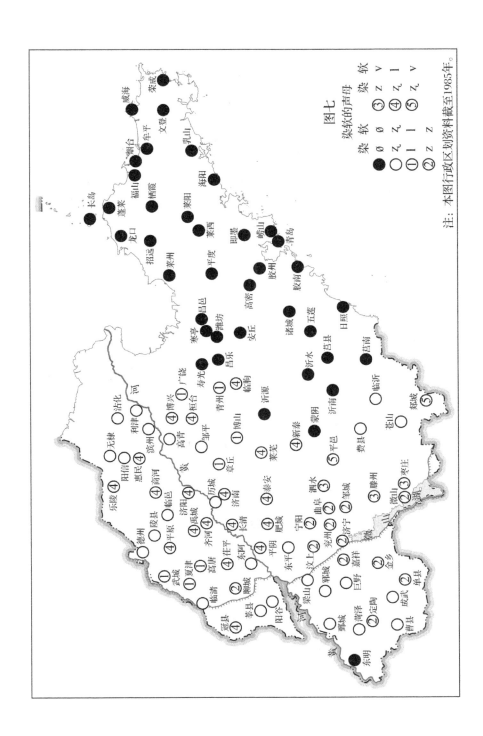

图七
柒软的声母

柒	软	柒	软
● 0	○ 0	③ z	⊘ v
① ʐ	◐ ʐ	④ ʐ	⊘ l
② z	◑ ʐ	⑤ ʐ	⊘ v

注: 本图行政区划资料截至1985年。

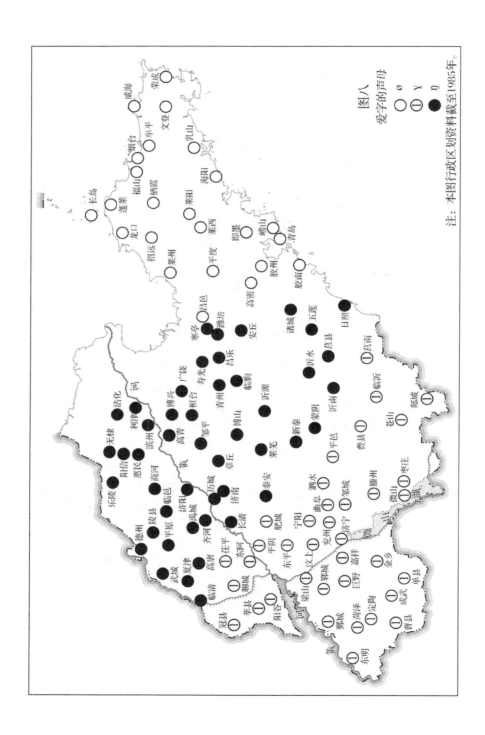

注：本图行政区划资料截至1985年。

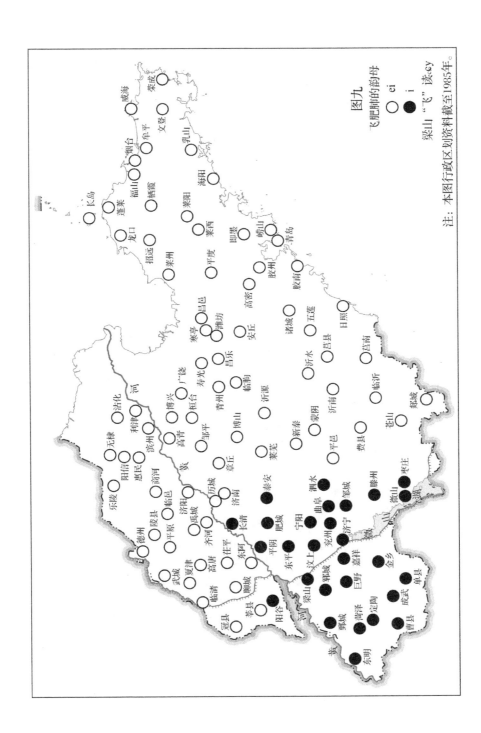

图九

飞肥肺的韵母

○ ei

● i

梁山 "飞" 读·ey

注: 本图行政区划资料截至1985年。

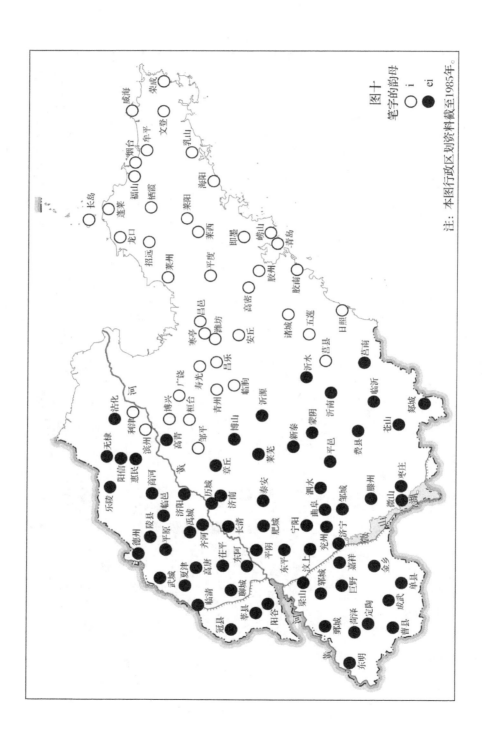

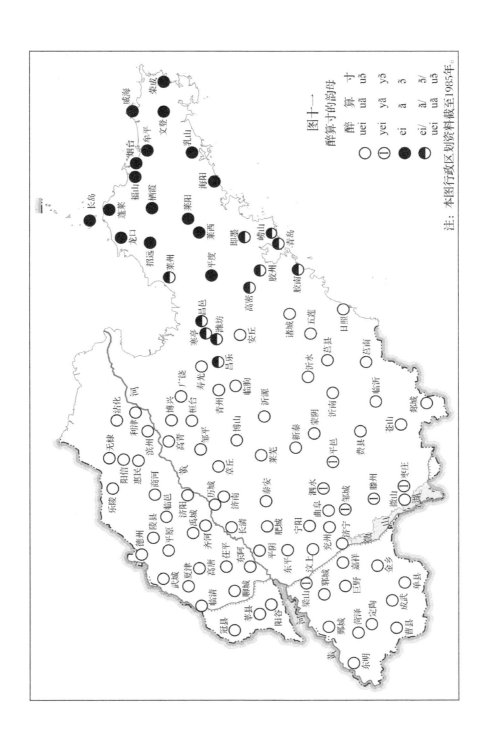

图十一

醉算寸的韵母

| 醉 | 算 | 寸 |
| uei | uɑ̃ | yɔ̃ |

○ ① ● ◐

注：本图行政区划资料截至1985年。

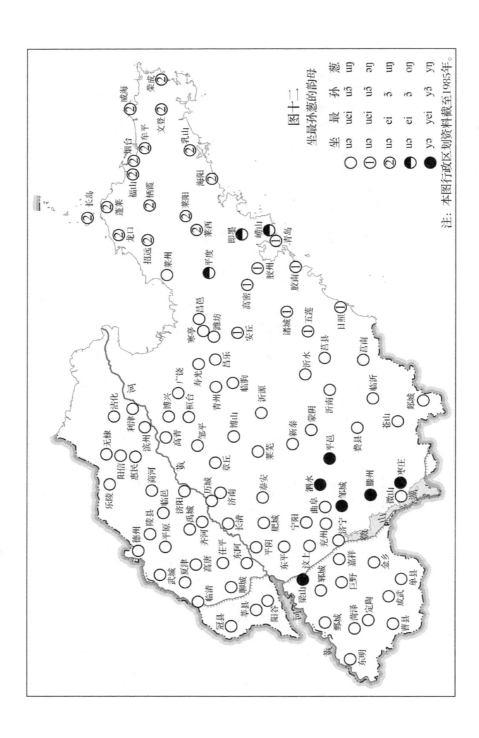

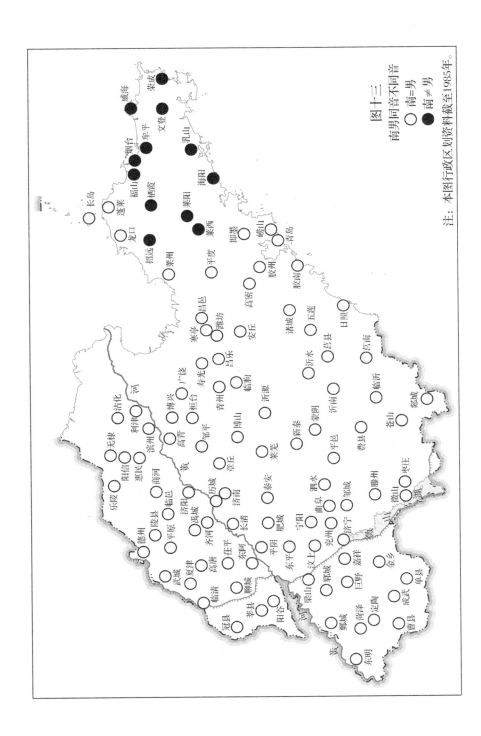

图十三

南男同音不同音

○ 南=男
● 南≠男

注：本图行政区划资料截至1985年。

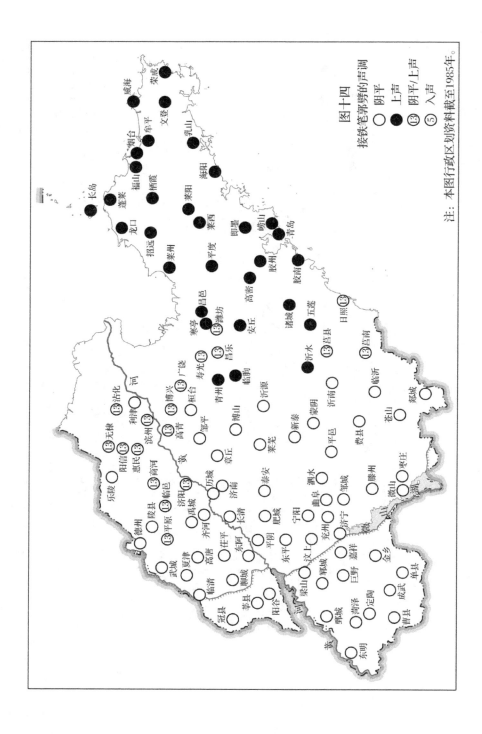

图十四

接铁笔鄂劳的声调

○ 阴平
● 上声
⑬ 阴平/上声
⑤ 入声

注：本图行政区划资料截至1985年。

胶东方音概况

一　总　说

本文根据青岛、即墨、海阳、乳山、文登、荣成、威海、牟平、烟台、福山、蓬莱、黄县、招远、栖霞、莱阳、莱西、掖县等17个点的方言普查材料写成。由于工作还只是停留在普查阶段,所以这些材料也只能在大体上告诉我们胶东方音的轮廓。

胶东各地方音并不完全一致。大体看来,东部沿海一带像青岛、即墨、海阳、乳山、文登、荣成等地比较接近。在声母方面都有[tʂ][tʂʻ][ʂ],在韵母方面都有[o]。北部沿海及中部几县,像烟台、福山、蓬莱、黄县、招远、栖霞、莱阳、莱西等地的情况就和青岛等地有些不同。特点是没有[tʂ]组声母也没有[o]韵母。而与招远、莱西相接的掖县方言的情况,则又与青岛等地相似。其他像声母、韵母在发音上的细小差别、声调的高低不同以及某些具体字的归类不同等等,更是举不胜举,这里都不一一加以详细说明了。

胶东语音尽管有些不一致的地方,但胶东人说话却都有明显的共同特色。譬如:声母方面大都有[c][cʻ][ç](基、骑、戏);都有[ɲ](泥、女);没有[ʐ],像“日子”的“日”字,胶东人都读成了[i],就像“义子”的“义”一样。韵母方面都有[iai](矮、解);鼻韵母中的鼻音[n]都不明显,像“安”、“恩”等字,实际上是元音鼻化,应该记作[æ̃]、[ə̃];不少普通话中应该读开、合两呼的字,胶东人都读成

160　汉语方言研究的方法与实践

了齐、撮两呼，像"政治"两字，普通话读[tʂəŋtʂʅ]，胶东人读[tɕiŋ tɕi]，又像"书"和"诸"，普通话是[ʂu]和[tʂu]，胶东人读[ɕy]和[tɕy]，不但韵母不同，就是声母也不一样（下面将要详细讲到）。声调方面，胶东人最突出的一点是多数没有上升的调子，只是极少数的例外。就声母、韵母的配合关系来看，胶东语音都没有[t]、[tʻ]、[ts]、[tsʻ]、[s]这五个声母和[uei]、[uan]、[uən]相拼的音节，凡普通话的这些音节的字，像"堆"[tuei]、"端"[tuan]、"吞"[tʻuən]和"嘴"[tsuei]、"酸"[suan]、"村"[tsʻuən]等字，胶东话都没有其中的[u]介音。此外，像普通话没有尖、团音的区别，而胶东话都有尖、团音的区别等等都使胶东人说话带有了显著的"胶东特色"。

　　小的区别，姑且略过；大的差异，逐条表明，本文想要谈的，只是胶东方音的一般情况及其共有的一些主要特点。因为另有"胶东人怎样学习普通话"的手册，所以有些地方就不都一一详述了。

二　声、韵、调表

1．声母表（见下页）：

说明：

　　①胶东各方言调查点的声母数字不一。此表所列，多数为各点共有，只有少数是某些点特有的。

　　②招远、莱西、栖霞一带，[ts][tsʻ][s]的发音与北京的[ts]组

胶东方音概况 **161**

表 一

发音方法＼发音部位			双唇	唇齿	舌尖前	舌尖中	舌尖后	舌叶	舌面前	舌面中	舌根
塞音	清	不送气	p巴			t到				c基	k割
		送气	p'怕			t'太				c'奇	k'科
塞擦音	清	不送气			ts资		tʂ之	tʃ知	tɕ积		
		送气			ts'雌		tʂ'翅	tʃ'池	tɕ'妻		
鼻音	浊		m门			n南			ȵ女		
边音						l蓝					
擦音	清			f飞	s思		ʂ诗	ʃ十	ɕ西	ç希	x合

略有不同:发音时舌尖和舌尖稍后的一小部分贴住上齿背,而且挤得很紧,声音有些像齿间音[tθ][tθ'][θ],但是舌头不在齿间。

③[tʃ][tʃ'][ʃ],为即墨、海阳、文登、乳山、荣成、烟台、招远、莱西等方言所有;凡有这套声母的方言,一般就没有[tɕ]组声母。

④莱阳、黄县、栖霞等地,[tɕ][tɕ'][ɕ]的发音部位都比北京的这套声母略前,声音有些像[tʃ][tʃ'][ʃ]。

⑤[c][c'][ç]除去青岛以外,其他各点都有这套声母。[c][c']是舌面中的塞擦音。

2. 韵母表(见下页):

162　汉语方言研究的方法与实践

表　二

四呼	开　口　呼		齐　齿　呼		合　口　呼		撮　口　呼	
单韵母	a o ɤ	巴拿 婆波 车色	i	衣你	u	乌布	y	鱼女
复韵母	ɛɤ ai ei ao ou	白革 哀该 妹碑 袄脑 斗漏	ia ie iai iao iou	牙架 别爹 矮皆 描掉 有刘	ua uo uai uei	挖瓜 我过 歪外 回吹	yo yø ye	月约 靴脚 雪学
鼻韵母	an ən aŋ əŋ oŋ	安南 本分 帮忙 风生 红工	ian in iaŋ iŋ ioŋ	添边 拼音 江阳 英明 凶拥	uan uən uaŋ uəŋ	宽缓 论文 王狂 翁甕	yan yn	圆圈 均韵
特别韵母	er ɿ ʅ	儿二 资私 之诗 鼠处						

说明：

①　多数胶东人在发单韵母[a]和特别韵母[er]的时候,舌位都比北京的[a]、[er]靠后。

②　单韵母[ɤ]在胶东各地的音质并不相同。严格的记,即墨和威海是[ə];荣成是[ɛ];福山是[ə];招远、栖霞等地有点圆唇,但是没有圆到[o]的程度。

③　复韵母[ai]、[ao](包括[iai]、[uai]和[iao])在胶东人的嘴

里,口形从大到小的动程都很小。有的地方像青岛、即墨、蓬莱、掖县等简直就是单元音[ɛ]、[ɔ];稍有动程的,像威海、烟台、福山等地,也只能记作[æe][ɑɔ]。

④ 青岛、海阳、乳山、文登、牟平、蓬莱、掖县、福山等地人在发[ou](包括[iou])韵母时,开头的口形并不很圆,实际上是[əu]。

⑤ 鼻韵母中的鼻音[n]都不明显,舌尖在韵母的收尾时根本没有移动,而且软腭在发主要元音的开始就是下垂的,所以实际上都是元音鼻化,可以记作:[æ̃]、[iæ̃]、[uæ̃]、[yæ̃]和[ə̃]、[iə̃]、[uə̃]、[yə̃]。

⑥ [ɛɤ],为乳山、文登所特有。发音时,舌位在前,高低近乎中元音,到后来舌位缩向后面,稍闭。

⑦ [yo],为即墨、乳山、文登、威海、牟平、黄县、烟台、招远、栖霞、莱阳、莱西所共有。

⑧ [yø],为荣成、威海、福山所有。

⑨ [iai],除青岛以外的胶东各地都有这个韵母。

⑩ [ʮ],为青岛、即墨两地所特有。

3.　声调表(见下页):

说明:

① 胶东方言的声调各调查点的类数不一,其中青岛等10点是4个声调(见表三),即墨等7点只有3个(见表四)。

② 烟台的上声还有一个调值是˧45。单念时可以随便读。

③ 招远的上声与阴平极相似,仅仅略略短于阴平。这两个声调的字常常分辨不清,它们的差别极其微小。

164　汉语方言研究的方法与实践

表　三

调值/调类 方言点	阴　平	阳　平	上　声	去　声
青　岛	213 刚	42 穷局	55 古急	31 近岳
海　阳	53 刚	323 穷局	214 古急	31 近岳
乳　山	31 刚	53 穷局	214 古急岳	324 近
文　登	31 刚	53 穷局	214 古急	324 近岳
荣　成	53 刚	55 穷局	314 古急岳	334 近
牟　平	51 刚	33 穷局	214 古急	31 近岳
蓬　莱	313 刚	55 穷局	214 古急	42 近岳
黄　县	313 刚	44 穷局	24 古急	53 近岳
招　远	44 刚	53 穷局	44 古急	314 近岳
莱　阳	214 刚	31 穷局	34 古急	51 近岳

表　四

调值/调类 方言点	平　声	上　声	去　声
即　墨	214 刚	55 古急	31 穷局近岳
威　海	53 刚	312 古急	44 穷局近岳
烟　台	21 刚	214 古急岳	42 穷局近
福　山	31 刚	214 古急	53 穷局近岳
栖　霞	52 刚	314 古急	44 穷局近岳
莱　西	214 刚	44 古急	51 穷局近岳
掖　县	214 刚	55 古急	41 穷局近岳

4．声、韵配合表（见插页）：

说明：

① 即墨、海阳、烟台、福山、蓬莱、黄县、招远、栖霞、莱阳、莱西等调查点没有[o]韵母，凡青岛等点和普通话中的[o]韵母，这些地方都合并在[ɤ]韵母中，如："波、坡、模、佛"等字。

② [ɛɤ]韵母字，除了乳山、文登两点以外，其余各点都是[ɤ]，普通话则分散在[ɤ][ai][o]等韵母中，如"得、白、墨"等字。

③ [ʮ]韵母字，除了青岛、即墨以外，其余各点都是[y]，声母是[tɕ]、[tɕʻ]、[ɕ]；在普通话语音中，韵母是[u]，声母也是[tʂ]、[tʂʻ]、[ʂ]，如"猪、除、书"等字。

④ [ye]韵母还代表[yo]和[yø]，因为这些韵母所包含的是同一些字，只是发音时的一些差别。譬如："决、缺、靴、月"等字，在青岛是[ye]，在乳山是[yo]，在福山则是[yø]。

⑤ 声母[tʃ]、[tʃʻ]、[ʃ]只与齐撮两呼的韵母拼。除去海阳、即墨、乳山、文登等八个有这组声母的点以外，其余像青岛等点都念这组声母字为[tɕ]、[tɕʻ]、[ɕ]；在普通话，是[tʂ]、[tʂʻ]、[ʂ]，如："知、尺、拾"等字。

⑥ 普通话没有尖团音的区别；普通话的[ts]、[tsʻ]、[s]不与齐撮两呼的韵母相拼。古代的精、见两组声母如果是在齐撮两呼的韵母前面，那么它们的读音没有差别，都是[tɕ]、[tɕʻ]、[ɕ]，如：流摄三等尤韵，属于精组声母的"秋"字和属于见组声母的"丘"字，读音同样都是[tɕʻiou]。

胶东方言是有尖团音的区别的；胶东不少方言点的[ts]组声母也可以与齐撮两呼的韵母相拼，如青岛的"秋"字是[tsiou]、"取"

166　汉语方言研究的方法与实践

字是[ts'y]等等。

胶东尖团音的区别有下面四种情况：

a. [ts]和[tɕ]，如青岛，古代的精、见两组声母在齐撮两呼的韵母前面时：

精组读[ts]、[ts']、[s]，如"酒"[tsiou]、"趣"[ts'y]；

见组读[tɕ]、[tɕ']、[ɕ]，如"九"[tɕiou]、"去"[tɕ'y]。

b. [ts]和[c]，如：海阳、乳山、文登、荣成、威海、蓬莱、掖县，古代的精、见两组声母在齐撮两呼前面时：

精组读[ts]、[ts']、[s]，如"酒"[tsiou]、"趣"[ts'y]；

见组读[c]、[c']、[ç]，如"九"[ciou]、"去"[c'y]。

c. [tʃ]和[c]，如：招远、莱西，古代的精、见两组声母在齐撮两呼前面时：

精组读[tʃ]、[tʃ']、[ʃ]，如"酒"[tʃiou]、"趣"[tʃ'y]；

见组读[c]、[c']、[ç]，如"九"[ciou]、"去"[c'y]。

d. [tɕ]和[c]，如：即墨、烟台、黄县、福山、栖霞、莱阳，古代的精、见两组声母在齐撮两呼前面时：

精组读[tɕ]、[tɕ']、[ɕ]，如"酒"[tɕiou]、"趣"[tɕ'y]；

见组读[c]、[c']、[ç]，如"九"[ciou]、"去"[c'y]。

⑦ 合口韵中，胶东的[t]、[t']、[n]、[l]和[ts]、[ts']、[s]只能和[u]、[uo]两个韵母拼；普通话除此而外，还可与[uei]、[uan]、[uən]三个韵母拼，凡普通话读[t]、[ts]两组声母与[uei]、[uan]、[uən]相拼的音节，胶东话都要去掉其中的[u]介音，如"酸"[suan]读为[san]，和"三"字一样。见表六：

胶东方音概况　167

表　六

普通话＼胶东话		t	t'	n	l	ts	ts'	s
uei	ei	堆	推			嘴	崔	碎
ei				内	雷	贼		
uan	an	端	团	暖	乱	赞	蚕	三
an		丹	贪	南	懒	钻		酸
uən	ən	墩	吞		论	尊	村	孙
ən						怎	参~差	森

三　声、韵要点

1. [tʂ]和[tɕ]

普通话以[tʂ]、[tʂ']、[ʂ]为声母的字,胶东话(除去青岛、掖县两点)都要分成两套:荣成等有[tʂ]组声母的,分成[tʂ]、[tʂ']、[ʂ]和[tɕ]、[tɕ']、[ɕ](有[tʃ]组声母的地方,[tɕ]、[tɕ']、[ɕ]为[tʃ]、[tʃ']、[ʃ],以下同。)栖霞等没有[tʂ]组声母的,则分成[ts]、[ts']、[s]和[tɕ]、[tɕ']、[ɕ]。如表七:

表　七

普　通　话	胶　东　话	例　　字
tʂ	tʂ 或 ts	炸　支
	tɕ 或 tʃ	遮　知
tʂ'	tʂ' 或 ts'	茶　翅
	tɕ' 或 tʃ'	车　耻
ʂ	ʂ 或 s	沙　诗
	ɕ 或 ʃ	设　失

168　汉语方言研究的方法与实践

普通话的[tʂ]组声母字,如果胶东话是属于[tɕ]组,那么韵母也就必然和普通话的不同,因为根据发音条件,[tɕ]、[tɕ']、[ɕ]不能和开、合两呼的韵母相拼,而普通话的[tʂ]组正好只能与开、合口的韵母相拼,所以胶东人读这些字的韵母时,都要由于声母的不同而不同:普通话是开、合口;胶东话是与其相应的齐齿、撮口。详细情况见下表:

表　　八

胶东话声母 / 普通话声母 胶东话韵母 普通话韵母		tɕ		tɕ'		ɕ	
胶东话韵母	普通话韵母	tɕ	tʂ	tɕ'	tʂ'	ɕ	ʂ
ia	a						傻
	ia						
ie	e		者		车		设
	ie	姐		切		谢	
i	ɻ		知		池		实
	i	积		妻		洗	
iao	ao		招		超		烧
	iao	焦		锹		消	
iou	ou		州		抽		收
	iou	酒		秋		修	
ian	an		展		缠		善
	ian	剪		前		线	

胶东话声母 / 普通话声母 胶东话韵母 普通话韵母		tɕ		tɕ'		ɕ	
胶东话韵母	普通话韵母	tɕ	tʂ	tɕ'	tʂ'	ɕ	ʂ
in	ən		诊		辰		深
	in	尽		亲		辛	
iaŋ	aŋ		杖		昌		伤
	iaŋ	匠		枪		湘	
iŋ	əŋ		争		乘		声
	iŋ	晶		青		星	
y	u		猪		出		书
	y	聚		取		叙	
yan	uan						
	yan					宣	
yn	uən						
	yn					寻	

从七、八两表,我们可以看出普通话[tʂ]、[tɕ]两组声母和胶东话[tʂ](或[ts]组)、[tɕ](或[tʃ]组)两组声母的关系如表九:

表　　九

普　通　话			胶　东　话		
tʂ	找	抄	梢	tʂ	找	抄	梢

普　通　话		胶　东　话	
tʂ	找　抄　梢	tʂ	找　抄　梢
	招　超　少	tɕ	招　超　少
tɕ	焦　锹　消		焦　锹　消

属于"招、超、少"这类字的为数不少。哪些字？无论从普通话还是从胶东话都不能找到什么严格的规律进行类推，只有从中古音的系统，才可以看到一些比较清楚的规律。

普通话和胶东话的塞擦音，其来源不外乎中古的精、知、庄、章、见五组，一般的发展规律见表十：

表　　十

中　古　音		普　通　话	胶　东　话
精	（洪）	ts	ts
	（细）	tɕ	tɕ（尖）
知　庄　章		tʂ	tɕ tʂ
见	（细）	tɕ	ɕ（团）

中古音的知、庄、章三组，在普通话是[tʂ]组（少量的[ts]组），在胶东话是[tʂ]、[tɕ]两组，现在将分化情况排成表十一（见下页）：

表中例外字说明：

①"说"，山摄薛韵合口三等章组，胶东读[ɕye]。

②"出"，臻摄术韵合口三等章组，胶东读[tɕʻy]。

"术述"，臻摄术韵合口三等章组，胶东读[ɕy]。

③"着"，宕摄药韵开口三等知组，胶东读[tʂuo]。

④"熟"，通摄屋韵合口三等章组，胶东读[ɕy]。

170　汉语方言研究的方法与实践

表 十 一

普通话	tʂ组									
胶东话	tʂ组					tɕ组				
摄	韵	开合口	等	声母组	例字	韵	开合口	等	声母组	例字
假	麻	开	二	知庄	茶沙	麻	开	三	章	遮
遇	鱼	合	三	庄	初	鱼	合	三	知章	猪诸
	虞	合	三	庄	数	虞	合	三	知章	住主
蟹	皆	开	二	庄	斋	祭	开	三	知章	滞制
	佳	开	二	庄	债					
	夬	开	二	庄	寨					
	祭	合	三	知章	缀税					
止	支	开	三	庄章	筛支	支	开	三	知	知
	脂	开	三	庄章	师示	脂	开	三	知	迟
	之	开	三	庄章	史之	之	开	三	知	治
	支	合	三	庄章	揣吹					
	脂	合	三	知庄章	追帅谁					
效	肴	开	二	知庄	罩抓	宵	开	三	知章	超烧
流	尤	开	三	庄	愁	尤	开	三	知章	抽收
咸	咸洽	开	二	知庄	站杉插	盐叶	开	三	知章	粘占涉
	衔狎	开	二	庄	衫					
深	侵缉	开	三	庄	森	侵缉	开	三	知章	沉针十
山	山黠	开	二	知庄	绽山杀	仙薛	开	三	知章	展善哲舌
	删鎋	开	二	庄	栈铡					
	删鎋	合	二	庄	闩刷					
	仙薛	合	三	知章	传穿①					
臻	真质	开	三	庄	衬瑟	真质	开	三	知章	陈真姪质
	谆术	合	三	知庄章	椿率②春					
宕	阳药	开	三	庄	庄	阳药	开	三	知章	张章③
江	江觉	开	二	知庄	撞窗桌捉					
曾	蒸职	开	三	庄	侧	蒸职	开	三	知章	征升直食
梗	庚陌	开	二	知庄	撑生择窄	清昔	开	三	知章	贞城掷石
	耕麦	开	二	知庄	橙争摘责					
通	东屋	合	三	知庄章	中崇终④					
	钟烛	合	三	知章	重⑤种					

⑤ "赎",通摄烛韵合口三等章组,胶东读[ɕy]。

表十一告诉我们下面三点(并见图一):

a. 庄组字不论开合等呼,胶东话全部是[tʂ]组。

b. 章组字,开口字为[tɕ]组,合口字为[tʂ]组。

c. 知组字,开二、合三为[tʂ]组,开三为[tɕ]组。

图 一

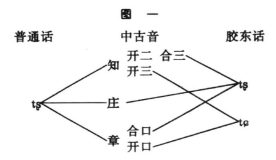

注:遇摄合口三等例外:知章组读[tɕ]组。

　　　止摄开口三等例外:章组读[tʂ]组。

2. 日母字

胶东人说"绕道"同于"要道"[iaotao]、"染红"同于"眼红"[ianxoŋ],这是因为他们的口里没有[ʐ]声母。凡普通话的[ʐ]声母字在胶东都是零声母,并且韵母也不是普通话的开口呼、合口呼,而是与其相应的齐齿呼、撮口呼。譬如:"软"字,普通话是[ʐuan],胶东话是[yan],读音与"远"相同。又如:"然"字,普通话是[ʐan],胶东话是[ian],读音与"言"相同。现在将这些字排为表十二(见下页):

172　汉语方言研究的方法与实践

表　十　二

胶东话	字　　　　　例	普通话
i	日	ʐʅ
ie	惹热	ʐɤ
iao	饶挠绕	ʐau
iou	肉柔揉踩	ʐou
ian	然燃染	ʐan
in	人仁壬忍刃纫韧认任饪妊	ʐən
iaŋ	瓤嚷壤让	ʐaŋ
ioŋ	容茸溶熔荣绒融冗	ʐoŋ
y	如儒孺蠕汝乳入褥	ʐu
ye	若弱	ʐuo
yan	软	ʐuan
yn	闰润	ʐuen

例外字	普通话	胶东话	中古音
辱	ʐu	lu	通摄合口三等日母
蕊	ʐuei	lei	止摄合口三等日母
锐	ʐuei	lei	蟹摄合口三等喻母
仍扔	ʐəŋ	leŋ	曾摄开口三等日母

　　普通话的[ʐ]母字，在中古都是"日"母（极少数的例外字，如"锐"、"瑞"、"容"）；中古的日母字在胶东话中，除去极少量的读[l]（如"辱"等）以外，其余都是零声母，而且韵母也多是齐齿呼和撮口呼，只有止摄开口"儿"、"而"、"耳"、"二"等字是开口呼。

　　3.[uo]和[ɤ]

　　普通话读"歌子"同于"鸽子"[kɤtsʅ]、读"课本"与"刻本"[k'ɤpen]同；"活人"[xuoʐen]和"何人"[xɤʐen]不同、"锅手"[kuoʂou]和"歌手"[kɤʂou]不同。多数胶东方言如海阳、荣成、牟平、福山、蓬莱、莱阳、莱西、黄县、招远、栖霞等的情况恰恰相反，那些地方的话，"歌子"[kuotsʅ]与"鸽子"[kɤtsʅ]、"课本"[kʻuopen]与"刻本"[kʻɤpen]都不同，而"活人"同于"何人"[xuoin]、"锅手"同于"歌手"[kuoɕiou]。这是因为普通话[ɤ]韵母的部分字，在胶东话里读成了[uo]韵母；反过来，胶东话的部分[uo]韵母字，在普通话就是[ɤ]韵母了。其关系如下：

普　通　话	胶　东　话
ɤ	ɤ
uo	uo

[uo]韵母追溯到中古，不外乎果摄一等的开、合口字和宕、曾等摄的入声字，胶东话和普通话都是这样。稍不同的是果摄一等开、合口的见、晓两组字，在普通话还有不少读[ɤ]韵母的，其中开口字读[ɤ]韵母的几乎占十之八九，如"歌、可、荷"等字，而胶东话没有这些例外，不论开、合、声组，一律都读[uo]韵母。

表十三、十四说明胶东话的[uo]韵母普通话分读为[uo]、[ɤ]两韵和普通话的[ɤ]韵母胶东话分读为[ɤ]、[uo]等韵的情况：

表　十　三

胶东话 普通话 声母	uo		
	uo	ɤ	说　明
t	多夺惰朵躲		
tʻ	拖驮脱托妥		
n	挪糯		
l	罗锣箩骡洛骆络落	乐	酪烙例外

174　汉语方言研究的方法与实践

胶东话 普通话 声母	uo		
	uo	ɣ	说　明
ts ts' s	浊坐镯作昨凿拙桌座捉 做左 搓错矬 蓑梭缩锁所索		此表所列，是依据 没有[tʂ]组声母的 莱阳等地，有[tʂ]组 的，还要分成两组。 着睡~例外。
k k' x	锅郭国果裹过 括扩阔 豁获活和~灰或火伙货祸	歌各阁个搁 可科棵颗蝌课苛 何荷盒合河禾和~气贺	
Ø	窝卧握我	蛾俄鹅饿恶	恶可恶例外

表　十　四

普通话 胶东话 声母	ɣ			
	ɣ	uo	ie	说　明
t t' l	得德 特 勒			
ts ts' s	责则泽择 厕侧策测册 色涩啬			
tʂ tʂ' ʂ ʐ			遮哲折者浙蔗 车扯撤澈彻 奢赊蛇舌舍赦 社射设摄涉 惹热	[tʂ]组声母字， 胶东读[-ie]，声 母是[tɕ]组，上 面已有说明。
k k' x	格鸽革隔 客刻克壳	歌各个阁搁 可课棵颗科蝌苛 何荷河和~气合盒贺禾		割、渴、喝例外， 韵母是[-a]，这 是口语。
Ø	讹额	俄饿鹅蛾恶		

4. [iai]

[iai]韵母的存在,是胶东语音的特点之一。

胶东话以[iai]为韵母的字,只限于[c]、[ç]和零声母。这些字,在中古都是蟹摄开口二等见、晓组字;凡以[c]、[ç]为声母的普通话都是[ie]韵,零声母字读[ai],见表十五:

表　十　五

胶东话 普通话 声母	iai	
	ie	ai
c ç	皆街阶解戒疥芥界介 鞋蟹械	
∅		矮挨

5. [ʯ]

[ʯ]只是青岛和即墨才有的一个韵母,光与[tʂ]、[tʂ‘]、[ʂ]这三个声母相拼。这个韵母在其余的胶东方言中,多数读[y],例如:"书"[çy];少数读[u],例如:"梳"[ʂu];在普通话音中,则"书"、"梳"同样,全都读[u],见表十六。

[ʯ]韵母的来源,推到中古是下面三个:

a.遇摄合口三等知庄章组字,鱼韵如:"猪、初、书"等,虞韵如:"蛛、数、主"等。

b.通摄三等知章组入声字,屋韵有"竹、筑、畜、祝、叔、熟、淑"等,烛韵有"烛、嘱、触、赎、属、蜀"等。

c.臻摄合口三等章组入声字"出、术、述"等。

176   汉语方言研究的方法与实践

表 十 六

普通话 除去青岛、即墨以外的胶东话 声母	ʮ		
	u		
	u	y	
tʂ	阻筑逐烛祝竹嘱	猪著诸煮诛蛛住朱硃珠蛀主注铸	
tʂʻ	初楚锄刍雏触畜~牲	除储处厨出	
ʂ	梳疏蔬数属蜀漱	书舒暑署薯输殊竖树墅鼠黍熟淑赎术述秫叔	

四　声调概况

胶东话的声调就其分类情况可分两组：青岛等 10 点有四个调类（见表三）；烟台等 7 点是三个调类（见表四），两组之间调类不等；各点之间，声调的实际读音更不一致。

先就四个声调的情况来说，如果拿它们与普通话来作比较，那么胶东话属于阴、阳、上、去四声的字大体与普通话的四声相当。现在就以荣成为例列为表十七：

表 十 七

调类 例字 北京 荣成	阴　平		阳　平		上　声		去　声	
北　京	˥ 55	诗天	˧˥ 35	时平	˨˩˦ 214	使古	˥˩ 51	是父
荣　成	˥˧ 53	诗天	˥ 55	时平	314	使古	˧ 33	是父

其余各点与普通话的对应情况都与荣成相同，只是例外字的情况很有出入。现在仍以荣成为例作例外字为表十八：

表　十　八

荣成／北京	阴　平	阳　平	上　声	去　声
阴平		缩突 鸦差参~雌敷孵 肤稍谦勋芳	搭插擦杀扎札扎 塌发八瞎夹压鸭 押刮刷挖拍黑摘 泼~水塞拆削割 郭脱捉剥拨讬托 戳豁结接切歇噎 贴鳖说缺薛虱织 湿失汁吃踢滴积 逼惜析七漆织激 击迹蹟劈一吸哭 朴秃出屈叔舳拉 勒捏 播脂估揸微刊斟 几~乎微	差出差佳斋糙攀 歼汪丧婚~呛吃呛 浆~糊晶供~给 踪
阳平	期时~ 卒极掘橘 （参见表十九）		答袼夹格得德则 哲折革隔伯觉壳 驳国阁博结又节 执职识急锡吉脊 福足烛竹 达折弄~了额合昨 食蚀及极籍集敌 习仆族 搽~粉匙夷姨才 违又旋妨蒙筒无	铡~刀炸闸舌十 的~确筑轴 脐如巢谈瞒亡 降投~疼
上声	垮耻楚阻扰寝 讽倾拱~手	鹊 努某储了~解揽笋 艇陇垅		辱 贾与给~买彼抖 杼惨饮恳尽~先闯

178　汉语方言研究的方法与实践

荣成／北京	阴　平	阳　平	上　声	去　声
去声	踏莫 差~别饲技妓智妇 互态昧壳馏~馒头 但旦~夕间~断敛 障保~仲	纳榨~油特鹊又乐 弱钥凿获月越悦 阅历厉栗室逆秘 必译疫役木複腹 复畜~牲速 和~灰厕亿异丽 隶腻寄帝誓杜负 怒路聚据巨拒距 痱窍柚釉又甚认 讯迅畅象幸另硬	吓恰测策册瑟涩 刻客侧啬设克迫 约却壳又括包~ 各恶确质譬赤式 释璧壁毕不触宿 粟畜蓄臂 辣腊勒~索墨默 药岳虐疟落猎立 绿鹿禄录入麦脉 涉若	

　　上表告诉我们一点,那就是荣成话的上声字有不少分散在普通话的其余三声之中。究其根源,是在于古入声的清声母字,在胶东话中绝大部分读上声,而普通话是分散在阴、阳、上、去四声之中的。

　　古声调到今声调的变化,胶东话和普通话的不同,除去古入声的清声母字以外,还有古平声的次浊声母字。古平声的次浊声母字,普通话读阳平,胶东话除一部分读阳平以外,还有不少部分读阴平。图二说明中古音的四声在胶东话和普通话的对照情况:

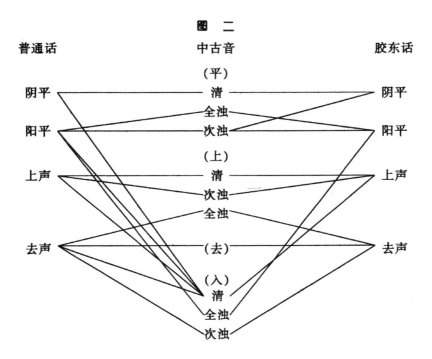

图　二

说明：①表中所注"清"、"全浊"、"次浊"，是指古声母的清浊。

②表中所划直线，不是指现在普通话和胶东话的声调就是这样直接从中古音发展来的，而是根据现在普通话和胶东话的情况，来和中古音的情况作一比较。

（以下同）

古平声的次浊声母字，胶东话读阴平或阳平的，各点之间在少数字上也还有一些出入。下面的表十九是根据胶东莱阳方言的读法整理的：

180　汉语方言研究的方法与实践

表　十　九

中古莱阳韵母	平　声(次浊声母字)	
	阴　平	阳　平
a	麻拿	
ia	牙芽	
ɣ	磨模	
uo	挪蛾鹅俄	骡罗锣箩
ər		儿而
i	黎犁泥移夷姨迷谜	梨厘狸离篱尼遗疑宜
u	模谋卢炉芦	无吴梧
y	驴余馀鱼愚虞娱	于盂榆愉
ai	埋来	
ei	眉霉雷擂	梅枚媒
uei	围	危微
ao	毛挠	矛劳牢
iao	苗描饶摇谣窑遥姚	肴淆
ou	楼耧	
iou	牛	流留榴硫流尤邮由油游遊犹柔揉
an	瞒南蓝	蛮男难篮兰拦栏
ian	棉绵眠连粘言缘燃延檐延阎	莲廉帘簾镰联怜年严研岩然
uan		完顽玩
yan	袁辕援元圆原源员	园
ən	门	轮仑伦
in	鳞	淋磷林邻银人仁
uən		文纹
yn	云	
aŋ	忙狼	囊郎廊昂
iaŋ	凉量粮粱梁羊	
uaŋ		王亡
əŋ		盟能
iŋ	名铃零萤蝇迎盈赢	铭明鸣菱凌陵灵伶凝宁萤
oŋ	聋	龙隆
ioŋ		绒戎茸
ũ(注)		脓浓奴农

注："脓、浓、农、奴、努、怒"六字在莱阳一带都读成了带鼻音的[ũ],由于字数少而且地区不广,所以在韵母表中没有列入。

把三个声调的情况与四个声调的情况比较来看,可以得出下面的关系:

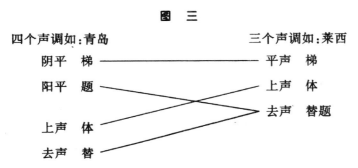

图 三

四个声调如:青岛　　　　　　　　　三个声调如:莱西

阴平　梯　　　　　　　　　　　　　平声　梯

阳平　题　　　　　　　　　　　　　上声　体

　　　　　　　　　　　　　　　　　去声　替题

上声　体

去声　替

初看起来,胶东话中三个声调的情况,是四个声调中阳平和去声的合并;如果再对照中古音来看,那么我们可以看到:三个声调中的去声,实际上是中古音四个声调绝大多数浊声母字(只有次浊上声今读上声)的大会合。试看下页图四。

阳平和去声的合并,这是胶东语音声调的特点之一。在具有四个声调的某些点里(主要是胶东中部莱阳、招远等地),我们还可以看到阳平、去声这两个声调的混乱读法:把不少按古今音类推应归去声的字读成了阳平。这些字还往往都是古代的浊声母字。就以情况最为显著的招远来说,据方言普查结果统计:去声字在招远被读为阳平的总共有 200 多个,其中属于清声母的去声字却不到 40 字,其余都是上、去两声的全浊和次浊声母字。

a.涮～洗兴高～爸舍簸榨次制亿驻数名词扫～帚耗漂～亮恶可～炸用油～扮瞪赞剂禁～止烫晃俏应答～付讯迅畏担挑～句会～计教～育醇发面～粽(清去 35 字)。

b.象拌范犯旱断棒舅就绍赵兆稻道导户腐竖柱杜负簿部市柿是惰动厚受抱坐跪丈杖重～量辫杏静件盾尽伴淡社(全浊上 45 字)。

182　汉语方言研究的方法与实践

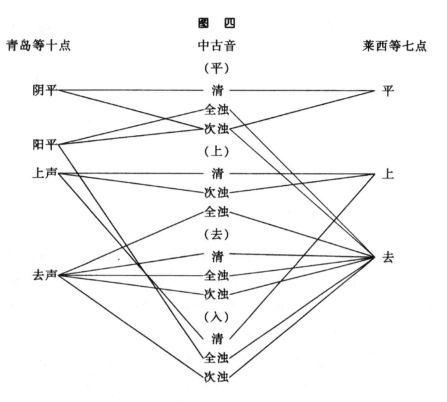

图　四

c. 尚豆顺痘寺械净病郑匠恨换贱汗饭办队树画地话步埠附住败代袋坏穗睡柜掉轿售授候弹枪～蛋旧袖赚患宦笨份一～两～饨遁缝门～剩横蛮～洞和护（全浊去54字）。

d. 命妹硬路浪念烂慢漏庙耐二夜卧饿腻隶痢吏艺义议易异幕露丽误悟务雾虑滤遇寓裕喻卖赖碍迈昧谓蜩未味帽绕尿傲砚糯忘旺梦泪累～人磨石～样敛闷刃认誉预嫩（次浊去66字）。

（原载《山东大学文科学报》1959年第4期）

文登、荣成方言中古全浊
平声字的读音[*]

　　文登、荣成两县位于山东半岛尽东头,界于渤海与黄海之间。现在的荣成县在历史上有一千好几百年的时间属文登县。《文登县志》记:"汉置昌阳,不夜二县,属东莱郡。"[①]又:"东汉昌阳县省不夜入之,属东莱郡。"[②]不夜故城位于今荣成县埠柳村西北;昌阳故城位于今文登县宋村东南。后来昌阳改名文登,荣成县置于清雍正十三年。

　　文登县和荣成县不仅在行政上有长时期同属于一个县治的历史,而且方言也相当一致。以 1979 年调查的两个点荣成县大疃公社北湾头村和文登县宋村公社大泽头村来说,两地的发音人在一起发音,他们认为自己的家乡话彼此间没有区别。胶东方言是很有特色的,文登话和荣成话(下称文荣方言)具有胶东方言的那些最显著的特征。值得注意的是,文登、荣成方言的口语音还有一个胶东其他方言区所没有的情况,使得这儿的方言具有了更加鲜明的特征。

　　中古的全浊声母字,在整个北方方言区,今读清音,塞音和塞擦音平声送气,仄声不送气。文登、荣成方言除了大体符合这一规

　　[*] 本文原是参加厦门大学 1979 年汉语方言讨论会的交流材料,曾由厦大油印,现有多处修订和补充。山东大学和烟台师专的有关老师、同学为本文的写作和修订给予指导和帮助,谨致谢忱。

184　汉语方言研究的方法与实践

律以外,还有一部分全浊的塞音和塞擦音在口语中平声是不送气的清音。本文主要说明两个问题:一个是,有这种读不送气口语音的是哪些字;再就是,这种语音现象的地理分布情况。

　　第一个问题:中古全浊声母平声字在文登、荣成方言口语音中读不送气音的究竟是哪些字? 中古全浊声母今读清音而存在送气、不送气问题的有并、定、从、邪、澄、崇、船、禅、群九个声母的字。将中国科学院语言研究所编的《方言调查字表》中这几个声母的二百八十个平声字(本文稍作增减)逐个调查,结果是除去十七个生僻字③和二十一个读擦音的字以外,余下二百四十二字,口语读不送气清音的总共五十字,占调查字数的五分之一强。五十字如下:

駄[ˌto]④	茄[ˌciɛ]	婆[ˌpo]老婆子	砣[ˌto]⑤
瘸[ˌcyø]	爬[ˌpa]	搽[ˌtʂa]搽雪花膏	渠[ˌcy]
瞿[ˌcy]	台[ˌtai]锅台、戏台	裁[ˌtsai]裁衣裳	牌[ˌpai]
蹄[ˌti]	脐[ˌtsi]	骑[ˌci]	瓷[ˌtsʅ]
槽[ˌtsao]	刨[ˌpao]	瓢[ˌpiao]	荞[ˌciao]
条[ˌtiao]枝条	头[ˌtou]	钳[ˌcian]	甜[ˌtian]
沉[ˌtʃən]	弹[ˌtan]	钱[ˌtsian]	缠[ˌtʃan]
填[ˌtian]	前[ˌtsian]	盘[ˌpan]	团[ˌtan]团团的
鬈[ˌcyan]	频[ˌpin]	陈[ˌtʃən]	勤[ˌcin]
盆[ˌpən]	群[ˌcyn]一群羊	糖[ˌtaŋ]	墙[ˌtsiaŋ]
长[ˌtʂaŋ]	肠[ˌtʂaŋ]	场[ˌtʂaŋ]	澄[ˌtʂəŋ]
棚[ˌpəŋ]猪圈棚子	晴[ˌtsiŋ]天晴了	瓶[ˌpiŋ]	丛[ˌtsoŋ]
虫[ˌtʂoŋ]	穷[ˌcyŋ]		

　　上列五十字分属于除江摄以外十五摄的开口一、二、三、四等或合口一、三等的并、定、从、澄、群五个声母。⑥五十字的读书音全

部是与口语音同部位的送气清音。例如："头"，口语[ꜚtou]，读书音[ꜚt'ou]；"场"，口语[ꜚtʂaŋ]，读书音[ꜚtʂ'aŋ]。不论口语音，读书音，其声调一律读阳平。

此外，这五十个口语读成不送气音的字还有一些不同的情况：

多数字比较一致，一般在口语中只有一种读法，例如瓢、前、墙、场、虫等。不少字在口语中也有不送气和送气两种读法。有的是两可的。例如："骑"，可说[ꜚci]，也可说[ꜚc'i]；"荞"，可说[ꜚciao]，也可说[ꜚc'iao]。有的则是在构成不同的词时有不同的说法，例如："老婆子"的"婆"和单音词"婆"（奶奶）说[ꜚpo]，"婆妈"的"婆"说[ꜚp'o]；"裁衣裳"的"裁"读[ꜚtsai]，"裁缝"的"裁"说[ꜚts'ai]；还有一些两读的字，一般是属于日常生活的、较旧的词读成不送气音，新词读送气音，例如："锅台"、"戏台"的"台"读[ꜚtai]，"讲台"的"台"读[ꜚt'ai]，"团团的"（圆圆的）的"团"说[ꜚtan]，"团员"的"团"说[ꜚt'an]。

第二个问题：哪些地方有这种语音特点？在过去掌握的零星材料的基础上，又陆续查询了荣成十四个点、文登二十一个点、威海四个点、乳山九个点和牟平七个点。了解的着重点确定为这一方音现象的边缘地带，力求搞清范围。以下是据五十六点初步了解到的五县情况。

荣成县，上列五十字口语音说不送气音极为普遍，十四点中只有两处除外。一处是东北角旧县治城厢以及城厢以东地区，包括成山角等。一处是西南角靖海，当地人称"西南卫"，包括附近的西邬家山和里山。里山西南有个村子叫山西头，据说村东人和村西人说的就不一样。村东人叫他们的村子是[ꜚʂan ꜚsi ꜚtou]，村西人则叫[ꜚʂan ꜚsi ꜚt'ou]。

186　汉语方言研究的方法与实践

文登县，西南一角以爬山为界：爬山以南说送气音，例如小观公社的徐家庄；爬山以北说不送气音，例如泽头公社的刘家岭村、铺集公社的大英村，直到葛家公社的迟家庄村、米山公社的姜格庄村。东南一片，南面濒海，东邻荣成，口语一致为不送气音，从泽库公社、宋村公社、侯家公社、鏊山公社，向北直到口子公社、大水泊公社，以及文登营。文登城的情况不一致，青年学生的口语没有读不送气音的特点，可他们也知道有这一种说法。文登城和文登营以北，黄岚公社的王卜庄，五十字的口语主要还是不送气音。从黄岚以北到威海县，其间的汪疃、苘山、草庙子，五十字的口语就是送气音了。文登县的西北部，地形比较复杂，米山水库和昆嵛山占了大片地面。这里的界石公社及西北角初村公社也有口语说成不送气音的情况。

威海县，市区及县南边的羊亭公社王家夼村，温泉公社河西村，五十字的口语都是送气音。从现在掌握的情况说，威海全县没有文荣方言的这一特点。威海县东与荣成相邻，两县以亭子东山为界。亭子东山也是这个方音特点的地域分界：山以西威海温泉公社是送气，山以东荣成泊于公社是不送气音。

牟平县，东北一角姜格庄公社东接文登县初村公社，其中的孙家疃村和王家庄村，也有五十字口语说不送气音的特点。孙家疃以西有上庄口子，口子西无此特点。东南的莒格庄公社，周家庄是送气音，东面与之相距不远的金家埠和写眼市就有说不送气音的。牟平县跟文登交界的还有龙泉公社。龙泉公社的狮子夼村五十字说送气音，跟牟平县城及其他地方相同。

乳山县，乳山跟文登相接的有冯家、南黄、院后等公社，都是处于爬山以南，未曾发现文荣方言的这一口语特点。

文登、荣成方言中古全浊平声字的读音　187

必须说明的是：上文提到五十字口语有不送气音的地点，虽然大多数点所说的大多数字是一致的，但也有一些字、一些点存在着不同的情况。说不送气音的字数最多的，当然要数文荣两县的中心地带直至东边和东南沿海。有的字像"频"和"沉"，只有荣成大疃等地说不送气音，许多地方还是说送气音。文登县铺集公社和葛家公社一带"棚"字是不送气的，别处不这样说。文登县米山公社及其北面的界石公社，"裁"字没有不送气一读。文登县西北部和牟平东北角，可以说是这个方音特点的交界地区，五十字中读不送气音的数目比其他有这一方音特点的地方要少。像牟平县姜格庄公社的孙家疃，常用字中就有裁、瓷、骑、钳、沉、陈、长、晴、瓶等是送气音。界石公社的蒿埠则有二十字是送气的。同是米山公社，姜格庄村多数是不送气音，送气的有十九字；西面跟姜格庄相距仅三里的后山后村，则是多数为送气音，说成不送气的仅六字。这种不同的情况，除去方言特点的地域分布以外，还跟发音人的生活经历，包括家庭环境、文化教养等有关。此外，还有基本上不具有这个方音特点的地方，个别字也有说不送气音的，例如文登爬山以南的徐家庄，五十字中"蹄"字口语不送气，其余四十九字全是送气音。

根据现在掌握的情况来分析，可看出这种语音现象逐渐向普通话靠近的趋向。这趋向表现在以下几方面：一是字数在逐渐减少，像"钳"、"瓶"等字，说成不送气音的人和地方已经少了。一个是受读书音的影响，口语中两说的字更加多了起来，像"骑"、"脐"等字，多数人说不送气音，也有少数人说送气的了；像"荞"字，则是多数人说送气音，只有少数人说不送气音了。至于使用人数和交界地区字数的减少，上文已有说明。

188　汉语方言研究的方法与实践

附　注

① 据《汉书·地理志（上）》记载：东莱郡十七县，其中有昌阳，不夜。颜师古注："《齐地记》云：古有日夜出，见于东莱，故莱子立此城，以不夜为名。"

② 据《后汉书·郡国志（四）》记载：东莱郡十三城，其中有昌阳，无不夜。

③ 包括文荣方言词汇中一般不用的字如"𥂕"、"𠁥"、"蟶"、"蹲"等。

④ 本文标音以荣成北湾头和文登大泽头的方言为准。四个调类的调值是：阴平 53　阳平 44　上声 214　去声 334。发音人是汤光仿、刘奇钧。

⑤ 字下打黑点的是《方言调查字表》中未收的字。

⑥ 邪、禅、崇、船四母平声字的情况是：邪母十五字，读清擦音的十二字，送气清塞擦音的三字；禅母二十四字，读清擦音的六字，送气清塞擦音的十八字；崇母十三字，全部读送气清塞擦音；船母六字，读清擦音和送气清塞擦音的各半。

（原载《中国语文》1981 年第 4 期）

山东诸城、五莲方言的声韵特点

诸城、五莲位于山东省潍河上游。五莲县初置于 1947 年,其东北部分的院西、许孟等公社,原是诸城县的辖地。诸城、五莲方言(本文简称"诸五方言")相当一致,又颇具特色。为搞清几种语音特点在两县境内的分布,我们在全面调查两县县城音系的基础上,又对诸城二十二个公社的五十四点、五莲十六个公社的四十一点作了专题调查。本文重点介绍主要分布在两县境内的声母情况,分两部分论述:一、诸城城关声、韵、调;二、几个声母问题。附诸城、五莲方言地图四幅。各调查点所属公社及发音人姓名从略。

一 诸城城关方言声、韵、调

1. 声母有二十八个:

p 帮	p' 旁	m 忙	f 方	v 王
tθ 早	tθ' 粗		θ 三苏	
t 端	t' 汤	n 能奴		l 来
ȶ 店贱	ȶ' 甜钱	ȵ 年女	ɕ 星雪	
tʃ 战见	tʃ' 缠乾		ʃ 声兴	
tʂ 站	tʂ' 馋		ʂ 生	ɭ 儿
k 刚	k' 糠	ŋ 昂	x 杭	
ø 烟冤无日软				

190　汉语方言研究的方法与实践

说明：

(1)诸城城关是指城外而又靠近城里的一些地方。本文指王家铁沟、普乐、韩戈庄、栗元四点。这四点声母相同，而且在诸五方言中有代表性，但是跟诸城城里有不同。其不同部分比较如下：

诸城城里

t 到都丁　t' 太秃听　tθ 糟租精绝　tθ' 操粗清取　θ 三苏星徐

诸城城关

t 到都　　t' 太秃　　tθ 糟租　　　tθ' 操粗　　　θ 三苏

ȶ 丁精绝　ȶ' 听清取　　　　　　　　　　　　　　ɕ 星徐

但是诸城城里 tθ、tθ'、θ 在洪音前的情况比较复杂：老人基本上是舌尖前音，而青少年尤其是儿童则齿间音十分明显。在被调查的城里四个发音人中，只有最年轻的（五十二岁）一位有点接近 tθ、tθ'、θ，其余都是 ts、ts'、s。而正是这三位都发 ts、ts'、s 的老人，他们家里的几个儿孙（共了解八人，最大二十七岁，最小三岁）则都是十分明显的 tθ、tθ'、θ。另外，t、t' 在细音前时，城里也有人发成舌面前塞音 ȶ、ȶ' 的，但跟 tθ、tθ' 在细音前时不同音。

(2) 五莲县洪凝镇（县人民政府所在地）的声母跟诸城城关基本相同，只是 ɕ 在齐齿呼韵母前时读 θ。

(3) 诸五方言的零声母没有 u 介音，如"瓦"音 'vɑ、"碗"音 'vã，但是有单韵母 u，如"五"音 'u，不为 'v。

2. 韵母有三十四个：

ɑ 妈傻架挖	iɑ 牙	uɑ 瓜	
ə 波车协我	iə 夜热	uə 多河说确	yə 月弱
ɿ 资知鸡	ʅ 支　i 衣日	u 乌猪居	y 鱼乳
ɛ 耐街外	iɛ 矮	uɛ 怪	

山东诸城、五莲方言的声韵特点 191

ei 悲威　　　　　　　　　　　　uei 对

ɔ 包招交　　　　iɔ 标扰

ou 斗肘九　　　　iou 丢柔

ã 班沾兼完　　　iã 边然　　　uã 端船拳　　　yã 元软

ə̃ 根针金温　　　iə̃ 音人　　　uə̃ 顿准军　　　yə̃ 云闰

aŋ 帮掌讲王　　　iaŋ 良让　　　uaŋ 庄

əŋ 登东翁绳形熊　　iŋ 丁影勇荣

说明：

（1）iə̃ 韵母只限于零声母字，不拼其他声母；五莲洪凝镇可以拼其他声母，比较如下：

		诸城城关		五莲洪凝镇	
		ə̃	iə̃	ə̃	iə̃
p	p' m	奔宾喷拚门民		奔喷门	宾拚民
f	v	分温		分温	
tθ	tθ' θ	进秦心			心
l		嫩吝		嫩	吝
ʈ	ʈ'				进秦
tʃ	tʃ' ʃ	真金沉琴深欣		真金沉琴深欣	
tʂ'	ʂ	衬渗		衬渗	
k	k' ŋ x	根肯恩很		根肯恩很	
ø			音		音

除 iə̃ 以外，上列韵母在诸五方言中有代表性。

（2）"工＝庚""用＝梗"的特点遍布诸五两县境内（只有五莲西端的西庵、法庄、小窑三点例外），而且在诸五以东及以北的日照、胶南、青岛、即墨、平度、安丘等县也较一致。

（3）从音类来看，由于声母和韵母的相互影响，对照其他方言，就有一些错综复杂的关系。例如：北京的 z̩ 声母字，诸五方言

192　汉语方言研究的方法与实践

多数读零声母, 其韵母也存在着北京的开合跟诸五的齐齿、撮口相对应的关系, 像"人""如", 北京读 ʑẑən、ʑzu, 诸五读 ɕiə̃、ɕy。再如: 诸五方言一律分尖团, 团音字声母读 tʃ、tʃʻ、ʃ, 其后面的韵母开、合两呼就又跟北京 tɕ、tɕʻ、ɕ 后的齐、撮两呼相对应, 像"基""居", 诸五读 ₌tʃɿ、₌tʃu, 北京读 ₌tɕi、₌tɕy。

3. 声调有四个:

阴平　ˊˋ214　波听苏冤

阳平　ˋˊ53　爬前团全　麻犁炉云　杂敌读学

上声　ˈ55　史比鬼选　藕养母吕　八接刮雪

去声　ˎ31　是象断聚　告笑布趣　岸用怒院　害地睡共
　　　　　　辣日落月

二　几个声母问题

诸五方言的声母, 以上已见端绪。对于诸五方言声母在山东东南地区方言中带有共同性的一些特点, 例如: 有所谓"吐舌音"tθ、tθʻ、θ, 有 ŋ 声母, "儿""耳""二"等字读 lə, 等等, 本文不再赘述。下面仅就诸五方言主要特点的几组声母, 说说其地域分布情况及其跟中古音的对照关系:

1. 究＝周 ₌tʃou　　丘＝抽 ₌tʃʻou　　休＝收 ₌ʃou

当地居民普遍认为代表方言特点的"咬舌音", 读为 tʃ-、tʃʻ-、ʃ-(少数读 ts-、tsʻ-、s-)。这个特点几乎遍布两县全境, 除去东部向胶南等县略为延伸以外, 其北部、西部和南部差不多都以两县境内的边区为尽头(见"诸城五莲方言地图(一)")。

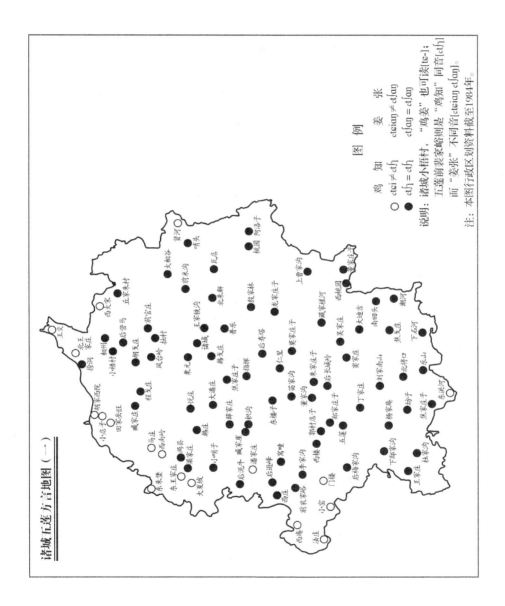

诸城五莲方言地图（一）

194　汉语方言研究的方法与实践

读这组声母的字，主要有两个来源：

（1）团音字，即见、溪、群、晓、匣五个声母字今不读 k-、k'-、x-的。

（2）知、彻、澄三母开口三等字，章、昌、船、书、禅五母开口字（止摄除外），以及上述两组声母的合口遇、山、臻三摄字，少数通摄入声字。

以上两个来源的字音比较，例如：

鸡＝知 ₍tʃ ₁　　起＝吃 'tʃ'ı　　喜＝湿 'ʃ ı　　居＝猪 ₍tʃu

渠＝除 ₍tʃ'u　　许＝叔 'ʃu　　交＝招 ₍tʃɔ　　敲＝超 ₍tʃ'ɔ

嚣＝烧 ₍ʃɔ　　究＝周 ₍tʃou　　丘＝抽 ₍tʃ'ou　　休＝收 ₍ʃou

间＝沾 ₍tʃã　　乾＝缠 ₍tʃ'ã　　限＝扇 ʃãˀ　　捐＝专 ₍tʃuã

拳＝船 ₍tʃ'uã　　今＝真 ₍tʃə̃　　琴＝沉 ₍tʃ'ə̃　　欣＝身 ₍ʃə̃

菌＝准 'tʃuə̃　　群＝唇 ₍tʃ'uə̃　　训＝顺 ʃuə̃ˀ　　姜＝张 ₍tʃaŋ

腔＝昌 ₍tʃ'aŋ　　香＝商 ₍ʃaŋ　　京＝蒸 ₍tʃəŋ　　穷＝成 ₍tʃ'əŋ

兄＝声 ₍ʃəŋ

2．煎＝颠 ₍tɕiã　　千＝天 ₍tɕ'iã

读音多为 t-、t'-，也有少数是 t-、t'-跟 tɕ-、tɕ'-自由变读或全为 tɕ-、tɕ'-的，个别点读 t-、t'-。这种读音上的细微差别看不出地区性的原因，可能跟发音人的习惯也有关系，例如诸城县解留公社胡戈庄的两个发音人，一个读 t-、t'-，另一个则是 t-、t'-和 tɕ-、tɕ'-变读。

这组声母的分布地区跟图（一）基本一致，边沿沿着由北向西、又向南的方向。不同的是多出诸城县的胡家西院、小店子，五莲县的门楼和东洪河四点，但是本文第一部分声母说明（1）中提到的诸城城里，虽然处于被四周这一共同特点包围之中，却是独独地与众不同（见"诸城五莲方言地图（二）"）。

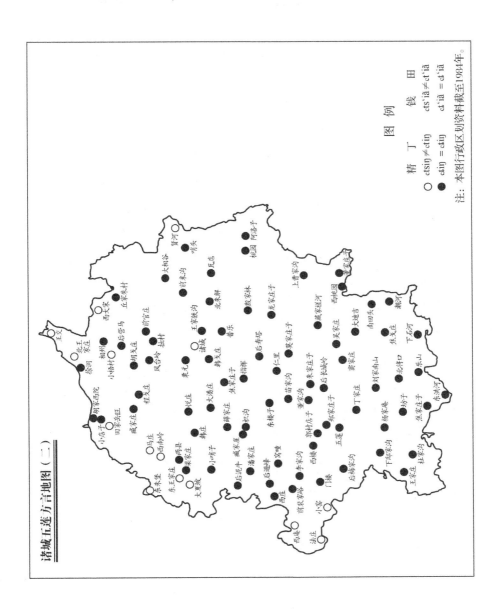

诸城五莲方言地图（二）

196　汉语方言研究的方法与实践

读这组声母的字,主要也是两个来源:

（1）精、清、从、邪四个声母,今韵母是齐齿呼和撮口呼的。

（2）端、透、定三个声母,今韵母是齐齿呼的。

以上两个来源的字音比较,例如:

挤＝底 ꞌʨi　　济＝帝 ʨiꞋ　　妻＝梯 ꜀ʨꞌi　　齐＝题 ꞏʨꞌi

脊＝滴 ꞌʨi　　籍＝敌 ꞏʨi　　戚＝踢 ꞌʨꞌi

捷＝迭 ꞏʨiə　　节＝跌 ꞌʨiə　　妾＝帖 ꞌʨꞌiə　　切＝铁 ꞌʨꞌiə

焦＝刁 ꞏʨiɔ　　樵＝条 ꞏʨꞌiɔ　　俏＝跳 ʨꞌiɔꞋ　　揪＝丢 ꞏʨiou

剪＝典 ꞌʨiã　　渐＝店 ʨiãꞋ　　千＝天 ꞏʨꞌiã　　签＝添 ꞏʨꞌiã

精＝丁 ꞏʨiŋ　　井＝顶 ꞌʨiŋ　　清＝听 ꞏʨꞌiŋ　　晴＝停 ꞏʨꞌiŋ

聚 ʨyꞋ:取 ꞏʨꞌy　　绝 ꞏʨyə:嚼 ꞏʨyə　　俊 ʨyə̃Ꞌ:皺 ꞏʨyə̃

（"俊"、"皺"两字的读音是五莲洪凝镇的,诸城城关和城里读 tθuə̃Ꞌ ꞏtθꞌuə̃）

3.　总＝董 ꞌʨəŋ　　葱＝通 ꞏʨꞌəŋ

这个特点的分布范围较小,主要在诸城境内,两县交界的偏东北地区（见"诸城五莲方言地图（三）"）。

读这组声母的字,主要还是两个来源:

（1）精、清、从三个声母,今韵母是开口呼和合口呼的（止、深、臻三摄读 tθ-、tθꞌ-、θ-,除外）。

（2）端、透、定三个声母,今韵母是开口呼和合口呼的。

以上两个来源的字音比较,例如:

左＝躲 ꞌtuə　　坐＝惰 tuəꞋ　　搓＝拖 ꞏtꞌuə

租＝都~市 ꞏtu　　祖＝堵 ꞌtu　　醋＝兔 tꞌuꞋ

灾＝呆 ꞏtɛ　　在＝代 tɛꞋ　　猜＝胎 ꞏtꞌɛ　　菜＝太 tꞌɛꞋ

罪＝队 tueiꞋ　　催＝推 ꞏtꞌuei　　脆＝退 tꞌueiꞋ

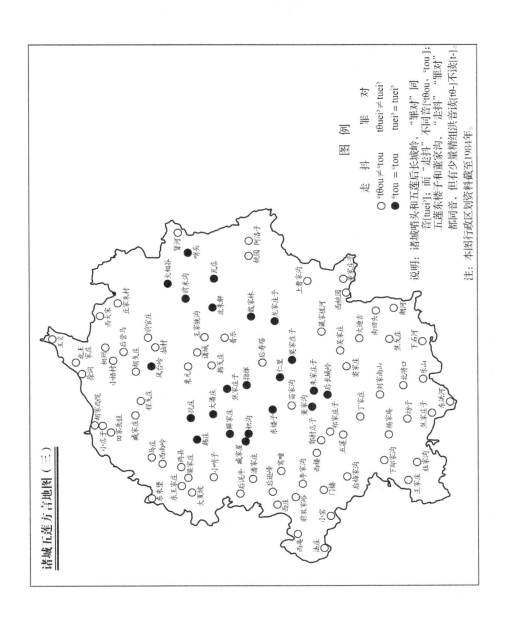

诸城五莲方言地图（三）

198　汉语方言研究的方法与实践

遭＝刀 ₍tɔ　　　曹＝逃 ₍t'ɔ　　　草＝讨 'tʻɔ

走＝抖 'tou

参~加＝贪 ₍t'ã 蚕＝潭 ₍t'ã　　餐＝摊 ₍t'ã　　残＝弹 ₍t'ã

钻＝端 ₍tuã

尊＝敦 ₍tuə　　村＝吞 ₍t'uə

葬＝当上~ ₍tɑŋ 仓＝汤 ₍t'ɑŋ　　藏隐~＝堂 ₍t'ɑŋ

增＝登 ₍təŋ　　曾~经＝腾 ₍t'əŋ

总＝董 'tʻəŋ　　葱＝通 ₍t'əŋ　　从＝同 ₍t'əŋ

4．民＝门 ₍məə

这个特点主要分布在诸城县的绝大多数地方及诸城以北的一些县；五莲县只有靠东北的一些地方（原属诸城）具有这一特点（见"诸城五莲方言地图四"）。

上述诸城五莲两县交界的偏东北地区声母的特点跟中古音比较可以归纳为下表（个别例外字不涉及）：

例字　中古声组　诸五声母	端	精	知	庄	章	见
tθ　tθʻ　θ		资亲三				
t　t'	刀 桃	遭 曹				
ȶ　ȶ'　ɕ	刁 条	焦樵小				
tʃ　tʃʻ　ʃ			赵 潮		照船烧	叫桥器
tʂ　tʂʻ　ʂ			罩 撑	笊吵捎	支齿诗	
k　k'　x						高靠好

（原载《中国语文》1984 年第 3 期，合作者罗福腾、曹志耘）

诸城五莲方言地图（四）

山东诸城方言的语法特点

一　动词和名词后缀

（一）动词后缀

　　诸城方言的动词后缀主要有：巴 pɑ、查 tʂʻɑ、棱 ləŋ、拉 lɑ、悠 iou、索 θuə、乎 xu，均为轻声。它们具有使动词原义轻化、小化，动作随便、漫不经心的意思。例如：

巴：捏巴_{反复地捏}　　拉巴_{用手拉；辛勤抚养}　　搓巴_{反复地搓}

悠：转悠　　晃悠　　搓悠_{漫不经心地搓}

查：扒查_{扒拉}　　抠查_{抠搜}　　刮查_{反复地刮；搜刮}　　划查_{拨弄；涂抹}

乎：帖乎_{巴结}　　惹乎_惹

棱：扑棱　　斜棱_{歪斜}　　侧棱_{侧；歪斜}　　泼棱_{顺向拍打}

索：摸索_{来回摸}　　掀索_{随便地掀}

拉：扒拉　　搅拉_{搅拌}　　摆拉_{随便地摆放}

（二）名词后缀

1 子

　　诸城方言的名词后缀主要有"子""儿""头"三个。其中"子" tθ̩（轻声）是最常用的名词后缀。除了与普通话共有的"子"缀词外，诸城方言还有很多普通话所没有的"子"缀词，例如：

山东诸城方言的语法特点　201

手掌子　干腿子_{小腿}　奶子_{乳房}　雀子_{小的雀斑}　牛犊子　檐

蝙蝠子_{蝙蝠}　鸡冠子　乌子_{乌贼鱼}　树枝子　蒜苗子　柿饼子

虾皮子　香油果子_{油条}　馅子_{馅儿}　饭盒子　电棒子_{手电}　擦

脸布子_{毛巾}　抹布子　手套子　胰子_{肥皂}　牙刷子　针鼻子

障子_{篱笆}　鸡屋子_{鸡窝}　猪食槽子　拐角子　东边子_{东边}

雨点子　香炉子　木拉鱼子_{木鱼}

2　用来构成有关人的称谓的后缀

诸城方言用以组成有关人的称谓的后缀仍以"子"居多。除此之外，还有"蛋子"tã˞ tθ˞、"汉"xã˩、"巴"pɑ（轻声）、"的"ʨi（轻声）、"斯"θ˞（轻声）、"婆"p'ɤ˞ 等。其中，"汉""巴""斯"多用于指有生理缺陷的人，"子"有时也有类似用法。除"的"外，其余后缀构成的人品称谓往往带贬义色彩。"婆"限于指女性，其他一般不分性别。举例如下：

子：媳子_{媳妇}　妗子_{舅母}　闺女子　孙女子　侄妞子_{侄女}　姑
　　子_{尼姑}　窑包子_{窑匠}　锢露子_{锢匠}　大伯头子_{大伯子，贬称}
　　城滑子_{对城里人的贬称}　土包子_{对乡下人的贬称}　二秆子_{很偏的}
　　人　锅腰子_{驼背的人}　斜眼子　豁唇子

蛋子：伙夫蛋子_{伙夫}　乜古蛋子_{小气鬼。俗语：～卖香油，一个大钱一滴}
　　答

汉：瞎汉_{瞎子}　聋汉_{聋子}　疯汉_{麻风病人}　胖汉_{胖子，指男性}　外门
　　汉_{外行}

巴：痴巴_{傻子}　潮巴_{统称傻子、白痴、精神病患者}　哑巴

的：做买卖的　送信的　剃头的　绑票的_{绑匪}　要饭的

斯：小斯_{小男孩儿}　秃斯_{秃子}　　　婆：老娘婆_{接生婆}　老婆

二　对称式形容词生动形式 "大 AA"和"精 BB"

诸城方言形容词的生动形式除了跟普通话相同的"AXX"式（如"傻乎乎""酸溜溜"）和"AABB"式（如"干干净净"）等外，还有一种具有对称特点的格式"大 AA"与"精 BB"。举例如下：

大长长　大宽宽　大高高　大深深　大厚厚　大粗粗

大胖胖用于人　大肥肥用于动物　精短短　精窄窄　精矮矮

精浅浅　精薄薄　精细细　精瘦瘦

一般地说，"大 AA"与"精 BB"这种两相对应的形式常用于由单音节的形容词积极意义 A 与消极意义 B 构成的反义词中，其作用在于表示程度加深。"大"用在积极意义的形容词前，"精"用在消极意义的形容词前。"精 BB"还可用儿化的形式，例如：精短儿短儿、精瘦儿瘦儿。

三　人称代词和指示代词

（一）人称代词

诸城方言人称代词系统见下表。读音特殊的加上注音。括号里的字表示该词使用人数的多少。

	第一人称	第二人称	第三人称
单数	俺(多)　我(少)	恁(多)你(少) nẽ˩	他 tʰɑ˩

第一人称复数"咱""咱们"是包括式。"俺"兼用指单、复数。例如：

甲:恁俩上哪里去？　　乙:俺(复数)去看电影儿。恁去啊不？

甲:俺(单数)不去。

第二人称"恁"无敬称义,兼用指第二人称单、复数。需要结合语境来判断。见上例。

第三人称复数缺乏相应的代词,口语中一般用"他这些人""他乜(中指,详下)些人""他那些人"等来表达。

(二)　指示代词

诸城方言的基本指示代词有"这 tʂə˦ ˦""乜 niə˦""那 nɑ˦"三个。"这"为近指。"乜"和"那"都可作为远指,都可单独与"这"相对而言,但二者也有区别。一,"乜"显得较土,"那"显得较文。二,当需要区分三个位置时,用"这""乜""那"三者并举表示,"乜"所指的位置介乎"这"与"那"之间,相当于中指。例如：

俺不要这个,也不要乜个,俺要那个。

屋里这个是老大,天井院子里的乜个是老二,在街上耍玩儿的那个是老三。

四　用副词"很"变调的程度表示法

诸城方言中大致与普通话"很"相当的程度副词主要有：蔡 tʃʅˋ、刚 kaŋˋ、刚儿 kaŋˋ、刚的 kaŋˋ tiˌ、刚着 kaŋˋ tʂueˋ、屹的 kueˋ tiˌ、很 xɤˇ、怪 kueˋ 等。

表示最高程度时，诸城方言除常用"极" tʃiˋ 以外，还有一种常见的形式是用"很"的特殊变调。"很"如果按照正常变调规律读单字调 55 或由 55 变为高降调 53 时，其意义跟普通话的"很"相同，如果不按这个规律而变为中升调 24 时，其表义程度则与普通话的"极""非常"相当。比较如下：

很高	xɤˇ kɔˋ 很高	xɤˇ kɔˋ 非常高
很香	xɤˇ ʃaŋˋ 很香	xɤˇ ʃaŋˋ 非常香
很甜	xɤˇ tʰiãˊ 很甜	xɤˇ tʰiãˊ 非常甜
很穷	xɤˇ tʃʰyŋˊ 很穷	xɤˇ tʃʰyŋˊ 非常穷
很好	xɤˇ xɔˋ 很好	xɤˇ xɔˋ 非常好
很不好	xɤˇ puˋ xɔˋ 很不好	xɤˇ puˋ xɔˋ 非常不好
很坏	xɤˇ xueˋ 很坏	xɤˇ xueˋ 非常坏
很贵	xɤˇ kueiˋ 很贵	xɤˇ kueiˋ 非常贵

五　几个特殊量词

诸城方言量词"个"使用范围较广。"个"音 kəˋ，又音 kuəˋ。普通话不用"个"而诸城用"个"的量词如：

一个只手　一个座桥　　一个面镜子　一个机子一条凳子　一

个台机器　一个块手表　一个件褂子　一个袄一件棉袄　一个口猪　一个头牛　一个粒黍子　一个颗米粒子

其他较特殊的常用量词有：

块 kʻuɛɹ：一块节电池　一块节秫秸　一块节甘蔗　一块出戏　一块部电影儿

把 pɑ˥：一把鸡蛋十个鸡蛋，当地计数鸡蛋常以"把"为单位　两把鸡蛋二十个鸡蛋

行 ʃəŋʅ：一行层皮　一行层灰　　溜 liouʅ：一溜行树

面 miãˉ：一面眼井　　　　　　　根 kəˉ：一根条鱼

支 tʂʅ˥：一支挂鞭　　　　　　　处 tʂʻuˉ：一处座房子

盼子 pʻãˉ tǝ˥ʅ、盼儿 pʻɛrˉ：耍了一盼子玩了一会儿　　坐了一盼儿坐了一会儿

六　可能补语和"下雨开了"的补语结构

（一）可能补语

普通话常以"得"连接补语的形式表示动作的可能，否定式用"不"，如：拿得动、拿不动。诸城方言的否定式跟普通话相同，肯定式则有差异。诸城方言一般在动补结构之后加轻声的"了 lɔ"的形式表示可能，例如：

上去了上得去　看见了看得见　用着它了用得着它　　　　Ⅰ式

也可以在动补结构之前加"能"字或前加"能"后加轻声"了 lɔ"并用的方式，例如：

能说清说得清　能够着够得着　能打过小涛打得过小涛　　　Ⅱ式

206   汉语方言研究的方法与实践

能拿动了_{拿得动}   能干完了_{干得完}   能买起彩电了_{买得起彩电}

Ⅲ式

反复疑问句则是单用动补结构肯定加否定相叠的方式表示，例如：

搬动搬不动？_{搬得动搬不动？}   借到钱借不到钱？_{借得到钱借不到}
钱？   Ⅳ式

普通话"吃了饭了"中的两个"了"在诸城方言中不同音，前者读轻声 lɔ，后者读轻声 lə。Ⅰ式例子字面上与结果补语结构一样，但可能补语后的"了"读轻声 lɔ，结果补语后的"了"读轻声 lə，二者是有区分的。比较如下：

那个山恁你们都上不去，他上去了 ʃaŋˇɹ tʃʻuˇɹ ˑlɔ。

那个山我没上去，他上去了 ʃaŋˇɹ tʃʻuˇɹ ˑlə。

离得不远，他看见你了 kʻãˇɹ tʃãˇɹ ȵiˇɹ ˑlɔ。

你看，他看见你了 kʻãˇɹ tʃãˇɹ ȵiˇɹ ˑlə。

（二）"动词 + 宾语 + 开 + 了"结构

普通话表示动作起始的补语"开"只能放在动词和宾词之间，构成"动词 + 开 + 宾语 + 了"的结构，如：下开雨了。诸城方言除了有同样的说法外，更经常地是把"开"放在宾语和助词"了"之间，构成"动词 + 宾语 + 开 + 了 lɔ（轻声）"结构。例如：

下雨开了。   天刮风开了。

他又喝酒开了。   你又埋怨人家开了。

七 比较句式

和山东的许多地方一样，诸城方言比较句的特点也是用"起"

tʃ'ɿ(轻声)作介词引进比较的另一方,介词结构置于形容词之后,语序与普通话不同。

　　肯定式的例句:

　　一天长起一天_{一天比一天长}。

　　这本书好看起那本_{这本书比那本好看}。

　　老二孝顺起老大_{老二比老大孝顺}。

　　攒囤尖强起攒囤底_{从囤尖开始节俭比从囤底开始好}。

　　饥里帮一口,强起饱里帮一斗_{饥时帮人一口比饱时帮人一斗还要好}。

　　否定式例句:

　　他不高起我_{他不比我高}。　　　　他考得不好起你_{他考得不比你好}?

　　外边儿不暖和起家里_{外边不比家里暖和}。

　　他家不干净起俺家_{他家不比我家干净}。

否定式还可用“不跟”,相当于普通话的“不如”,例如:

　　昨天不跟今天热闹。

　　他不跟我能吃。

　　一麦不跟三秋长,三秋不跟一麦忙_{谚语}。

　　这种花儿不跟那种香。

八　两种疑问句式

　　(一) 普通话的反复问句“去不去”“去了没有”“去过没去过”等,诸城方言一般用“A 啊不?”“A 过没?”“A 了没?”三种形式表示。其中“A 啊不”问意愿,表示现在或将来,“A 过没”表示过去,“A 了没”表示完成。“啊不”“过没”“了没”都读轻声。“啊”说得很模糊,甚至脱落。“不”“没”一般分别弱化为 pə、mə。例如:

208　汉语方言研究的方法与实践

中啊<small>不行不行</small>?　　　　　　　吃了没<small>吃了没吃</small>?

你上北京去过没<small>你上北京去过没去过</small>?　你想去啊不<small>你想去不想去</small>?

（二）纯用语调表疑问的是非问　是非问句在普通话里一般要在句末用语气词"吗"构成，诸城方言则往往不用语气词，其疑问口气纯用语调表示，其方式主要是句末的语调上扬和最后音节略为延长。例如：

你不抽烟<small>你不抽烟吗</small>?　　　　　　你拿动了<small>你拿得动吗</small>?

你那里种稻子，不是<small>你那里种稻子，是不是</small>?　他上过北京<small>他上过北京吗</small>?

参考文献

河北省昌黎县县志编委会、中国科学院语言研究所　《昌黎方言志》，科学出
　　版社，1960 年。
贺　巍　《获嘉方言的语法特点》，《方言》，1990 年第 2 期。
吕叔湘　《现代汉语八百词》，商务印书馆，1980 年。
钱曾怡、罗福腾、曹志耘　《山东诸城、五莲方言的声韵特点》，《中国语文》，
　　1984 年第 3 期。
朱德熙　《语法讲义》，商务印书馆，1982 年。

（原载《中国语文》1992 年第 1 期，合作者罗福腾、曹志耘）

山东肥城方言的语音特点

　　肥城县位于山东中部偏西。就全境方言的声调来说,古入声清音声母字今归阴平,次浊声母字今多归去声,全浊声母字今归阳平,和冀鲁官话的特性相同。由于该县地处冀鲁官话和中原官话的交界地带,因此在声母、韵母的读音上有明显的地域差别。本文主要用地图说明肥城方言的语音特点。研究生刘娟同志参加调查。发音合作人为县志办公室的李允廉、王庆丰、梁富华、孙勋业等同志。调查中还得到张世培及县教师进修学校师生的大力帮助,谨致谢意。

一　肥城方言声韵调

　　①声母　共有二十四个,包括[ø]声母在内。

p 布步　p' 飘皮　f 飞冯　m 门木

t 道到　t' 天田　　　　n 难奴　l 六软

ts 祖族　ts' 村存　s 四随

tʂ 支浊　tʂ' 窗锄　ʂ 诗色　　　　ʐ 认日

tɕ 精经　tɕ' 千牵　ɕ 修休　　ȵ 年女

k 公共　k' 宽狂　x 化话　　　　ɣ 安恩　ø 儿言午远闻

　　②韵母　共有三十九个,不包括儿化韵。

ɑ 爬辣　　　　　ia 架牙　　ua 花瓦

210　汉语方言研究的方法与实践

o 波磨			uo 过卧	yo 靴月
ə 车革	iə 铁野			
ɿ 资四　ʅ 支日	i 以飞	u 猪五	y 绿雨	
ɛ 盖爱	iɛ 解矮	ɑu 帅外		
ei 妹百墨德		uei 桂雷		
ɔ 刀高	iɔ 条摇			
ou 走欧	iou 流优			
ã 三安	iã 天烟	uã 短软	yã 权元	
ə̃ 根针	iə̃ 林音	uə̃ 魂温	yə̃ 军闰	
ɑŋ 忙昂	iɑŋ 良央	uɑŋ 双王		
əŋ 登坑	iŋ 形英			
oŋ 东红	ioŋ 穷拥	uoŋ 翁瓮	əl 儿二	

　　[ɑ iɑ]的[ɑ]实际音值为[ʌ]。[ə]在舌根声母[k kʻ x ɣ]后为[ɤ]。

　　[uo yo]的[o]稍开；[oŋ ioŋ uoŋ]的[o]较高，音值近[o̞]。

　　[ɑŋ iɑŋ uɑŋ]的韵尾[ŋ]较弱，舌根不到位，元音[ɑ]略带鼻化。

　　③声调　共有四个，不包括轻声。竖线后的例字古读入声。

阴平　[˨˩˦]214　高开伤低天飞遵初酸军靴虚│笔黑窄积接七出福秃
　　　　　　　　曲缺约墨纳裂月

阳平　[˦˨]42　唐田鹅平穷娘团扶文群徐云│宅杂白别辖截服浊活
　　　　　　　局学俗

上声　[˥]55　　纸草老比体有古普五取女雨

去声　[˧˩˧]313　是正岸近变谢父对怒换愿劝│麦日六辇入木药玉
去声的调值部分年轻人读[˧˩]31调。

古次浊入声字今多数读去声,少数读阴平。

二　肥城语音的地域差异

肥城境内的语音差别,主要是南北的不同。县东南部靠近大汶河的汶阳、过村、边院、马家埠、安驾庄等乡镇的方言,与相邻的泰安市西南部及泗水等地的一些方言特点相近。从行政沿革来看,这些乡镇所属的村庄,明清时代归泰安县所辖,号称泰安西南乡,1949 年 6 月才划归肥城县。县东北部与长清县接壤的村庄,其语音特点在某些方面与长清、济南一带有相同之处。

本文用六幅地图说明肥城方言语音的主要差异。图见下文213—218 页。

图一　"飞非肥匪痱肺费"等字的读音(213 页)

古止蟹两摄的非组字,肥城县东南角大部分村镇及中部的贺庄新村、中固留等点读[ɕy],其余各点读[fi]。

图二　"猪专准庄|出穿春窗|书树刷说帅水拴顺双"等字的读音(214 页)

古遇合三蟹合三止合三山合二三臻合三宕开三江开二七摄的知庄章三组声母字,县东南地区汶阳镇的明新、塔房、康孟庄,汶阳镇的砖舍,马家埠乡镇的部分点今读齿唇音[pf pfʻ f]声母;贺庄新村等五点逢"猪专准庄|出穿春窗"等字,今读[tʂ tʂʻ]声母;逢"书树刷说帅水拴顺双"等字今读[f]声母;北部地区和北京话相同,今读[tʂ tʂʻ ʂ]声母。

图三　"租坐醉钻尊总|醋错脆窜村葱|苏锁碎蒜孙送"等字的读音(215 页)

果遇蟹止山臻通七摄的精组字，汶阳、马家埠、安驾庄三乡镇及边院镇的大部分村庄，今读[tɕ tɕʻ ɕ]声母，韵母为撮口呼；其他地区和北京话相同，今读[ts tsʻ s]声母。

图四　"林临麟磷鳞邻赁"等字的韵母(216页)

县东南及西部的西徐庄、中高余等点今读[ə̃]韵母，其他各点今读[iə̃]韵母。"淋"字的韵母比较特别，肥城（新城）、老城、巧山、李屯、下寨、于土、大石铺、北军寨、金槐、湖屯等点今读[uə̃]韵母。

图五　"俺"与"安恩昂鹅爱袄欧"等字的声母(217页)

肥城县中部以东的一些村庄，"俺"字与"安恩昂鹅爱袄欧"等字(下称"安"字)的声母不同，老人与青年人也有差别(详后)。这两组字的声母根据老派的读音，大致可以分为两类：一是"俺"字读[n]，"安"字读舌根浊擦音[ɣ]。如肥城（新城）、下寨、北军寨、石坞、大栲山、西里村、湖屯、中固留、贺庄新村、大龙岗石、张山头、赵皂等；二是"俺"字读[ŋ]，"安"字读[ɣ]。如沙庄、李屯等。以上两类字今一律读[ŋ]声母的，有于土、大石铺、老城、巧山等四点。其他各点，这两类字今一律读[ɣ]声母。

图六　"雷擂垒累泪类"等字[u]介音的有无(218页)

肥城县北部地区，这组字多带[u]介音，如肥城、石坞、金槐、桃园、沙庄、于土等，南部地区这组字大都不带[u]介音，如砖舍、塔房、边院、北栾、西陆房、贺庄新村等。张山头、赵皂、王庄，"雷"字不带[u]介音；"泪"字带[u]介音。此外西边旅店"雷"字在"打雷"中读[lei]，"地雷"中读[luei]与"泪"[luei]字同音，中部靠北的西里村"雷"字在"地雷"中读[luei]，"打雷"中读[lei]，与"泪"字[lei]同音。

图一 "飞非肥 匪辈肺费" 等 字的读音

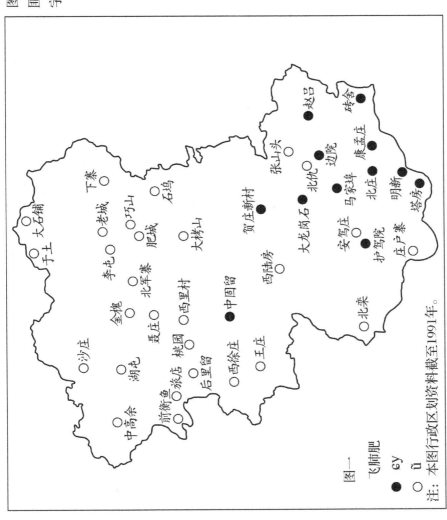

图一
飞肺肥 ●fy
● ʮ ○
注：本图行政区划资料截至1991年。

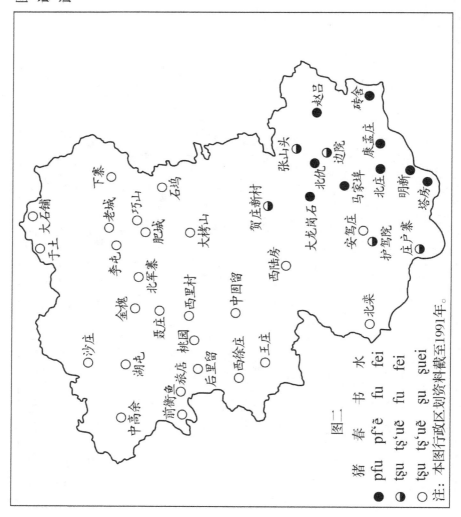

图二 "猪春书说水"等字的读音

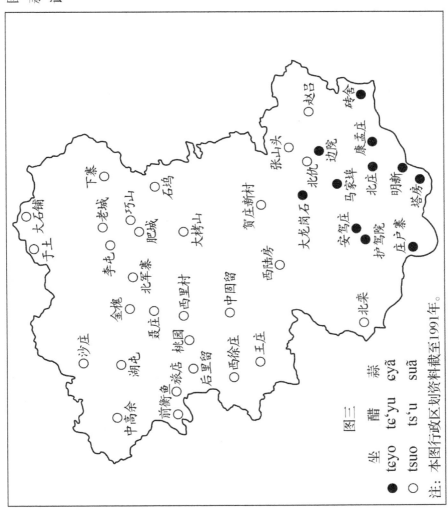

图三　"租坐醋蒜孙"等字的读音

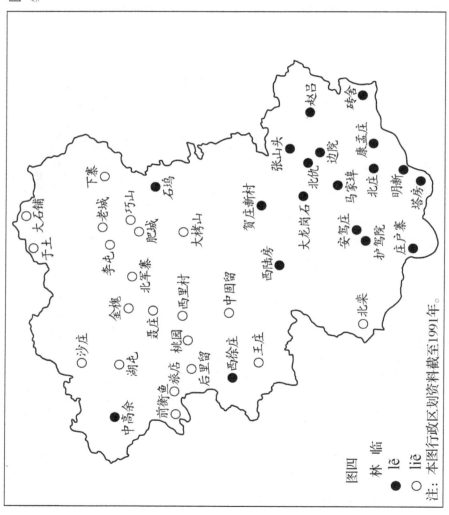

图四　"林临邻"
等字的韵母

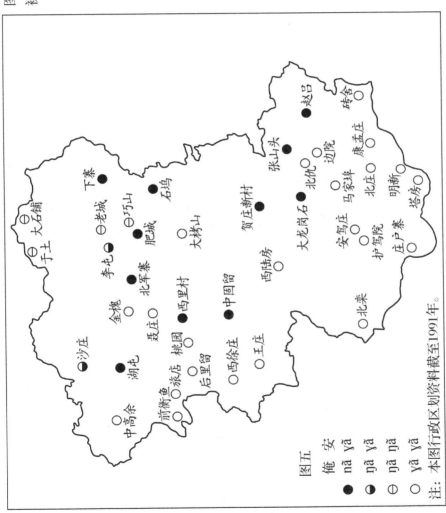

图五 "俺 安 爱 袄"等字的声母

图五

俺 安

● nã yã

◑ ŋã yã

⊖ ŋã ŋã

○ yã yã

注：本图行政区划资料截至1991年。

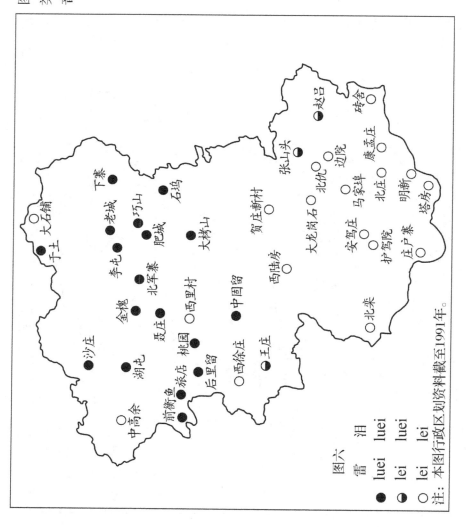

图六　"雷泪累类"等字[u]介音的问题

图六　"雷泪累类"等字[u]介音的问题

肥城方言老派与新派的差别,在语音上,主要有以下四点。

①"飞非肥匪肺"等字县东南部老派今读[ɕy],新派今读[fi];"猪庄春窗书水"等字老派今读[pf pf' f]声母,新派今读[tʂ tʂ' ʂ]声母;"租尊村窜苏孙"等字老派今读[tɕ tɕ' ɕ]声母,新派今读[ts ts' s]声母。

	肥	猪	春	水	坐	脆	孙
老派	₌ɕy	₌pfu	₌pf'ẽ	'fei	tɕyoˀ	tɕ'yeiˀ	₌ɕyẽ
新派	₌fi	₌tʂu	₌tʂ'uẽ	'ʂuei	tsuoˀ	ts'ueiˀ	₌suẽ

②北京开口呼零声母字("俺"字除外),巧山等地老派读[ŋ]声母,新派读[ɣ]声母;下寨、石坞、湖屯、旅店、中固留、西里村、西徐庄、赵吕、大龙岗石、北栾等地老派读[ɣ]声母,新派[ɣ]已不明显或者失落。"俺"字的声母新派老派也有差别,肥城(新城)、大栲山、下寨等地,老派读[n]声母;新派读[ɣ]声母。

③各点的[ŋ]韵尾字儿化时,韵尾一律收[r]尾,老派的主要元音不鼻化,新派的主要元音鼻化。

	菜汤儿	熊样儿	小筐儿	小坑儿	人影儿	小瓮儿
老派	₌t'ɑr	iɑrˀ	₌k'uɑr	₌k'ər	'iər	uorˀ
新派	₌t'ãr	iãrˀ	₌k'uãr	₌k'ə̃r	'iə̃r	uõrˀ

④北京话读[ts ts' s]声母的字,县城大多数人读[ts ts' s];有一些年轻人读成齿间音[tθ tθ' θ]。

(原载《方言》1991 年第 3 期,合作者曹志耘、罗福腾)

平度方言内部的语音差别

　　平度方言既有胶东方言的特点，又有昌潍地区一带方言的特点，全县各地差别较大。本文先说明县城的声韵调，然后是六项有地域分歧的语音差别及地图。县城的发音合作人是城关镇胜利大队的陈学吾同志男，五十九岁跟崔宝金同志男，五十六岁。

一　平度县城方言的声母

p	班部	p'	潘爬	f	夫房	m 米忙
t	端地	t'	土逃			n·南女　　l 李兰
k	姑经	k'	哭轻	x	好玄	ø 安烟弯冤耳肉入
tθ	资族	tθ'	仓存	θ	思随	
ts	际截	ts'	取齐	s	细邪	
tʃ	知值	tʃ'	耻船	ʃ	失神	
tʂ	斋终	tʂ'	初柴	ʂ	色事	

　　①[ts ts' s]带有舌面色彩，但比[tɕ tɕ' ɕ]的舌位靠前。这组音只拼细音，跟[tθ tθ' θ]是互补关系。

　　②[k k' x]逢细音的发音部位比[tɕ tɕ' ɕ]稍后，但比胶东荣成一带的舌面中音又靠前，[k k']逢细音是塞擦音。

二   平度县城方言的韵母

a 马大	ia 俩家	ua 抓瓦	
ə 波遮	eə 别业	uə 多歌	yə 嚼弱
ɚ 儿耳	i 比衣日	u 布姑	y 吕如
ɿ 资知	ʅ 志诗		
ε 拜爱	iε 街矮	uε 帅外	
ei 杯对		uei 追胃	
ɔ 包袄	iɔ 标扰		
ou 豆欧	iou 丢肉		
ã 班酸	iã 边然	uã 专完	yã 全软
ə̃ 奔村	iə̃ 宾人	uə̃ 准文	yə̃ 军囷
aŋ 帮昂	iaŋ 娘让	uaŋ 庄汪	
oŋ 登东	iŋ 英用绒		

①[ɿ]在[tʃ tʃʻ ʃ]后面时，发音部位同[tʃ tʃʻ ʃ]，实际上是舌叶元音。如：知[ₔtʃɿ]，石[ₔʃɿ]。

②[u]在[tʃ tʃʻ ʃ]后面时，实际上是圆唇的舌叶元音。如：猪[ₔtʃu]，出[ʻtʃʻu]，书[ₔʃu]。

③[oŋ]中的[o]比较高，不甚圆；[iŋ]有时读成[ioŋ]。

三   平度县城方言的声调

阴平 [˨˩˦]214   波标瓜靴受辨父拒拜架富趣治地惠具内利外麦灭
落月

222　　汉语方言研究的方法与实践

阳平　[ㄚ]53　　婆皮湖群梅娘罗鱼市辫坐绪世变对挂絮败避画妹
　　　　　　　　厉露运罚别滑局纳栗洛

上声　[ㄱ]55　　彩喜土许马哑尾雨发鸭福屈拉捏辱人

　　古全浊上声和古去声字，今部分归阴平，部分归阳平。古次浊入声字今分归阴平、阳平、上声三类。其中一部分古去声和古次浊入声字有时阴平、阳平两读，例如：霸 ~恶 ˌpa ˌpa｜铺 ˌpʻu当~，鞋~ˌpʻu 开~子｜贩 ˌfā ˌfā｜到 ˌct ˌct｜粽 ˌtθoŋtʻ单用 ˌtθoŋ~子｜泻 ˌsiə ~肚子 siə 单用 ˌsiə｜会 ~计 ˌkʻuɜ ˌkʻuɜ｜楦 ˌxyā单用 ˌxyā鞋~｜外 ˌsuɜ ~恶用 ˌxⅽɤ｜面 ˌmiā单用 ˌmiār~儿｜劲 ˌkiə单用 ˌkiər~儿｜号 ˌxⅽɤ单用 ˌxⅽɤ揍~，吹~｜没~有了 ˌmu ˌmu｜立粒 ˌli ˌli｜劣 ˌdiə单用 ˌdiə恶~｜物 ˌu ˌu。读阴平还是读阳平有时也因人而异，例如：鬥[tou]字陈读阴平，崔两读；试[ʂʅ]字陈读阴平，崔读阳平；利[li]字陈读阴平，崔读阳平。

四　平度县方言地图说明

　　本文发表的平度县方言地图共六幅。

　　[图一]"紫苏"跟"钱需"的声母　精组今读洪音的字，平度全境多读[tθ tθʻ θ]，只有东北角跟掖县莱西两县交界的大曲家埠、铁家庄、王埠等八点读[tʂ tʂʻ ʂ]，音同照二组（本文所谓照二组，除庄组字和知组二等字外，还包括止摄开口章组字和蟹摄止摄三等合口知章组字，通摄三等舒声和部分入声的知章组字），例如：紫＝纸 ˈtʂʅ｜蚕＝馋 ˌtʂā｜苏＝梳 ˌʂu。

　　精组今读细音的字，平度全境多读稍带舌面色彩的[ts tsʻ s]。东北角读[tʃ tʃʻ ʃ]，分布地区跟精组洪音读[tʂ]组的大致相同，只

少王埠一点。这一地区,精组细音字的读音同照三组(本文所谓照三组,指的是章组字和知组三等字,但不包括蟹摄止摄通摄中归入照二组的字),例如,贱:战 tʃã|钱 = 缠 ₌tʃʻã|需 = 书 ₌ʃu。

[图二]"儿耳二"的读音 平度县东北多读[ɚ],同胶东;西南多读[lə],同昌潍一带。据发音人介绍,杜家、孙家窑、后小营三点,老人多读[lə],年轻人多读[ɚ];唐田一点,男人多读[lə],女人多读[ɚ];冢东一点,一般多读[lə],但同村也有读[ɚ]的;大宝山,流丹埠两点,一般读[ɚ],同村也有读[lə]的。

[图三]"对腿罪岁,酸,吞轮尊村孙"有无[u]介音 蟹合一三止合口山合一臻合一三四摄舒声的端系字今无[u]介音,即"对腿罪岁"读[-ei],"短团乱酸"读[-ã],"吞轮尊村孙"读[-ə̃],是胶东方言的重要特点之一。平度全境大部分地区具有这一特点,只有靠高密(高密有[u]介音)等地一些点一部分字有[u]介音。这些点精组字有一部分有[u]介音;个别点少数端泥组字也有[u]介音,请注意"腿短团乱"各点都没有[u]介音。[u]介音在地理分布上有越望南越多的趋势。请看图三的附表。表里末尾一栏的数字是十三个例字中有[u]介音的字数。沙梁一点"轮"字[₌luə̃]跟[₌lə̃]自由变读,表里只列[₌luə̃]音。

[图四]"登东,争忠"等字的韵母 "登"跟"东"同音,"争"跟"忠"同音是昌潍一带方言的特色之一。平度县境内的中部及东南具有这一特点。胶东不同音,平度东北和西北各点同胶东。中间有过渡地带。请看图四附表,表中对比五对字,端系字同音的居多,知系见系字不同音的居多。同韵的多数读[əŋ]韵,少数读[oŋ]。不同音的曾摄梗摄字读[əŋ]韵,通摄字读[oŋ]韵。表里徐里一处"宗"字[₌tθoŋ]跟[₌tθəŋ]自由变读,表里只列[₌tθoŋ]音。另

224　汉语方言研究的方法与实践

外值得注意的是,在平度县西边靠昌邑的郭家埠、冢东、杨家圈、大郑家、西河五处,通摄字读[(i)om]韵。

　　[图五]"形英萦影硬,雄熊拥容永勇用"韵母　"形"等五字跟"雄"等七字韵母相同也是昌潍一带方言的特色。这两组字韵母异同在地理上的分布接近于第四图"登争"与"东忠"韵母异同。这两组字韵母在十三处的异同,请看图五附表。表里徐里一处"容"字读['iŋ]的人多,读['ioŋ]的人少,表里只列['iŋ]音。孙家窑一处十二个字韵母都是[iŋ]跟[ioŋ]自由变读,图里按读[iŋ]音论。郭家埠、冢东、杨家圈、大郑家、西河五处古通摄字读[iom]韵,跟图四这五处通摄字读[(i)om]韵平行。

　　[图六]声调　五十九个调查点中,其中四十九点只有阴平、阳平、上声三个单字调,无去声;县西南边沿的十点还有去声。三个调类的点,其情况大致如县城,也如掖县。四个调类的点,除靠近高密县的双庙、西河两点以外,古去声字和全浊上声字仍有一部分读阴平或阳平。请看图六附表。表里末尾一栏是十二个例字中读阴平、阳平的字数。

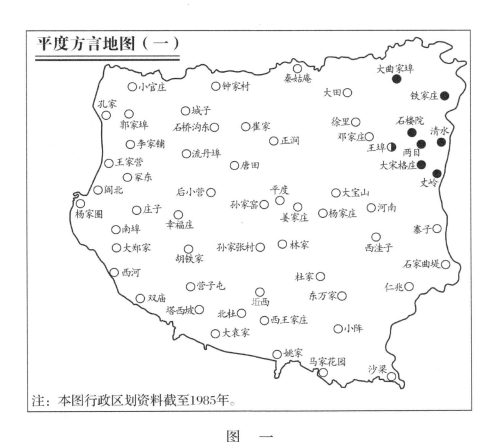

图　一

	紫	苏	钱	需
○	ᶜtθʅ（≠纸）	ᶜθu（≠梳）	₌tsʻiã（≠缠）	ᶜsy（≠书）
●	ᶜtʂʅ（＝纸）	ᶜʂu（＝梳）	₌tʃʻã（＝缠）	ᶜʃu（＝书）
◑	ᶜtʂʅ（＝纸）	ᶜʂu（＝梳）	₌tsʻiã（≠缠）	ᶜsy（≠书）

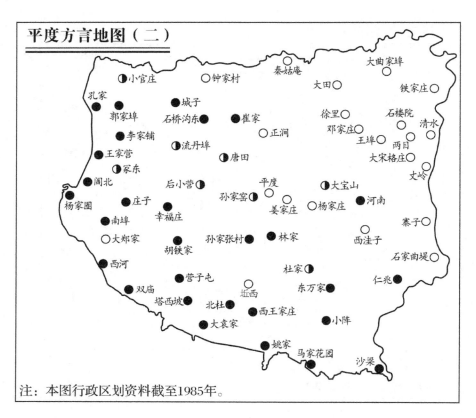

图 二

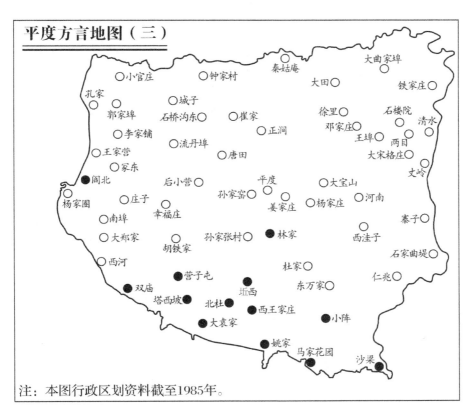

图　三

对腿罪岁　　酸　　吞轮尊村孙

| ○ | ei | ã | ɔ̃ |
| ● | ei uei | ã uã | ɔ̃ uɔ̃ |

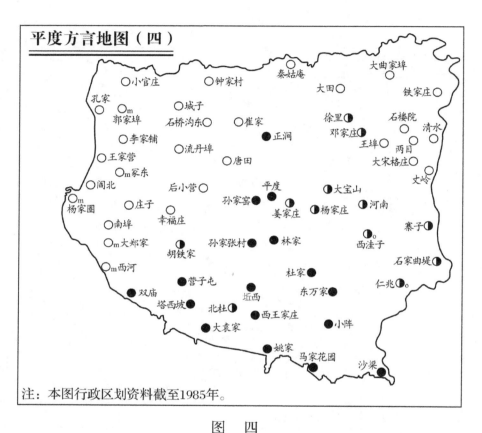

平度方言地图（四）

注：本图行政区划资料截至1985年。

图　四

平度方言内部的语音差别　229

图　三　附　表

	对	腿	罪	岁	短	团	乱	酸	吞	轮	尊	村	孙	
阎北	₌tei	ʿtʿei	₌tθei	₌θuei	ʿtã	₌tʿã	₌lã	₌θã	₌tʿə̃	₌lə̃	₌tθə̃	₌tθʿə̃	₌θə̃	1
林家	₌tei	ʿtʿei	₌tθei	₌θei⁷	ʿtã	₌tʿã	₌lã	₌θuã	₌tʿə̃	₌lə̃	₌tθə̃	₌tθʿə̃	₌θə̃	1
圻西	₌tei	ʿtʿei	₌tθei	₌θei⁷	ʿtã	₌tʿã	₌lã	₌θuã	₌tʿə̃	₌lə̃	₌tθə̃	₌tθʿə̃	₌θə̃	1
北杜	₌tei	ʿtʿei	₌tθei	₌θei⁷	ʿtã	₌tʿã	₌lã	₌θuã	₌tʿə̃	₌lə̃	₌tθə̃	₌tθʿə̃	₌θə̃	1
西王家庄	₌tei	ʿtʿei	₌tθei	₌θei⁷	ʿtã	₌tʿã	₌lã	₌θuã	₌tʿə̃	₌lə̃	₌tθə̃	₌tθʿə̃	₌θə̃	1
小阵	₌tei	ʿtʿei	₌tθei	₌θei⁷	ʿtã	₌tʿã	₌lã	₌θuã	₌tʿə̃	₌lə̃	₌tθə̃	₌tθʿə̃	₌θə̃	1
沙梁	₌tei	ʿtʿei	₌tθei	₌θei⁷	ʿtã	₌tʿã	₌lã	₌θuã	₌tʿə̃	₌luə̃	₌tθuə̃	₌tθʿuə̃	₌θuə̃	5
马家花园	₌tei	ʿtʿei	₌tθei	₌θei⁷	ʿtã	₌tʿã	₌lã	₌θuã	₌tʿə̃	₌lə̃	₌tθuə̃	₌tθʿə̃	₌θuə̃	3
姚家	₌tei	ʿtʿei	₌tθei	₌θei⁷	ʿtã	₌tʿã	₌lã	₌θuã	₌tʿə̃	₌lə̃	₌tθuə̃	₌tθʿə̃	₌θə̃	2
大袁家	tuei⁷	ʿtʿei	tθuei⁷	θuei⁷	ʿtã	₌tʿã	₌lã⁷	₌θã	₌tʿə̃	₌lə̃	₌tθuə̃	₌tθʿə̃	₌θə̃	4
塔西坡	₌tei	ʿtʿei	tθuei⁷	θuei⁷	ʿtã	₌tʿã	₌lã⁷	₌θuã	₌tʿə̃	₌lə̃	₌tθuə̃	₌tθʿuə̃	₌θuə̃	6
营子屯	₌tei	ʿtʿei	₌tθei	₌θei⁷	ʿtã	₌tʿã	₌lã	₌θuã	₌tʿə̃	₌lə̃	₌tθuə̃	₌tθʿə̃	₌θə̃	2
双庙	tuei⁷	ʿtʿei	tθuei⁷	θei⁷	ʿtã	₌tʿã	₌lã⁷	₌θuã	₌tʿuə̃	₌luə̃	₌tθuə̃	₌tθʿuə̃	₌θə̃	6

图四附表

	灯—东		能—脓		增—宗		争—忠		坑—空		
徐里	₌təŋ	同左	₌nəŋ⁷	同左	₌tsəŋ⁷	₌tsoŋ⁷	₌tʂəŋ⁷	₌tʂoŋ⁷	₌kʿəŋ	₌kʿoŋ	3
邓家庄	₌təŋ	同左	₌nəŋ⁷	₌nəŋ⁷	₌nu⁷	₌tʂəŋ⁷	₌tθoŋ⁷	₌tsəŋ⁷	₌tsoŋ⁷	₌kʿəŋ	₌kʿoŋ	4
大宝山	₌təŋ	同左	₌nəŋ⁷	同左	₌tθəŋ⁷	同左	₌tsəŋ⁷	₌tsoŋ⁷	₌kʿəŋ	₌kʿoŋ	2
姜家庄	₌təŋ	同左	₌nəŋ⁷	同左	₌tθəŋ⁷	同左	₌tsəŋ⁷	₌tsoŋ⁷	₌kʿəŋ	₌kʿoŋ	2
杨家庄	₌təŋ	同左	₌nəŋ⁷	同左	₌tθəŋ⁷	同左	₌tsəŋ⁷	₌tsoŋ⁷	₌kʿəŋ	₌kʿoŋ	2
河南	₌təŋ	同左	₌nəŋ⁷	同左	₌tθəŋ⁷	同左	₌tsəŋ⁷	₌tsoŋ⁷	₌kʿəŋ	₌kʿoŋ	2
西洼子	₌toŋ	同左	₌nəŋ⁷	₌noŋ⁷	₌tθoŋ⁷	同左	₌tsəŋ⁷	₌tsoŋ⁷	₌kʿəŋ	₌kʿoŋ	2
寨子	₌təŋ	同左	₌nəŋ⁷	同左	₌tθəŋ⁷	同左	₌tsəŋ⁷	₌tsoŋ⁷	₌kʿəŋ	₌kʿoŋ	2
石家曲堤	₌təŋ	同左	₌nəŋ⁷	同左	₌tθəŋ⁷	同左	₌tsəŋ⁷	₌tsoŋ⁷	₌kʿəŋ	₌kʿoŋ	2
仁兆	₌toŋ	同左	₌noŋ⁷	₌noŋ⁷	₌tθoŋ⁷	同左	₌tsəŋ⁷	₌tsoŋ⁷	₌kʿoŋ	同左	1
北杜	₌təŋ	同左	₌nəŋ⁷	同左	₌tθəŋ⁷	同左	₌tsəŋ⁷	₌tsoŋ⁷	₌kʿəŋ	₌kʿoŋ	2
胡铁家	₌təŋ	同左	₌nəŋ⁷	同左	₌tθəŋ⁷	₌tθoŋ⁷	₌tʂəŋ⁷	₌tʂoŋ⁷	₌kʿoŋ	同左	2

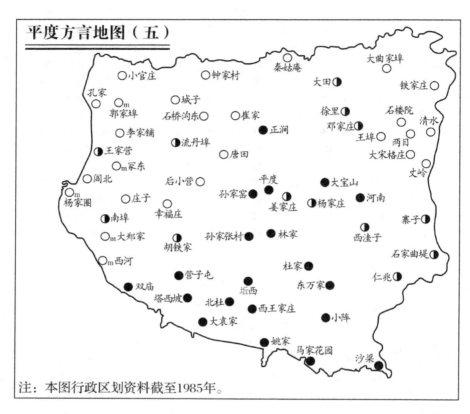

图 五

<table>
<tr><td></td><td>形 雄</td><td>英 拥</td></tr>
<tr><td>○</td><td>xiŋ ≠ xioŋ</td><td>iŋ ≠ ioŋ</td></tr>
<tr><td>○ₘ</td><td>xiŋ ≠ xiom</td><td>iŋ ≠ iom</td></tr>
<tr><td>●</td><td>xiŋ : xiŋ</td><td>iŋ : iŋ</td></tr>
<tr><td>◑</td><td>有混有分</td><td></td></tr>
</table>

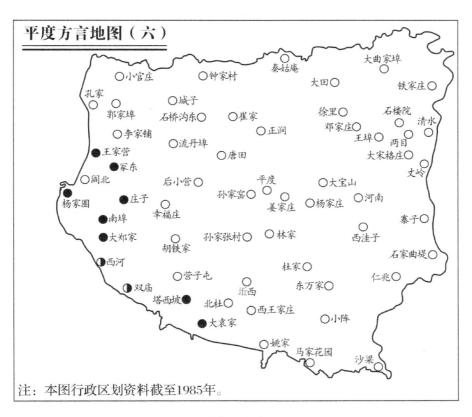

平度方言地图（六）

注：本图行政区划资料截至1985年。

图 六

	阴平	阳平	上声	去声
○	˪214	˥53	˥55	
●	˪214	˥53	˥55	˥413
◑	˪214	˥53	˥55	˥31

232　汉语方言研究的方法与实践

图　五　附　表

	形	雄	熊	英	拥	营	容	影	永	勇	硬	用
大田	₅xiŋ	₅xiŋ	₅xioŋ	₅iŋ	ˈioŋ	₅iŋ	ˈioŋ	ˈiŋ	ˈioŋ	ˈioŋ	₅iŋ	₅ioŋ
徐里	₅xiŋ	₅oioŋ	₅xioŋ	₅iŋ	ˈioŋ	₅iŋ	ˈiŋ	ˈiŋ	₅ioŋ	₅ioŋ	₅iŋ	₅ioŋ
邓家庄	₅xiŋ	₅xiŋ	₅xiŋ	₅iŋ	₅ioŋ	₅iŋ	ˈioŋ	ˈiŋ	₅ioŋ	₅iŋ	₅iŋ	₅ioŋ
寨子	₅xiŋ	₅xioŋ	₅xioŋ	₅iŋ	₅iŋ	₅iŋ	ˈiŋ	ˈiŋ	₅iŋ	ˈiŋ	₅iŋ	₅iŋ
石家曲堤	₅xiŋ	₅xioŋ	₅xioŋ	₅iŋ	ˈioŋ	₅iŋ	ˈioŋ	ˈiŋ	ˈioŋ	ˈioŋ	₅ioŋ	₅iŋ
仁兆	₅xiŋ	₅xiŋ	₅xioŋ	₅iŋ	ˈiŋ	₅iŋ	ˈiŋ	ˈiŋ	ˈiŋ	ˈiŋ	₅iŋ	₅iŋ
西洼子	₅xiŋ	₅xiŋ	₅xioŋ	₅iŋ	ˈiŋ	₅iŋ	ˈiŋ	ˈiŋ	ˈiŋ	ˈiŋ	₅iŋ	₅iŋ
杨家庄	₅xiŋ	₅xiŋ	₅xioŋ	₅iŋ	ˈiŋ	₅iŋ	ˈiŋ	ˈiŋ	ˈiŋ	ˈiŋ	₅iŋ	₅iŋ
姜家庄	₅xiŋ	₅xioŋ	₅xiŋ	₅iŋ	ˈiŋ	₅iŋ	ˈiŋ	ˈiŋ	ˈiŋ	ˈiŋ	₅iŋ	₅iŋ
胡铁家	₅xiŋ	₅xiŋ	₅xiŋ	₅iŋ	ˈiŋ	₅iŋ	ˈiŋ	ˈiŋ	ˈiŋ	ˈiŋ	₅iŋ	₅iŋ
流丹埠	₅xiŋ	₅xioŋ	₅xioŋ	₅iŋ	ˈioŋ	₅iŋ	ˈioŋ	ˈiŋ	ˈioŋ	ˈioŋ	₅iŋ	₅ioŋ
王家营	₅xiŋ	₅xiŋ	₅xioŋ	₅iŋ	ˈioŋ	₅iŋ	ˈioŋ	ˈiŋ	ˈioŋ	ˈioŋ	₅iŋ	ioŋˈ
南埠	₅xiŋ	₅xioŋ	₅xioŋ	₅iŋ	ˈioŋ	₅iŋ	ˈioŋ	ˈiŋ	ˈioŋ	ˈioŋ	₅iŋ	₅iŋ

图六附表

	道	社	盖	厌	大	害	共	汗	帽	岸	利	用		
王家营	₅tɔ	₅ʃə	kɛʔ	₅iã	taʔ	₅xɛʔ	₅koŋ	₅xã	₅mɔ	ãʔ	liʔ	ioŋʔ	阴1	阳5
冢东	₅tɔ	₅ʃə	kɛʔ	₅iã	taʔ	₅xɛʔ	koŋʔ	₅xã	₅mɔ	ãʔ	liʔ	iomʔ	阴〇	阳5
杨家圈	₅tɔ	₅ʃə	kɛʔ	₅iã	taʔ	₅xɛʔ	₅kom	₅xã	mɔʔ	ãʔ	liʔ	iomʔ	阴1	阳3
庄子	₅tɔ	₅ʃə	kɛʔ	₅iã	₅ta	₅xɛʔ	₅koŋ	₅xã	₅mɔ	cãʔ	liʔ	ioŋʔ	阴3	阳5
南埠	₅tɔ	₅ʃə	kɛʔ	₅iã	taʔ	₅xɛʔ	₅koŋ	₅xã	₅mɔ	ãʔ	liʔ	₅iŋ	阴1	阳7
大郑家	tɔʔ	ʃəʔ	kɛʔ	₅iã	taʔ	₅xɛʔ	komʔ	xãʔ	mɔʔ	ãʔ	liʔ	iomʔ	阴〇	阳1
西河	tɔʔ	ʃəʔ	kɛʔ	iãʔ	ta⁵	xɛʔ	komʔ	₅cɔm	ŋãʔ	ãʔ	liʔ	iomʔ	阴〇	阳〇
双庙	tɔʔ	ʃəʔ	kɛʔ	iãʔ	taʔ	₅xɛʔ	₅kəŋ	xãʔ	mɔʔ	ŋãʔ	liʔ	iŋʔ	阴〇	阳〇
塔西坡	₅tɔ	₅ʃə	kɛʔ	₅iã	taʔ	₅xɛʔ	₅koŋ	₅xã	₅mɔ	ãʔ	liʔ	₅iŋ	阴2	阳5
大袁家	₅tɔ	₅ʃə	kɛʔ	₅iã	taʔ	₅xɛʔ	₅koŋ	₅xã	₅mɔ	ãʔ	liʔ	iŋʔ	阴〇	阳5

（原载《方言》1985 年第 3 期，合作者曹志耘、罗福腾）

济南话的变调和轻声[*]

一

　　1. 济南话有四个声调，它们的调类和调值如下：

阴平 ˩213 诗梯杯足接　　　阳平 ˥42 时题梅局竭

上声 ˥55 使体美吕野　　　　去声 ˩21 是替妹绿业

　　2. 济南话的四声和《切韵》系统的四声比较，可看出以下关系：

《切韵》四声	声母条件	济南四声	备注
平	清	阴平	同北京
	全浊，次浊	阳平	同北京
上	清，次浊	上声	同北京
	全浊		
去	清，全浊，次浊	去声	同北京
入	清	（阴平）	北京散归阴、阳、上、去四声
	全浊	（阳平）	同北京
	次浊	（去声）	同北京

　　* 本文由张伟同志和马连印同学发音；张伟同志对本文的定音、选例等曾提出不少宝贵意见。此外，核对时，还请王延梯同志发过音。谨此致谢。

234　汉语方言研究的方法与实践

二

　　两字连读时，济南话四个声调的组合，可得出双音节词语十六种。其中八种变调，八种不变调。变调的，都是前一字发生变化，后一字不变。变调后产生三个新的调值：˨˧23、˨˩˨212、˦˧43。

　　1. 济南话两字连读不变调的八种：

①阳阴　　平安 pʻiŋ˥˨42 ŋã˨˩˧213

　　　　　皮箱 pʻi˥˨42 ɕiaŋ˨˩˧213

②阳上①　牛奶 n̠iou˥˨42 nɛ˥˥55

　　　　　人口 ʐuõ˥˨42 kʻou˥˥55

③上阴　　老师 lɔ˥˥55 ʂɻ˨˩˧213

　　　　　粉笔 fẽ˥˥55 pei˨˩˧213

④上阳　　党员 taŋ˥˥55 yã˥˨42

　　　　　语言 y˥˥55 iã˥˨42

⑤上去　　小麦 ɕiɔ˥˥55 mei˨˩21

　　　　　眼镜 iã˥˥55 tɕiŋ˨˩21

⑥去阴　　汽车 tɕʻi˨˩21 tʂʻəɻ˨˩˧213

　　　　　地瓜 ti˨˩21 kua˨˩˧213

⑦去阳　　面条儿 miã˨˩21 tʻiɔɻ˥˨42

　　　　　酱油 tɕiaŋ˨˩21 iou˥˨42

⑧去上　　柿饼 ʂɻ˨˩21 piŋ˥˥55

---

　　① 本文的"阳上"、"阴去"等是指"阳＋上"、"阴＋去"的双音词语，与其他方言的"阴上"、"阳上"等单字音的调类名称不同。

废品　fei˩21 pʻiə̃˥55

2. 两字连读, 第一字变˩23:

①阴阴　天空　tʻiã˩˩23 kʻuŋ213

飞机　fei˩˩23 tɕi213

搬家　pã˩˩23 tɕia˩213

香烟　ɕiaŋ˩˩23 iã˩213

②阴去　机器　tɕi˩˩23 tɕʻi˩21

车票　tʂʻəʴ˩˩23 pʻiɔ˩21

公社　kuŋ˩˩23 ʂəʴ˩21

铁路　tʻie˩˩23 lu˩21

③去去　大路　ta˩˩23 lu˩21

外套　ve˩˩23 tʻɔ˩21

肺病　fei˩˩23 piŋ˩21

害怕　xɛ˩˩23 pʻa˩21

3. 两字连读, 第一字变˩212:

①阴阳　风琴　fəŋ˩˩212 tɕʻiə̃˩42

帮忙　paŋ˩˩212 maŋ˩42

要求　iɔ˩˩212 tɕʻiou˩42

工人　kuŋ˩˩212 ʐə̃˩42

②阴上　书本儿　ʂu˩˩212 per˥55

开始　kʻɛ˩˩212 ʂʅ˥55

刻苦　kʻei˩˩212 kʻu˥55

青岛　tɕʻiŋ˩˩212 tɔ˥55

4. 两字连读, 第一字变˩43:

阳阳　黄河　xuaŋ˩ʴ43 xəʴ˩42

236　汉语方言研究的方法与实践

人民　ʐẽˇ꜀43　miẽ꜀42

贫农　pʻiˇ꜀43　nuŋ꜀42

团员　tʻuãˇ꜀43　yã꜀42

5．两字连读，第一字变得同上声：

阳去　　学校　ɕyeˇꜚ55　ɕioꜗ21

　　　　同志　tʻuŋˇꜚ55　tʂ̩ꜗ21

　　　　群众　tɕʻyŋˇꜚ55　tʂuŋꜗ21

　　　　迟到　tʂʻʅˇꜚ55　toꜗ21

（按：“迟到”同“赤道”。“赤”，单念读上声。中古清声母入声字，济南读阴平，“赤”字例外。）

6．两字连读，第一字变得同阳平：

上上　　小米　ɕioꜚˇ42　miꜙ55

　　　　雨伞　yꜚˇ42　sãꜙ55

　　　　土产　tʻuꜚˇ42　tʂʻãꜙ55

　　　　有纸　iouꜚˇ42　tʂʅꜙ55

（按：“有纸”读得和“油纸”一样，“油”字阳平。）

　　从以上情况来看，济南话两字连读的十六种词语，因变调而归并的共有三种：阴平（原值ꜗ213）和去声（原值ꜗ21）在去声前都变ꜚ23；阳平（原值ꜚ42）在去声前变得和上声（调值ꜙ55）一样；上声（原值ꜙ55）在上声前变得和阳平（调值ꜚ42）一样。

三

三字组连读的六十四种词语①,绝大多数服从两字连读的变调规律,计有五十三种,可分四类:

1. 三字都不变,十三种:

①阳上阴　黄浦江 xuaŋ˪42 pʻu˥55 tɕiaŋ˩213

②阳上阳　牛奶糖 ɲiou˪42 ne˥55 tʻaŋ˪42

③阳上去　团委会 tʻuã˪42 vei˥55 xuei˩21

④上阳阴　老红军 lɔ˥55 xux˪42 tɕyɛ̃˩213

⑤上阳上　选民榜 ɕyã˥55 miɛ̃˪42 paŋ˥55

⑥上去阴　炒肉丝儿 tʂʻɔ˥55 zou˩21 sər˩213

⑦上去阳　解放桥 tɕiɛ˥55 faŋ˩21 tɕʻiɔ˪42

⑧上去上　统计表 tʻuŋ˥55 tɕi˩21 piɔ˥55

⑨去阳阴　利农庄 li˩21 nuŋ˪42 tʂuaŋ˩213

⑩去阳上　大门口儿 ta˩21 mɛ̃˪42 kʻour˥55

⑪去上阴　做早操 tsuə˩21 tsɔ˥55 tsʻɔ˩213

⑫去上阳　墨水瓶 mei˩21 ʂuei˥55 pʻiŋ˪42

⑬去上去　大米饭 ta˩21 mi˥55 fã˩21

2. 第一字变,二、三字不变,十三种:

①阴阳阴　千佛山 tɕʻiã˪ʮ212 fəʔ˪42 ʂã˩213

　　　　西南风 ɕi˪ʮ212 nã˪42 feŋ˩213

_____

① 在选择例子时,对词语组成格式(如:1＋1＋1梅兰芳,1＋2老红军,2＋1牛奶糖)都尽可能的作了考虑。

238　汉语方言研究的方法与实践

②阴阳上　星期五　ɕiŋ↙212 tɕ'i↘42 u˥55

　　　　　　发言权　fa↙212 iã↘42 tɕ'yã˥55

（按："权"字单念读上声。）

③阴上阴　高指标　kɔ↙212 tʂʅ˥55 piɔ↗213

　　　　　　百宝箱　pei↙212 pɔ˥55 ɕiaŋ↗213

④阴上阳　班主席　pã↙212 tʂu˥55 ɕi↘42

　　　　　　思考题　sʅ↙212 k'ɔ˥55 t'i↘42

⑤阴上去　生产力　sə̃ŋ↙212 tʂ'ã˥55 li↓21

　　　　　　八宝饭　pa↙212 pɔ˥55 fã↓21

⑥阴去阴　新大衣　ɕiẽ↙212 ta↓21 i↗213

　　　　　　发电机　fa↙212 tiã↓21 tɕi↗213

⑦阴去阳　鸡蛋黄　tɕi↙23 tã↓21 xuaŋ↘42

　　　　　　金线泉　tɕiẽ↙23 ɕiã↓21 tɕ'yã↘42

⑧阴去上　通讯网　t'uŋ↙23 ɕyẽ↓21 vaŋ˥55

　　　　　　消费品　ɕiɔ↙23 fei↓21 p'iẽ˥55

⑨阳阳阴　梅兰芳　mei↘43 lã↘42 faŋ↗213

　　　　　　羊毛衣　iaŋ↘43 mɔ↘42 i↗213

⑩阳阳上　白莲藕　pei↘43 liã↘42 ŋou˥55

　　　　　　文学史　vẽ↘43 ɕye↘42 ʂʅ˥55

⑪上上阴　九顶塔　tɕiou↗42 tiŋ˥55 t'a↗213

　　　　　　五点钟　u↗42 tiã˥55 tʂuŋ↗213

⑫上上阳　洗澡堂　ɕi↗42 tsɔ˥55 t'aŋ↘42

　　　　　　老虎钳　lɔ↗42 xu˥55 tɕ'iã↘42

⑬上上去　小米饭　ɕiɔ↗42 mi˥55 fã↓21

　　　　　　米粉肉　mi↗42 fẽ˥55 ʐou↓21

济南话的变调和轻声　**239**

3．第二字变，一、三字不变，十八种：

①阳阴阳　　黄花鱼 xuaŋ˩˧42 xuaʌˈ212 y˩˧42

梨膏糖 li˩˧42 kɔʌˈ212 t'aŋ˩˧42

②阳阴去　　红烧肉 xuŋ˩˧42 ʂɔʌˈ23 ʐou˩21

咸鸭蛋 ɕiã˩˧42 iaʌˈ23 tã˩21

③阳阳去　　篮球队 lã˩˧42 tɕ'iou˩˥55 tuei˩21

红楼梦 xuŋ˩˧42 lou˩˥55 məŋ˩21

第二字阳平变上声 ˥55 后，第一字阳平就不变 ˩˧43。

④阳去去　　合作化 xɤ˩˧42 tsuaʌˈ23 xua˩21

（按："作"字单念读去声。）

服务社 fu˩˧42 u˩23 ʂɤ˩21

第二字去声变 ˩23 后，第一字阳平就不变上声 ˥55。

⑤上阴阴　　炒猪肝 tʂ'ɔ˥55 tʂuʌˈ23 kã˩213

五更天 u˥55 kəŋʌˈ23 t'iã˩213

⑥上阴阳　　火车头 xuɤ˥55 tʂ'əʌˈ212 t'ou˩˧42

小清河 ɕiɔ˥55 tɕ'iŋʌˈ212 xɤ˩˧42

⑦上阴上　　老花眼 lɔ˥55 xuaʌˈ212 iã˥55

洗衣板 ɕi˥55 i˩˥212 pã˥55

⑧上阴去　　火车站 xuɤ˥55 tʂəʌˈ23 tʂã˩21

反革命 fã˥55 kɤʌˈ23 miŋ˩21

⑨上阳阳　　老农民 lɔ˥55 nuŋ˩˥43 miɛ̃˩˧42

语言学 y˥55 iã˩˥43 ɕyɛ˩˧42

⑩上阳去　　女同志 ȵy˥55 t'uŋ˩˥55 tʂʅ˩21

典型性 tiã˥55 ɕiŋ˩˥55 ɕiŋ˩21

⑪上去去　　总路线 tsuŋ˥55 lu˩23 ɕiã˩21

240　汉语方言研究的方法与实践

　　　　　　理事会　li˥55 ʂʅ˩˥23 xuei˩21

⑫去阴阴　教科书　tɕio˩21 kʰə˥˥23 ʂu˩213

　　　　　　办公室　pã˩21 kuŋ˥˥23 ʂʅ˩213

⑬去阴阳　列车员　lie˩21 tʂʰə˥˥212 yã˥42

　　　　　　大观园儿　ta˩21 kuã˥˥212 yãr˥42

⑭去阴上　斗鸡眼儿　tou˩21 tɕi˥˥212 iãr˥55

　　　　　　孟姜女　məŋ˩21 tɕiaŋ˥˥212 ȵy˥55

⑮去阴去　汽车站　tɕʰi˩21 tʂʰə˥˥23 tʂã˩21

　　　　　　电灯费　tiã˩21 təŋ˥˥23 fei˩21

⑯去阳阳　酱油瓶　tɕiaŋ˩21 iou˥˩43 pʰiŋ˩42

　　　　　　大明湖　ta˩21 miŋ˥˩43 xu˩42

⑰去阳去　座谈会　tsue˩21 tʰã˥˩55 xuei˩21

　　　　　　细白面　ɕi˩21 pei˥˩55 miã˩21

⑱去上上　共产党　kuŋ˩21 tʂʰã˥˩42 taŋ˥55

　　　　　　代乳粉　te˩21 lu˥˩42 fẽ˥55

　　其中第⑩种"上阳去"，第二字阳平在第三字去声前按两字连读的规律变˥55（上声）；第一字上声仍不变（按两字连读的规律，上声在上声前要变阳平˩42）。

　　4．第一、二两字变，第三字不变，九种：

①阴阴阳　东方红　tuŋ˥˥23 faŋ˥˥212 xuŋ˩42

　　　　　　乒乓球　pʰiŋ˥˥23 pʰaŋ˥˥212 tɕʰiou˩42

②阴阴上　天花板　tʰiã˥˥23 xua˥˥212 pã˥55

　　　　　　兵工厂　piŋ˥˥23 kuŋ˥˥212 tʂʰaŋ˥55

③阴阴去　芭蕉扇　pa˥˥23 tɕio˥˥23 ʂã˩21

　　　　　　穿衣镜　tʂʰuã˥˥23 i˥˥23 tɕiŋ˩21

济南话的变调和轻声　241

④阴阳阳　青年团　tɕ'iŋ˩˨212 ȵiã˦˧43 t'uã˦˨42

　　　　　青龙桥　tɕ'iŋ˩˨212 luŋ˦˧43 tɕ'io˦˨42

⑤阴阳去　鸡毛信　tɕi˩˨212 mɔ˥˥55 ɕiẽ˨˩21

　　　　　中文系　tʂuŋ˩˨212 vẽ˥˥55 ɕi˨˩21

⑥阴上上　新品种　tɕiẽ˩˨212 p'iẽ˧˥42 tʂuŋ˥˥55

　　　　　张保管　tʂaŋ˩˨212 pɔ˧˥42 kuã˥˥55

⑦阴去去　高射炮　kɔ˨˩23 ʂə˨˩23 p'ɔ˨˩21

　　　　　发电站　fa˨˩23 tiã˨˩23 tʂã˨˩21

⑧阳阳阳　儿童团　ər˦˧43 t'uŋ˦˧43 t'uã˦˨42

　　　　　唐明皇　t'aŋ˦˧43 miŋ˦˧43 xuaŋ˦˨42

⑨上上上　纸老虎　tʂʅ˧˥43 lɔ˧˥42 xu˥˥55

　　　　　洗脸水　ɕi˧˥43 liã˧˥42 ʂuər˥˥55

　　其中第⑨种三上相连，前两上都变阳平；而第一字又按两字连读的规律（两个阳平相连，前面的阳平下降程度略减）而变˦˧43。

　　五十三种以外，剩下的十一种与两字连读的规律有些不同，按不同情况分三类：

　　1．该变而不变的，八种，有三种情况：

　　第一种情况：按两字连读的规律，阳平在去声前变上声˥55，但是"阳去"如果在阴平、阳平或上声前，第一字阳平就不发生变化。如：

　　①阳去阴　甜酱瓜　t'iã˦˨42 tɕiaŋ˨˩21 kua˨˩213

　　　　　　　读报组　tu˦˨42 pɔ˨˩21 tsu˨˩213

　　（按："组"字单念读阴平。）

　　②阳去阳　评论员　p'iŋ˦˨42 luẽ˨˩21 yã˦˨42

　　　　　　　贫雇农　p'iẽ˦˨42 ku˨˩21 nuŋ˦˨42

242 汉语方言研究的方法与实践

③阳去上　蓝墨水　lã˩˧42 mei˩21 ʂuei˥55

　　　　　白报纸　pei˩˧42 pɔ˩21 tʂʅ˥55

第二种情况：按两字连读的规律，两上相连，前上变阳平˩˧42，但两个上声如果在阳平后面，第一个上声就不发生变化。如：

④阳上上　寒暑表　xã˩˧42 ʂu˥55 piɔ˥55

　　　　　十五本儿　ʂʅ˩˧42 u˥55 pẽr˥55

第三种情况：按两字连读的规律，两去相连，前去变˩23，但两个去声如果在阴平、阳平或上声的前面，第一个去声就不发生变化；三去相连时，只有中间的去声变成˩23，第一个去声也不发生变化。如：

⑤去去阴　大地瓜　ta˩21 ti˩21 kua˩213

　　　　　电话机　tiã˩21 xua˩21 tɕi˩213

⑥去去阳　气象台　tɕʻi˩21 ɕiaŋ˩21 tʻɛ˩˧42

　　　　　话剧团　xua˩21 tɕy˩21 tʻua˩˧42

（按："剧"字单念读去声。中古全浊声母入声字，济南读阳平，"剧"字例外。）

⑦去去上　课代表　kʻə˩21 tɛ˩21 piɔ˥55

　　　　　旧报纸　tɕiou˩21 pɔ˩21 tʂʅ˥55

⑧去去去　大跃进　ta˩21 iɔ˩˩23 tɕiẽ˩21

　　　　　教务处　tɕiɔ˩21 u˩˩23 tʂʻu˩21

2. 阴平的特殊变化：按两字连读的规律，阴平在阴平或去声的前面变˩23，阴平在阳平或上声的前面变˩212；三字连读时，"阴阴阴"的前两个阴平和"阳阴上"的阴平都变˩21，"阳阴阴"的前一个阴平变成了˩212。例如：

①阴阴阴　拖拉机　tʻua˩˩21 la˩˩21 tɕi˩213

济南话的变调和轻声 243

机关枪 tɕi˩˥˨˩21 kuã˩˥˨˩21 tɕʰiaŋ˩213

②阳阴上 图书馆 tʰu˥˨42 ʂu˩˥˨˩21 kuã˥55

十一里 ʂ̩˥˨42 i˩˥˨˩21 li˥55

③阳阴阴 红铅笔 xuŋ˥˨42 tɕʰiã˩˥˨˩212 pi˩213

十三经 ʂ̩˥˨42 sã˩˥˨˩212 tɕiŋ˩213

综合以上情况，济南话三字连读的六十四种词语，因变调而归并的共有七种：①"阴阴阴"和"去去阴"都读为˩21 ˩21 ˩213；②"阴阴去"和"阴去去"都读为˧˥23 ˧˥23 ˩21；③"上阴去"和"上去去"都读为˥55 ˧˥23 ˩21；④"去阴去"和"去去去"都读为˩21 ˧˥23 ˩21；⑤"阳上阴"和"上上阴"都读为˥˨42 ˥55 ˩213；⑥"阳上阳"和"上上阳"都读为˥˨42 ˥55 ˥˨42；⑦"阳上去"和"上上去"都读为˥˨42 ˥55 ˩21。

四

济南话双音节词语的轻声[1] 有四种：高轻˙5，次高轻˙4，次低轻˙2，低轻˙1。在两字连读的词语中，轻声在后一个音节。轻声的音高决定于前一个音节。

1. 高轻 阳平后面的轻声是˙5，阳平要变˥55。例如：

学生 ɕye˥˥55 ʂəŋ˙5

凉快 liaŋ˥˥55 kʰə˙5

白菜 pei˥˥55 tsʰɛ˙5

---

[1] 济南话的轻声，这次只对双音节词语作了调查，因此本文只就双音节词语的轻声作说明。

244　汉语方言研究的方法与实践

头发 tʻouˠⵏ55 faˠⵏ5

2. 次高轻　上声后面的轻声是˙4,上声要变˩213。例如：

奶奶 nɛˠⵏ213 nɛ˩˙4

火烧 xuəˠⵏ213 ʂˠ˙4

眼睛 iãˠⵏ213 tɕiɲˠ˙4

宝贝 pɔˠⵏ213 pei˩˙4

3. 次低轻　去声后面的轻声是˙2,去声要变ˉ55。例如：

妹妹 meiˠⵏ55 mei˩˙2

豆腐 touˠⵏ55 fu˩˙2

笑话 ɕiɔˠⵏ55 xua˩˙2

历城 liˠⵏ55 tʂʻəŋˠ˙2 济南地名

4. 低轻　阴平后面的轻声是˙1,阴平要变˩21。例如：

哥哥 kəˠⵏ21 kə˩˙1

东西 tuŋˠⵏ21 ɕiˠ˙1

菠菜 pəˠⵏ21 tsʻⵏ˙1

烟台 iãˠⵏ21 tʻɛˠ˙1

去声后面的轻声,也有很少是读低轻的,读低轻时,前面的去声不变。例如：

这边儿　　tʂəˠⵏ21 piãrˠ˙1

那边儿　　naˠ21 piãrˠ˙1

义务　　　iˠ21 uˠ˙1

现下（现在）ɕiãˠ21 ɕiaˠ˙1

附:济南话两字连读的变调和轻声表、济南话三字连读变调

　　表,见245—247页。

（原载《山东大学文科学报》1963年第1期）

济南话两字连读的变调和轻声表

阴＋阴→[23]＋阴
- 翻身 fã˩˩˨→23 ʂə˩213
- 公司 kuŋ→23 sʅ213
- 山东 ʂã→23 tuŋ213
- 郊区 tɕiɔ→23 tɕʰy213

阴＋阳→[212]＋阳
- 安全 ŋã212 tɕʰyã42
- 猪油 tʂu212 iou42
- 今年 tɕiŋ212 niã42
- 济南 tɕi212 nã42

阴＋上→[212]＋上
- 黑板 xei212 pã55
- 思想 sʅ212 ɕiaŋ55
- 高产 kɔ212 tʂʰã55
- 清水 tɕʰiŋ212 ʂuei55

阴＋去→[23]＋去
- 分配 fə→23 pʰei21
- 收购 ʂou→23 kou21
- 经验 tɕiŋ→23 iã21
- 初步 tʂʰu→23 pu21

阴＋轻→[21]＋[1]
- 姑娘 ku21 niaŋ1
- 西瓜 ɕi21 kua1
- 菊花 tɕy21 xua1
- 山药 ʂã21 ye1

阳＋阴（不变）
- 疑心 i42 ɕiə213
- 文章 və42 tʂaŋ213
- 阳光 iaŋ42 kuaŋ213
- 时间 ʂʅ42 tɕiã213

阳＋阳→[43]＋阳
- 红旗 xuŋ43 tɕʰi42
- 寒流 xã43 liou42
- 麻绳 ma43 ʂəŋ42
- 河涯 xɤ43 iɛ42

阳＋上（不变）
- 红枣 xuŋ42 tsɔ55
- 皮袄 pʰi42 ŋɔ55
- 财产 tsʰɛ42 tʂʰã55
- 民主 miə42 tʂu55

阳＋去→[55]＋去
- 谈话 tʰã55 xua21
- 词汇 tsʰʅ55 xuei21
- 全面 tɕʰyã55 miã21
- 财富 tsʰɛ55 fu21

阳＋轻→[55]＋[5]
- 黄瓜 xuaŋ55 kua5
- 莱阳 lɛ55 iaŋ5
- 鼻子 pi55 tsʅ5
- 羊肉 iaŋ55 zou5

上＋阴（不变）
- 饼干儿 piŋ55 kãr213
- 水灾 ʂuei55 tsɛ213
- 早操 tsɔ55 tsʰɔ213
- 武装 u55 tʂuaŋ213

上＋阳（不变）
- 演员 iã55 yã42
- 口才 kʰou55 tsʰɛ42
- 起床 tɕʰi55 tʂʰuaŋ42
- 改良 kɛ55 liaŋ42

上＋上→[42]＋上
- 土改 tʰu42 kɛ55
- 领导 liŋ42 tɔ55
- 品种 pʰiə42 tʂuŋ55
- 保险 pɔ42 ɕiã55

上＋去（不变）
- 解放 tɕiɛ55 faŋ21
- 日剧 ly55 tɕy21
- 读报 tu55 pɔ21
- 海带 xɛ55 tɛ21

上＋轻→[213]＋[4]
- 早晨 tsɔ213 tʂʰə4
- 晚上 vã213 ʂaŋ4
- 椅子 i213 tsʅ4
- 耳朵 ər213 tuɤ4

去＋阴（不变）
- 辣椒 la21 tɕiɔ213
- 大葱 ta21 tsʰuŋ213
- 唱歌 tʂʰaŋ21 kɤ213
- 地基 ti21 tɕi213

去＋阳（不变）
- 社员 ʂɤ21 yã42
- 问题 vɤ21 tʰi42
- 电台 tiã21 tʰɛ42
- 木柴 mu21 tʂʰɛ42

去＋上（不变）
- 报纸 pɔ21 tʂʅ55
- 墨水 mei21 ʂuei55
- 电影 tiã21 iŋ55
- 校长 ɕiɔ21 tʂaŋ55

去＋去→[23]＋去
- 话剧 xua→23 tɕy21
- 变化 piã→23 xua21
- 破坏 pʰɔ→23 xuɛ21
- 散步 sã→23 pu21

去＋轻→[55]＋[2]
- 地方 ti55 faŋ2
- 事情 ʂʅ55 tɕʰiŋ2
- 帽子 mɔ55 tsʅ2
- 弟弟 ti55 ti2

246　汉语方言研究的方法和实践

济南话三字连变调表（一）

调类组合	变调	例词
阴＋阴＋阴→	[21]＋[21]＋213	拖拉机　机关枪
阴＋阳＋阴→	[23]＋[212]＋42＋213	西南风　千佛山　花园庄
阴＋上＋阴→	[212]＋55＋213	高指标　三点钟　百宝箱
阴＋去＋阴→	[23]＋21＋213	发电机　新大衣
阴＋阴＋阳→	42＋[212]＋213	红铅笔　图书室　十三经
阴＋阳＋阳→	[212]＋42	黄花鱼　梨膏糖　棉胶鞋
阴＋去＋阳→	[23]＋21＋42	鸡蛋黄　通讯员　金线泉
阴＋上＋阳→	[212]＋55＋42	班主席　思考题　黑虎泉
阴＋阴＋上→	[23]＋[212]＋55	兵工厂　天花板　三千里
阴＋阳＋上→	[212]＋42＋55	丝绵袄　星期五　发言权①
阴＋上＋上→	[212]＋42＋55	新品种　张保管
阴＋去＋上→	[212]＋[21]＋55	通讯网　消费品
阴＋阴＋去→	[23]＋[23]＋21	穿衣镜　涤翻地　高速度
阴＋阳＋去→	[212]＋55＋21	鸡毛信　积极性　济南市②
阴＋上＋去→	[212]＋55＋21	生产力　思想性　八宝饭
阴＋去＋去→	[23]＋[23]＋21	单干户　发电站　高射炮
阳＋阳＋阴→	[43]＋42＋213	梅兰芳　羊毛衣
阳＋上＋阴→	（不变）	黄浦江　十九天
阳＋去＋阴→	（不变）	甜酱瓜　洋信封　读报组③
阳＋阳＋阳→	[43]＋42	贫农团　儿童团　唐明皇
阳＋上＋阳→	（不变）	牛奶糖　萤火虫　婆母娘
阳＋去＋阳→	（不变）	杂技团　贫雇农　评论员
阳＋阳＋上→	[43]＋42＋55	白莲藕　文学史
阳＋上＋上→	（不变）	寒暑表　难理解　十五本
阳＋去＋上→	（不变）	蓝墨水　白报纸
阳＋阳＋去→	42＋[55]＋21	篮球队　红楼梦　白杨树
阳＋上＋去→	（不变）	皮手套　团委会　合理化
阳＋去＋去→	42＋[23]＋21	服务社　合作化④

①"权"字单念念读上声。②"济"字单念念读阴平。③"组"字单念念读阴平。④"作"字单念念读去声。

济南话的变调和轻声　247

济南三字连读变调表（二）

	第三字＝阴	第三字＝阳	第三字＝上	第三字＝去
上＋阴	上＋阴＋阴→ 55＋23＋213 炒猪肝 纺花机	上＋阴＋阳→ 55＋212＋42 火车头 手风琴 小清河	上＋阴＋上→ 55＋212＋55 老花眼 养猪场 纺织厂	上＋阴＋去→ 55＋23＋21 火车站 武装部 反革命
上＋阳	上＋阳＋阴（不变） 老红军 美人蕉	上＋阳＋阳→ 55＋43＋42 老农民 语言学	上＋阳＋上（不变） 选民榜 好朋友 买啤酒	上＋阳＋去→ 55＋55＋21 女同志 典型性 死亡线
上＋上	上＋上＋阴→ 42＋55＋213 五点钟 九顶褚	上＋上＋阳→ 42＋55＋42 洗澡猪 女演员 老虎柑	上＋上＋上→ 42＋42＋55 纸老虎 洗脸水 打草稿	上＋上＋去→ 42＋55＋21 米粉肉 土改队 理解力
上＋去	上＋去＋阴（不变） 炒肉丝军 解放军	上＋去＋阳（不变） 写字台 吕剧团 解放桥	上＋去＋上（不变） 统计表 李大嫂	上＋去＋去→ 55＋23＋21 总路线 理事会
去＋阴	去＋阴＋阴→ 21＋23＋213 教科书 办公室	去＋阴＋阳→ 21＋212＋42 大观园儿 列车员 大家庭	去＋阴＋上→ 21＋212＋55 孟姜女 化工厂 斗鸡眼儿	去＋阴＋去→ 21＋23＋21 汽车站 电灯费 少先队
去＋阳	去＋阳＋阴（不变） 利农庄 教研室	去＋阳＋阳→ 21＋43＋43 酱油瓶 教学楼 大明湖	去＋阳＋上（不变） 蛋黄饼 大门口 器材厂	去＋阳＋去→ 21＋55＋21 座谈会 细白面
去＋上	去＋上＋阴（不变） 做早操 雨水灾	去＋上＋阳（不变） 墨水瓶 大脸盆	去＋上＋上→ 21＋42＋55 代乳粉 破雨伞	去＋上＋去（不变） 电影院 大米饭
去＋去	去＋去＋阴（不变） 大地瓜 电话机 大汉奸	去＋去＋阳（不变） 语剧团 气象台	去＋去＋上（不变） 课代表 旧报纸 大字典	去＋去＋去→ 21＋23＋21 大跃进 教务处 数目字

济南方言词缀研究

　　词缀指汉语附加式合成词的附加成分,表示词的意义或某种语法作用,是一种定位语素。位于词根之前的叫前缀,位于词根之后的叫后缀。前缀如"老、小、第、初、阿"等,后缀如"子、儿、头、们"等。附加式构词是汉语合成词构成的重要方式之一,从汉语词汇发展历史的角度来看,词缀的丰富也是汉语词汇由单音节向多音节转化的一种重要形式。

　　一提起汉语方言的词缀,以往总是首先想到南方的一些方言,像通行地区较广、使用频率很大的名词前缀"阿",地方色彩很浓的名词后缀"仔、佬、公、驰"等等,而对北方地区方言的词缀却往往注意不够。实际上官话地区方言的词缀也是很丰富的,只不过使用范围、具体形式有所不同罢了。这一点,我们可以从济南方言的词缀调查中看得十分清楚。本文希望通过对济南方言词缀的介绍,能够引起学界朋友对于官话地区方言词缀的注意。

一　前缀

　　1. 名词前缀　济南方言单音名词加前缀"XM",前缀"X"除"老、小、第、初"以外,作为称谓的前缀"阿"只用于"阿姨",实际上"阿姨"也是受普通话的影响后起的,地道的济南人叫"大姨"。"大"在济南方言中作为尊称的前缀用得相当普遍,如:

大爷　　大娘　　　大叔　　　大婶子　　大姨

大哥　　大嫂子　　大兄弟　　大姐姐　　大妹子(或：大妹妹)

大工_{称有技术的泥瓦匠}　　　　大师傅_{称厨师}　　　大力士

以上第一、二行是亲属称谓，但是常常用于对非亲属关系的人用亲属称谓的场合。假如要跟一个素不相识的人搭腔，据目测其年龄大体跟父母相当，就按其性别尊称为"大爷"、"大叔"或"大娘"、"大婶子"、"大姨"，如果据目测跟自己年龄差不多，就用"大哥"、"大兄弟"或"大嫂子"、"大姐姐"、"大妹子"等。

2．形容词前缀　济南方言单音形容词加前缀"XA"如"通红"等多跟普通话相同，比较特殊的形容词前缀如：

苗细　瓢偏　龙弯　稀软　丝孬　铮亮　阴凉　素净　邦硬

骏黑　贼胖　燥热　弯远　木乱　奸馋　悲苦　窝憋

以上"XA"式形容词的构成，通常的语法著作都认为是一种偏正式复合词，前面的"X"说明形容词"A"的程度或情状，但是在一些方言报告中也往往被看成是形容词前缀。汉语词汇的发展有一种词缀化的倾向，看一个词素是不是词缀，主要看意义的虚化程度和构词能力的大小。请看以下的例子：

飞快　飞薄　飞细　飞脆　飞碎

皮艮　皮塌　皮实　皮精神_{多指青少年表面精神但并不聪明}

如果说"飞快"是飞一般的快，"皮艮"是皮软发艮，这两个还可以说是偏正式复合词，但是其他各条的"飞"和"皮"呢？总不成是"飞"一般的细、"飞"一般的碎，"皮实"的"皮"又指什么？这些词的词汇意义显然有了不同程度的虚化。"飞薄"等由"飞快"扩生而来，体现了由实到虚的过程。

济南等地"长""短"、"深""浅"等有正反义对立的单音节形容

250   汉语方言研究的方法与实践

词重叠，前面分别加前缀"老"或"精"、"溜"、"棱"、"乔"，构成
"XAA 的"式，表示程度深，例如：

　老深深的　老宽宽的　老粗粗的　老厚厚的　老长长的
　精浅浅的　精窄窄的　精细细的　溜薄薄的　精短短的
　棱短短的　精小小的　乔脏脏的

二　后缀

　　说济南方言词缀丰富，主要指后缀而言。济南话的后缀有和
普通话大体相同的"子"、"头"等，本文不细叙。以下分广用、定用
和形容词多音后缀三部分介绍济南方言的特殊后缀。前两种都是
单音后缀。广用指一个词缀可以广泛用于名词、动词、形容词或其
中某一两类词的后面，有较大构词能力，如"巴"，许多单音节动词
都可以在后面加"巴"构成双音节词，"巴"不仅可以作动词后缀，还
可以作名词和形容词的后缀。定用指某个后缀只能用在某一特定
的动词或形容词后面，词缀跟词根的组合是有限定的，如"分"、
"古"等，这类后缀虽然构词能力不强，但是数量较多，集中起来看，
充分反映济南方言双音词构成的特点。广用或定用并无绝对界
限，以下凡能用于组成三个词以上的按广用处理。形容词多音后
缀指形容词加两个音节以上的词缀构成形容词生动形式。单音后
缀读轻声无一例外，多音后缀除个别形式如"AXX"以外也都读轻
声，可以说，轻声是后缀的语音标志。

（一）广用后缀

1. 巴

济南方言词缀研究　251

（1）用于名词：　双巴双胞胎　力巴外行　哑巴　结巴口吃的人

嗑巴结~　瘸巴瘸子　嘲巴傻子　瘫巴

泥巴　　　疙巴黏稠液体干了后留下的物体：泥疙~

以"巴"为后缀的名词，多用于指称人，特别是指称带有生理
缺陷的人。

（2）用于动词：　眨巴　撕巴　揉巴　捏巴　洗巴　扫巴

打巴　砸巴　敲巴　剁巴　捆巴　抠巴

脱巴　撸巴　薅巴　摘巴　剔巴　捋巴

拽巴　挤巴　试巴

（3）用于形容词：紧巴　窄巴　挤巴　瘦巴　俊巴

2．拉

（1）用于名词：　疤拉　嘎拉汗水等干了后留下的痕迹：尿嘎拉、泥嘎

拉　　疙拉即嘎拉

（2）用于动词：　扑拉　划拉　扒拉　铺拉　拨拉

糊拉　牵拉　漱拉　喜拉喜欢

白拉用白眼珠看人　谝拉自我显示，夸耀

（3）用于形容词：粗拉　斜拉　枸拉　侉拉

踮拉跛足走路的样子　猛拉稍高

3．悠

（1）用于动词：　搓悠　扽悠　蜷悠　逛悠　晃悠　转悠

（2）用于形容词：光悠　蔫悠萎缩，不精神

4．么

（1）用于动词：　捞么　揣么　估么　抠么　寻么

撒么到处看，找寻　趸么寻找　蓑么乱动扰乱别人

凑么向近处靠　舔么巴结讨好

252　汉语方言研究的方法与实践

　　(2)用于形容词:迂么_{行动迟缓不利落}

5．乎

　　(1)用于动词：　嫌乎　揽乎　占乎

　　(2)用于形容词:热乎　黏乎　稠乎　烂乎　邪乎_{危险,情况严重}

6．棱

　　(1)用于动词：　扑棱_{无规则地拍打、跳动}　不棱_{搧动,乱动:你不棱么}
　　　　　　　　　支棱_{竖起,挺立}

　　(2)用于形容词:斜棱　　侧棱_{斜向一边}　立棱_{不平正、不讲理的样子}

7．和

　　(1)用于动词：　对和　　搀和　　虚和_{夸张}　　凑和

　　(2)用于形容词:随和　忙和　软和　脆和

8．溜

　　(1)用于动词：　提溜　嘻溜_{开玩笑}

　　(2)用于形容词:稀溜　酸溜

9．生

　　(1)用于动词：　支生_{植物滋润挺立有生气}

　　(2)用于形容词:脆生　轻生

10．打

　　(1)用于动词：　敲打　摔打　踢打　磕打　吡打_{斥责、顶撞}
　　　　　　　　　颠打

　　(2)用于形容词:踮打_{走路有点瘸}

11．古

　　(1)用于动词：　捣古_{反复做,贬义}

　　(2)用于形容词:别古　拐古　乜古_{吝啬、难缠}

12．实

用于形容词： 结实 壮实 硬实壮实 敦实矮而粗壮

厚实 瓷实细密结实 皮实身体结实耐折磨

13．道

用于形容词： 厚道 霸道 神道 魔道 筋道

张道好张罗揽事 苕道傻里傻气，说话啰嗦

14．价

用于副词： 没价 别价 甭价

（二）定用后缀（以下按后缀的韵母顺序排列）

1．动词后缀：

摸拾缓慢不停地做 算计 骨搐蜷缩，收缩 秃噜脱线，掉毛 顾噜 吓唬 溜达 搐搭抽泣 摸挲 扑撒 扒查 爬查 挤呱挤(眼) 敛合 拾掇 蹬歪踢蹬 掂对掂量，斟酌 跍堆或跍蹲，即蹲 琢磨 拾翻 顾揽照应 晃当 当郎 胳登一只脚跳着走 晃登 踢蹬 折腾 白睖 糊弄 摆弄 顾拥蠕动

2．形容词后缀：

直实 做势装腔作势 闯势不怯场，敢闯 烦气 贫气 迂磨 大发 细发 挺脱 齐截 讴作郁闷 眍瞜 急火 腻外 宽快 凉快 涨饱 牢靠 灵泛 活泛 舒坦 急眼 全还 平分 凉森 紧邦 硬邦 正当 急慌 慢腾

（三）形容词多音词缀

济南方言有丰富的形容词生动形式，其中有许多由单音或双音形容词加多音后缀构成，以下按构成格式分类介绍。

1．XXA的 单音形容词“A”加单音重叠前缀“XX”构成，表

示形容程度深。这种形式跟其他各类不同的是"XXA"后面一般不加"的"。

　　溜溜酸　蔺蔺咸　喷喷香　邦邦硬　骏骏黑
　　雪雪白　溜溜光

　2．AXX 的　单音形容词"A"加单音重叠后缀"XX"和"的"构成,分三种:

　　AX 成词:紧巴巴的　烂乎乎的　光悠悠的　软和和的
　　　　　　脆生生的　平分分的

　　XA 成词:黑骏骏的　红通通的　香喷喷的　酸溜溜的
　　　　　　冷冰冰的　硬邦邦的

　AX、XA 均不成词:急拉拉的　直勾勾的　辣滋滋的　傻乎乎的
　　　　　　　　　　湿乎乎的　苦溜溜的　臭哄哄的　慢腾腾的

重叠后缀的后一音节有的儿化为"AXX 儿的"、"AX 儿 X 儿的",表示喜爱的感情色彩,例如:凉森森儿的、咸泽儿泽儿的、甜丝儿丝儿的。

　　有的"A"可以是动词或名词,但一旦与后缀结合为"VAA 的"和"MAA 的",词性由原来的动词或名词转而为形容词,例如:

　　　　VXX 的:哭唧唧的　笑迷迷的　　　MXX 的:面兜兜的

　3．AXY 的　单音形容词"A"加双音后缀"XY"和"的"构成,表示厌烦不大舒适的感觉:

　　酸不唧的　苦不唧的　咸不唧的　咸格当的　甜么索的
　　木格张的

　4．AXYZ 的　单音形容词"A"加三音后缀"XYZ"和"的"构成:

　　生不拉唧的　苦不溜丢的　平不拉塌的　斜不棱登的

济南方言词缀研究　**255**

斜不拉唭的　黑不溜秋的　邪儿巴唭的　癔儿八伥的

胡儿马约的　哈儿乎稀的　正儿八经的　软儿格唭的

花里胡哨的　糊里倒涂的　迷里木乱的　曲里拐弯的

圆鼓轮墩的　懈拉晃当的　热炙乎辣的

5. ABXY 的　双音词或词组"AB"加双音后缀"XY"（或"XX"）和"的"构成,"AB"可以是形容词、动词或名词,多贬义：

蔫悠不拉的　黄病拉叉的　疤拉流球的　埠土扬场的

囫囵个儿的　吆喝黄天的　叽溜咣当的

狗尿不臊的做事不彻底,不地道　屁臭寡淡的食物没有滋味

热气腾腾的　吓人吱拉的　半边拉块的

三　附加式双音词的组合形式

汉语的四字格成语是汉语在长期历史发展中形成的重要特色,方言中附加式双音词的组合使用更加丰富了这一特色。济南方言由单音动词或形容词加前后缀构成的双音词在使用中也常常组合起来。下文的组合形式分连用式和重叠式两项介绍。上文讲到词缀表示一定的意义或语法作用,这种作用在组合式中尤为显著。组合式除增加一些词的附加意义、使语言尤其生动形象以外,还可能改变词的性质。例如："挤巴"可以连用为"挤巴挤巴",也可重叠为"挤挤巴巴的",但是后者的词性转而为形容词。比较：

连用式"V 巴 V 巴"：你两挤巴挤巴,让他坐下。

重叠式"VV 巴巴的"：挤挤巴巴的坐着棱不舒服。

256　汉语方言研究的方法与实践

（一）连用式

1．"VXVX"式　单音节动词"V"加后缀"X"构成的动词"VX"含有动作随意、语气轻松的意味,重叠式"VXVX"则加有动作连续反复的含义。连用范围由不同后缀、词的不同内容决定。凡动作具体轻便、常常连续进行、多用于命令句的带后缀的动词（包括广用和定用）多可连用,表示心理状态的则多不连用。例如：带"巴"缀的动词都可连用,而带"乎"缀的动词一般不连用；相同的后缀,"扑拉"可以连用,而"喜拉"、"白拉"则不连用。以下的连用式"VXVX"一至六行为广用后缀、七至十行为定用后缀：

眨巴眨巴　撕巴撕巴　洗巴洗巴　脱巴脱巴　摘巴摘巴
试巴试巴　扑拉扑拉　扒拉扒拉　划拉划拉　拨拉拨拉
漱拉漱拉　铺拉铺拉　搓悠搓悠　抟悠抟悠　逛悠逛悠
转悠转悠　晃悠晃悠　估么估么　趸么趸么　扑棱扑棱
不棱不棱　对和对和　搀和搀和　凑和凑和　敲打敲打
摔打摔打　颠打颠打　磕打磕打　吡打吡打　踢打踢打
算计算计　顾噜顾噜　吓唬吓唬　溜达溜达　扑撒扑撒
扒查扒查　挤呱挤呱　敛合敛合　拾掇拾掇　掂对掂对
琢磨琢磨　摆弄摆弄　顾拥顾拥的　搐打搐打的
晃当晃当的　骨搐骨搐的　当郎当郎的

第九、十行末了加"的",词性转为形容词,其中"顾拥顾拥"等,也可不加"的",词性不变。

2．"XAXA 的"和"AXAX 的"式　某些单音形容词"A"加前缀或后缀"X"连用加"的"构成的"XAXA 的"、"AXAX 的"。前者表示形容程度加深,后者重于对某种状态的描写。

"XAXA 的"：苗细苗细的　帮硬帮硬的　铮亮铮亮的
　　　　　　贼胖贼胖的　飞碎飞碎的

"AXAX 的"：紧巴紧巴的　踏拉踏拉的　光悠光悠的
　　　　　　软和软和的　做势做势的

（二）重叠式

不论原来的词是什么性质，重叠式都是形容词性的，后面都要加"的"。

1．"VVXX 的"式　单音动词"V"加后缀"X"的重叠词比起形容词的重叠少得多。

扑扑拉拉的　晃晃悠悠的　扑扑棱棱的　对对和和的
虚虚和和的　敲敲打打的　摔摔打打的　呲呲打打的
骨骨搐搐的　溜溜达达的　当当郎郎的　顾顾拥拥的

2．"XXAA 的"式　单音形容词"A"重叠加重叠前缀"XX"和"的"构成"XXAA 的"，数量也不多。

苗苗细细的　阴阴凉凉的　素素静静的　皮皮塌塌的
窝窝憋憋的

3．"AAXX 的"式　单音形容词"A"重叠加重叠后缀"XX"和"的"是大量的，差不多所有的"AX"都可以重叠为"AAXX"式。以下的重叠式是举例性的，前四行为广用式，后四行是定用式。

紧紧巴巴的　瘦瘦巴巴的　粗粗拉拉的　踏踏拉拉的
光光悠悠的　迂迂么么的　热热乎乎的　侧侧棱棱的
忙忙和和的　软软和和的　稀稀溜溜的　轻轻生生的
结结实实的　皮皮实实的　魔魔道道的
直直实实的　做做势势的　贫贫气气的　迂迂磨磨的

258　汉语方言研究的方法与实践

　　大大发发的　　细细发发的　　急急火火的　　腻腻外外的
　　宽宽快快的　　牢牢靠靠的　　舒舒坦坦的　　平平分分的
　　紧紧邦邦的　　正正当当的　　慢慢腾腾的

　　此外，济南方言的形容词生动形式还有一种是双音词"AB"重叠前一音节，中间嵌中缀"里"，构成"A 里 AB 的"，如"糊里糊涂的"等，跟普通话相同，这里不细述。

　　方言词缀的研究不仅有助于探求汉语历史发展的轨迹，对汉语方言现状的比较研究也有极其重要的价值。这些年，晋语的独立问题成了汉语方言学界分区问题讨论的焦点之一，其中山西及河南、河北、陕西等地的词缀"圪"作为这一带方言的重要特点是晋语独立的一项依据，备受众多学者关注，不少研究成果总起来足以说明词缀"圪"通行地区之广、使用频率之高，这也说明处于北方地区方言的词缀同样有丰富的内容，值得重视，值得研究。这一点，我们从济南方言词缀的调查研究中有了切实的体会。

（原载《济南教育学院学报》2000 年第 2 期）

河北省东南部 39 县市方音概况

    1984 年底,我们简要地调查了河北省东南部靠近山东省的 39 县市方言的语音情况。这 39 个县市是:沧州地区的海兴、黄骅、盐山、沧县、孟村、南皮、东光、吴桥、交河、青县、任丘、河间、肃宁、献县等 14 县市;衡水地区的阜城、景县、武邑、衡水、冀县、枣强、故城等 7 县市;邢台地区的南宫、清河、临西、威县、广宗、平乡、巨鹿等 7 县市;邯郸地区的鸡泽、曲周、丘县、馆陶、大名、魏县、广平、肥乡、成安、临漳、邯郸等 11 县市。

    本文从声韵调三方面介绍 39 点的语音特点,主要说明跟北京音系明显不同的情况,对与东邻山东方言相衔接的重要特点也略加说明。

一   声 母 的 比 较

19 个代表点某些声母的比较见表一。

表一附注:①黄骅——沧县　盐山　东光　孟村　海兴　南皮　景县　枣强　②青县——交河　阜城　武邑　③河间——肃宁　任丘　④故城——清河　⑤临西——威县　⑥馆陶——曲周　⑦鸡泽——邯郸　平乡　⑧大名——成安　⑨临漳——魏县

260　汉语方言研究的方法和实践

表一

	1 增	2 草	3 苏	4 争	5 蒸	6 锄	7 除	8 生	9 声	10 人	11 如	12 精	13 经	14 清	15 轻	16 星	17 兴	18 袄
黄骅①	tθ	tsʰ	s	tʂ	tʂ	tsʰ	tʂʰ	s	ʂ	ʐ	ʐ	tɕ	tɕ	tɕʰ	tɕʰ	ɕ	ɕ	ŋ
青县②	ts	tsʰ	s	tʂ	tʂ	tsʰ	tʂʰ	s	ʂ	ʐ	ʐ	tɕ	tɕ	tɕʰ	tɕʰ	ɕ	ɕ	n
河间③	ts	tsʰ	s	tʂ	tʂ	tsʰ	tʂʰ	s	ʂ	ʐ	ʐ	ts	tɕ	tsʰ	tɕʰ	s	ɕ	n
献县	ts	tsʰ	s	tʂ	tʂ	tsʰ	tʂʰ	s	ʂ	ʐ	ʐ	tɕ	tɕ	tɕʰ	tɕʰ	ɕ	ɕ	n
吴桥④	ts	tsʰ	s	tʂ	tʂ	tsʰ	tʂʰ	s	ʂ	ʐ	ʐ	tɕ	tɕ	tɕʰ	tɕʰ	ɕ	ɕ	ŋ
故城	tθ	tθʰ	θ	tʂ	tʂ	tsʰ	tʂʰ	s	ʂ	l	l	tθ	tɕ	tθʰ	tɕʰ	θ	ɕ	ŋ
衡水	tθ	tsʰ	θ	tʂ	tʂ	tsʰ	tʂʰ	s	ʂ	ø	ø	tθ	tɕ	tθʰ	tɕʰ	θ	ɕ	ŋ
冀县	tθ	tθʰ	θ	tʂ	tʂ	tsʰ	tʂʰ	s	ʂ	ø	ø	tθ	tɕ	tθʰ	tɕʰ	θ	ɕ	ŋ
南宫	ts	tsʰ	s	tʂ	tʂ	tsʰ	tʂʰ	s	ʂ	l	l	ts	tɕ	tsʰ		s	ɕ	
巨鹿	tθ	tθʰ	θ	tʂ	tʂ	tsʰ	tʂʰ	s	ʂ	ø	l	tθ	tɕ	tθʰ		θ	ɕ	ŋ
广宗⑤	θ	tsʰ	s	tʂ	tʂ	tsʰ	tʂʰ	s	ʂ	l	l	ts	tɕ	tθʰ	tɕʰ	s	ɕ	ŋ
临西	ts	tθʰ	θ	tʂ	tʂ	tsʰ	tʂʰ	s	ʂ	l	l	tθ	tɕ	tsʰ	tɕʰ	s	ɕ	ɣ
丘县	tθ	tsʰ	s	tʂ	tʂ	tsʰ	tʂʰ	s	ʂ	l	l	tθ	tɕ	tθʰ	tɕʰ	s	ɕ	ɣ
馆陶⑥	ts	tθʰ	θ	tʂ	tʂ	tsʰ	tʂʰ	s	ʂ	l	l	ts	tɕ	tsʰ	tɕʰ	s	ɕ	ŋ
鸡泽⑦	ts	tsʰ	s	tʂ	tʂ	tsʰ	tʂʰ	s	ʂ	ʐ	ʐ	ts	tɕ	tsʰ	tɕʰ	s	ɕ	ɣ
肥乡⑧	ts	tsʰ	s	tʂ	tʂ	tsʰ	tʂʰ	s	ʂ	ʐ	ʐ	ts	tɕ	tsʰ	tɕʰ	s	ɕ	ɣ
大名	ts	tθʰ	θ	tʂ	tʂ	tsʰ	tʂʰ	s	ʂ	ʐ	ʐ	tθ	tɕ	tθʰ	tɕʰ	θ	ɕ	ɣ
广平	ts	tsʰ	s	tʂ	tʂ	tsʰ	tʂʰ	s	ʂ	ʐ	ʐ	ts	tɕ	tsʰ	tɕʰ	ɕ	ɕ	ɣ
临漳⑨	tʂ	tʂʰ	ʂ	tʂ	tʂ	tsʰ	tʂʰ	s	ʂ	ʐ	ʐ	ts	tɕ	tɕʰ	tɕʰ	ɕ	ɕ	ɣ

1. 精组洪音(表一例 1—3)(1)魏县读[tʂ tʂʻ ʂ]:增＝争｜草＝吵｜素＝树。临漳县情况较复杂:本文据以记音的城西南五龙庙村多数字读[tʂ tʂʻ ʂ],少数字读[ts tsʻ s];司庄村都读[tʂ tʂʻ ʂ];跟县城话接近的章里集村读[ts tsʻ s]。(2)衡水、南宫、丘县读[tθ tθʻ θ];巨鹿多读[ts tsʻ s],但包括一部分细音字在内的部分字[ts tθ]两组自由变读。此外,广宗县精母和从母仄声都读擦音[θ]:增＝僧 ꞉θəŋ｜字＝四 θꞋ;清母和从母平声读[tθʻ]。

2. 知庄章三组字(表一例 4—9) 黄骅、海兴、青县、沧县、孟村、盐山、南皮、交河、东光、阜城、武邑、景县、枣强共 13 点,知庄章三组字分两套。大致说来,庄组、知组开口二等、章组开口止摄,以及知章两组遇摄以外的合口为一套,读[ts tsʻ s],跟精组洪音相混;知组开口三等、章组止摄以外的开口,以及知章两组遇摄合口为另一套,读[tʂ tʂʻ ʂ]:支＝资≠知｜抄＝操≠超,｜生＝僧≠声。这个特点跟山东西北角无棣、庆云、乐陵、宁津、商河、临邑、陵县、平原等地相同,地理上也正相连接。此外,衡水、巨鹿两点,上述第二套字中假、遇、蟹、止几摄及入声的一部分字读[tɕ tɕʻ ɕ]声母,例如衡水:遮 ꞉tɕiə｜耻 ꞋtɕꞋi｜石 ꞏɕi。巨鹿读[tɕ tɕʻ ɕ]的字少于衡水,而且有许多[tʂ tʂʻ ʂ]或[tɕ tɕʻ ɕ]读音两可的字,如:直꞉tʂꞐ ꞏtɕi｜尺 ꞋtʂꞐ ꞏtɕꞋi｜舌 ꞏɕə ꞏɕiə。

3. 尖团分混(表一例 12—17) 分尖团的有任丘、河间、肃宁、衡水、南宫、巨鹿、平乡、广宗、威县、临西、鸡泽、曲周、丘县、馆陶、大名、肥乡、邯郸本文"邯郸"均指邯郸县、成安,共 18 点,团音一般都读[tɕ tɕʻ ɕ],尖音除衡水、南宫、广宗、丘县 4 点读[tθ tθʻ θ],巨鹿存在[ts tθ]自由变读以外,其余都读[ts tsʻ s]。沧州等其他 21 点不分尖团。

262　汉语方言研究的方法与实践

4．日母字(表一例 10—11) 止摄以外的多数日母字,除北部黄骅、沧县、盐山、东光、孟村、海兴、南皮、景县、枣强、青县、交河、阜城、武邑、河间、肃宁、任丘、献县、吴桥 18 点,以及南端肥乡、大名、成安、广平、临漳、魏县 6 点读[ʐ]以外,其余 15 点大致分三种情况:①衡水、冀县两点读 ø:人＝银 ɕin|如＝鱼 ɕy。②故城、清河、临西、威县、广宗、巨鹿、南宫读[l]:让＝浪 laŋʾ|如＝芦 ɕlu。其中巨鹿一点,少数字读[ø]或[l ø]两读:染 ‘iã|人 ɕin|肉 lou'iouʾ|然 ɕlã ɕiã。③平乡、鸡泽、曲周、丘县、馆陶、邯郸 6 点基本上是开口呼读[ʐ],合口呼读[l],如丘县:饶 ɕʐɑoʐ|融 ɕluŋ|热 ʐəʾ|入 luʾ。此外,"闰润软"等个别字在大多数地方读[ø];入声字"日"在邢台地区的南宫、巨鹿、平乡、广宗、威县、清河、临西各点读同止摄字"二",少数点两读,如平乡读[əlʾ]或[ʐlʾ]。

5．北京开口呼[ø]声母字[表一例 18] (1)北部运河以东黄骅、沧县、盐山、东光、孟村、海兴、南皮、吴桥 8 点加中部的景县、衡水、冀县、枣强、故城、清河、南宫、巨鹿、平乡、广宗、威县、丘县、鸡泽、临西及邯郸、肥乡共 24 点读[ŋ]。(2)南部的曲周、馆陶、广平、成安、临漳、大名、魏县 7 点读[ɣ]。(3)北部运河以西的青县、任丘、河间、肃宁、献县、交河、阜城、武邑 8 点读[n]。[ŋ]与[ɣ]两种读音的分界完全与山东方言吻合。

二　韵母的比较

17 个代表点某些韵母的比较见表二。

河北省东南部 3 9 县市方音概况　263

表 二

	1 二	2 书	3 斜	4 鞋	5 买	6 妹	7 帽	8 口	9 三	10 建	11 官	12 拳	13 根	14 心	15 昏	16 云	17 各	18 接	19 桌	20 月
黄骅⑩	ər	u	ie	ie	ɛ	ei	ɔ	ou	ã	iã	uã	yã	ən	in	uan	yn	e	ie	ua	ye
盐山⑪	ər	u	ie	ie	ɛ	ei	ɔ	ou	ã	iã	uã	yã	ə̃	iə̃	uə̃	yə̃	e	ie	ua	ye
河间	ər	u	ie	ie	ɛ	ai	o	ou	ã	iã	uã	yã̆	ən	in	uan	yn	e	ie	ua	ye
阜城⑫	ər	ʯ	ie	ie	ɛ	ei	ɔ	ou	ɛ̃	iɛ̃	uã	yã	ə̃	iə̃	uə̃	yə̃	e	ie	uo	ye
武城⑬	el	ʯ	ie	ie	ai	ei	ɔɔ	ou	ã	iã	uã	yã	ə̃	iə̃	uə̃	yə̃	e	ie	on	ye
衡水	el	ʯ	ie	ie	ai	ei	ɔɔ	ou	ã	iã	uã	ye	ə̃	in	uen	yn	e	ie	on	ye
南宫	l̩	ʯ	ie	iai	ai	ei	ɔɔ	ou	ã	iã	uã	yã	uẽ	uẽ	uen	uen	e	ie	on	eʔ
巨鹿	le	ʯ	ie	iai	ai	ei	ɔ	ou	ã	ian	uan	yã	uẽ	iə̃	ə̃	yə̃	e	ie	ən	ye
清河	l̩	ʯ	ie	iai	ai	ei	ɔ	ou	an	iã	uã	yã	ə̃	in	uen	yǔ	e	ie	on	eʔ
威县	el	u	ie	ie	ai	ei	ɔɔ	ou	ã	iã	uã	yan	ue	in	uen	yn	e	ieʔ	on	ye
馆陶	le	u	ie	ie	ai	ei	ɔɔ	ou	an	ian	uan	yan	ue	un	uen	yn	ʌ	ieʔ	on	eʔ
平乡	l̩	u	ie	ie	ai	ei	ɔɔ	ou	an	ie	uah	yã	ue	un	uei	yei	e	ie	uʌʔ	yeʔ
丘县	el	u	ie	ie	ai	ei	ɔɔ	ou	ã	iã	uã	yã	ei	iei	uei	yn	ʌ	ieʔ	uʌʔ	yeʔ
鸡泽	le	u	ie	ie	ai	ei	ɔɔ	ou	ã	iã	uã	yã	ue	un	uen	yn	ʌ	ieʔ	uʌʔ	ye
肥乡⑭	l̩	u	ie	ie	ai	ei	ɔɔ	ou	ã	iã	uã	yã	ue	un	uen	yn	ʌ	ie	uʌʔ	yeʔ
魏县⑮	le	u	ie	ie	ai	ei	ɔɔ	ou	ã	iã	uã	yã	ue	un	uen	yn	ʌ	ieʔ	uʌʔ	yeʔ
临漳	l̩	u	ie	ie	ai	ei	ɔɔ	ouɣ̃	ã	iã	uã	yã	ue	un	uen	yn	ʌ	ieʔ	uʌʔ	yeʔ

264　汉语方言研究的方法与实践

表二附注：⑩黄骅——肃宁　青县　任丘　献县　冀县　成安　⑪盐山——沧县　吴桥　东光　孟村　海兴　南皮　交河　故城　临西　广宗　大名　⑫阜城——景县　⑬武邑——枣强　⑭肥乡——邯郸　广平　⑮魏县——曲周

1. 止摄日母开口"儿耳二"（表二例1）除北部的黄骅、肃宁、青县、任丘、献县、盐山、沧县、吴桥、东光、孟村、海兴、南皮、交河、河间、阜城、景县及南部的临西、成安、大名这19点读[ər]以外，其余20点分三种情况：(1)武邑、衡水、枣强、威县读[lə]，[l̩]的本音发得较长。(2)冀县、故城、南宫、广宗、清河、鸡泽、丘县、肥乡、邯郸、广平、临漳读自成音节的[l̩]，其中冀县、故城、广宗新派或个别字读[ər]。(3)巨鹿、平乡、曲周、馆陶、魏县读[əl]。

2. 元音[ʮ]（表二例2、19）阜城、武邑、景县、枣强、南宫有[ʮ]韵母，例如：猪 ₌tʂʮ｜除 ₌tʂʻʮ｜书 ₌ʂʮ。另外，阜城、武邑、景县有少数古入声字读[ʮə]韵母，例如：说 ₌ʂʮə｜热 ʐʮəʔ᾿；鸡泽、临漳则有[ʮəʔ]韵母，例如：竹 tʂʮəʔ᾿｜出 tʂʻʮəʔ᾿｜说 ʂʮəʔ᾿。[ʮ]一般只拼[tʂ tʂʻ ʂ]声母，而鸡泽、临漳还可拼 t 组声母，例如：秃 tʻʮəʔ᾿｜落 lʮəʔ᾿。

3. 蟹摄开口二等见系字（表二例4）东边海兴、盐山、孟村、沧州、南皮、交河、东光、阜城、景县、吴桥、故城、清河、广宗、威县、临西、馆陶、大名共17点，"街蟹矮"等字读[iai]或[iɛ]韵母，跟"爱"、"怪"配套，例如盐山：盖 kɛ᾿｜界 ₌tɕiɛ᾿｜怪 kuɛ᾿｜解 ᶜtɕiɛ≠姐 ᶜtɕiɛ｜鞋 ₌ɕiɛ≠斜 ₌ɕiɛ｜矮 ᶜiɛ。17点从北到南一长溜跟山东的庆云、德州、临清等地相连，"鞋斜"不同音的特点也跟山东方言一致。

4. 咸山摄和深臻摄舒声（表二例9—16）(1)巨鹿、平乡、临漳三点，咸山摄舒声韵除去一部分字读鼻化元音韵母或鼻音尾韵

河北省东南部 39 县市方音概况　265

以外，一部分字读为无鼻音韵母或韵母有鼻音、无鼻音两可。从已有材料还看不出区别不同读音的条件。例如：

	三咸开一	翻山合三	建山开三	严咸开三	团山合一	官山合一	拳山合三	院山合三
巨鹿	san	fɛ	tɕian tɕiɛ	iɛ	t'uan t'uɛ	kuan	tɕyɛ	yɛ
平乡	san sɛ	fan	tɕiɛ	iɛ	t'uɛ	kuan kuɛ	tɕyan	yan yɛ
临漳	sã	fã fa	tɕiã	iã	t'uã	kuã kua	tɕyã / tɕya	yã ya

临漳县记录的是五龙庙村的音，该音系"爬家蛙"的韵母[ɑ iɑ uɑ]是后低圆唇元音，跟咸山摄"三严官"的韵母[a ia ua]不混。(2)鸡泽一点，深臻摄舒声字读[ei iei uei yei]，例如：审 ˌʂei｜林 ˌliei｜寻 ˌsuei｜恩 ˌŋei｜贫 ˌp'iei｜孙 ˌsuei｜闰 yei'。这类字跟来自蟹止两摄的部分合口字相混：闷＝妹 mei'｜顿＝对 tuei'｜孙＝虽 ˌsuei｜春＝吹 ˌtʂ'uei｜昏＝灰 ˌxuei。

5. 入声韵（表二例 17—20）有入声韵的是鸡泽、曲周、邯郸、肥乡、广平、魏县、临漳 7 点，多有喉塞韵尾，但都不很明显（详见下文声调部分）。

6. 个别点的韵母特殊　(1)普通话[au iau ou iou ai uai]和[ei uei]两组韵母的字（表二例 5—8），河间县桃园村（位于城东十二里）的读音，其主要元音的开口度跟普通话相反，例如：卖 mɛ'妹 mai'怪 kuɛ'桂 kuai'牢 ˌlo 楼 ˌlɑo 聊 ˌlio 流 ˌliɑo。(2)流摄字（表二例 8）在临漳五龙庙村读[ouɣ̃ iouɣ̃]，[ɣ̃]表示弱[ŋ]尾，例如：豆 touɣ̃'｜口 ˈk'ouɣ̃｜流 ˌliouɣ̃｜秋 ˌtɕ'iouɣ̃。

三　声调的比较

12 个代表点声调的比较见表三。

266　汉语方言研究的方法和实践

表三

方言点	调类	古平声 工	古平声 同/男	古上声 水（满、淡）	古去声 对（骂、树）	古入声 接	古入声 律	古入声 石
黄骅[10]	3	ˌ213		ˌ55	42ˀ	ˌ213	42ˀ	ˈ55
河间[11]	4	ˌ44	ˌ53	ˈ213	31ˀ	ˌ44	31ˀ	ˌ53
故城	4	ˌ214	ˌ42	ˈ55	31ˀ~312ˀ	ˌ214	31ˀ~312ˀ	ˌ42
衡水	4	ˌ213	ˌ53	ˈ55	31ˀ	ˌ213	31ˀ	ˌ53
巨鹿	4	ˌ13	ˌ53	ˈ44	31ˀ~312ˀ	ˌ13	31ˀ~312ˀ	ˌ53
清河[16]	4	ˌ214	ˌ53	ˈ44	413ˀ	ˌ214	413ˀ	ˌ53
馆陶	4	ˌ324	ˌ53	ˈ55	312ˀ	ˌ324	312ˀ	ˌ53
鸡泽[19]	5	ˌ55	ˌ52	ˈ54	212ˀ	ˌ55	212ˀ	ˌ52
魏县	5	ˌ33~ˌ334	ˌ53	ˈ55	312ˀ	33ˌ	312ˀ	ˌ53
广平[20]	5	ˌ334	ˌ53	ˈ55	312ˀ	34ˌ		ˌ53
邯郸	5	ˌ31	ˌ53	ˈ55	313ˀ	43ˌ		ˌ53
临漳	4	ˌ334	ˌ51	ˌ334	212ˀ~21ˀ	44ˌ		ˌ51

表三附注：⑯黄骅——沧州　盐山　孟村　青县　海兴　成安　⑰河间——故城　衡水　巨鹿　吴桥　东光　肃宁　南皮　交河　任丘　献县　阜城　景县　枣强　武邑　冀县　临西　南宫　威县　广宗　平乡　⑱清河——大名　丘县　⑲鸡泽——曲周　⑳广平——肥乡

1. 39 个点中，有三个调类的 7 处、四个调类的 26 处、五个调类的 6 处。分四类的极大多数地点除入声外，古今关系大致跟北京相同，只有临漳一地清上、次浊上跟清平混合，因为清音入声自成一类，所以也是四类。分五类的各地多一类入声；分三类的地点则浊平跟清上、次浊上混合，无入声。其中鸡泽一地，部分清上、次浊上也跟清平相混，例如：古＝孤 ₍ku│草＝操 ₍ts'ao│粉＝分 ₍fei│忍 ₍ʐei│勇 ₍yŋ，但仍有上声一类，例如：水 ʻşuei│袄 ʻŋao│满 ʻmã│网 ʻvaŋ。

2. 入声

(1)除魏县、曲周、鸡泽、广平、肥乡、邯郸、临漳 7 点外，其他 32 点无入声。三个调类的地点，全浊入随古浊平跟上声合并。次浊入除清河、丘县、馆陶、成安、大名 5 点分归阴平、去声以外，其余各点一般归去声。次浊入声在山东的西区分两种情况：鲁西北归去声、鲁西南归阴平，中间阳谷、范县、东平、宁阳、新泰等地则归去声、阴平的都有，这个过渡地带的特点向西延伸到河北的清河、馆陶等地。

(2)魏县、曲周、鸡泽、广平、肥乡、邯郸、临漳 7 点有入声。这 7 点也可约略看出自东向西入声味越来越浓。所谓入声味浓，是指读入声的字数多、读入声的场合多，以及喉塞音韵尾明显。现在主要来看读入声字数的多少，我们总共调查了 405 个入声字，邯郸

268　汉语方言研究的方法与实践

地区有独立入声调的各点，没有一个是全部读入声的。下面按古声母的清浊分三组各举两个古 [p t k] 收尾的字比较一下有入声各点的情况：

18 个古入声字今读法的比较见表四。

表　四

	魏县	曲周	鸡泽	广平	肥乡	邯郸	临漳
鸽咸开一	kəʔ˯	ꜗkə	kəʔ˯	kəʔ˯	ꜗkə	kəʔ˯	kəʔ˯
贴咸开四	ꜗt'ie	ꜗt'ie	t'iəʔ˯	t'iəʔ˯	t'iəʔ˯	t'əʔ˯	t'iəʔ˯
割山开一	ꜗkə	kəʔ˯	kəʔ˯	kəʔ˯	kəʔ˯	kəʔ˯	kəʔ˯
一臻开三	ꜗi	iəʔ˯	ꜗie	iəʔ˯	iəʔ˯	ꜗiei	iəʔ˯
国曾合一	kuəʔ˯	kuəʔ˯	kuəʔ˯	kuəʔ˯	kuəʔ˯	kuɛʔ˯	kuəʔ˯
尺梗开三	ꜗtʂɿ	tʂ'əʔ˯	tʂ'əʔ˯	tʂ'əʔ˯	tʂ'əʔ˯	tʂ'əʔ˯	tʂ'əʔ˯
纳咸开一	ꜗna	nəʔ˯	nuəʔ˯	ꜗna	nəʔ˯	nəʔ˯	nəʔ˯
业咸开三	ieʔ	ꜗie	ꜗie	iəʔ˯	iəʔ˯	iəʔ˯	iəʔ˯
辣山开一	ləʔ˯	ləʔ˯	laʔ	ləʔ˯	ꜗla	ləʔ˯	ləʔ˯
热山开三	ꜗʐə	ʐəʔ˯	ʐəʔ	ʐəʔ˯	ʐəʔ˯	ʐəʔ˯	ʐəʔ˯
历梗开四	liʔ	liʔ	liʔ	liʔ	liəʔ˯	liəʔ˯	liəʔ˯
木通合一	məʔ˯	məʔ˯	məʔ˯	məʔ˯	məʔ˯	məʔ˯	məʔ˯
乏咸合三	ꜙfa	ꜙfa	ꜙfa	ꜙfa	ꜙfa	ꜙfa	ꜙfa
集深开三	ꜙtɕi	tsiʔ	tsiəʔ˯	tɕiəʔ˯	tɕiəʔ˯	tsiəʔ˯	tɕiəʔ˯
达山开一	ꜙta	ꜙta	ꜙta	ꜙta	ꜙta	təʔ˯	təʔ˯
实臻开三	ꜙʂɿ	ꜙʂɿ	ꜙʂɿ	ꜙʂɿ	ꜙʂɿ	ʂəʔ˯	ʂəʔ˯
毒通合一	ꜙtu	ꜙtu	ꜙtu	ꜙtu	tuəʔ˯	ꜙtu	ꜙtu
熟通合三	ꜙʂu	ꜙʂu	ꜙʂu	ꜙʂu	ꜙʂu	ꜙʂu	ꜙʂu

表四的地名基本由东向西排列，从中可以看出入声字由东向

河北省东南部 39 县市方音概况　269

西增多的情况,而且凡有入声的地点,一般是清声母字读入声的最多,次浊第二,全浊最少。此外,曲周、肥乡、广平、魏县四点还有一个值得注意的现象是:部分入声字在单用或处于多字组末尾一个音节时不读入声,而处于多字组前几个音节时则读入声,调值短促并有明显的喉塞音尾。例如广平:"骨"[ʴku]单字音,排~[kuəʔˀ]~头。

　　以上情况说明,邯郸地区 7 个有入声的地点,其入声正处于逐渐消失的过程中。这一带入声渐趋消失的特点如下:第一,从地域看,入声的渐趋消失明显存在由西向东逐渐扩展的趋势;第二,从古声母的条件看,入声渐趋消失的先后依次是全浊、次浊、清,这种清入消失较慢的情况跟山东利津、邹平、章丘等地的老派读音仍有一个独立的来自古清入的入声调类有共同之处;第三,从入声字在词语中所处的位置看,入声转化为舒声首先从单字开始,连读时处于前面音节的则较多地保留入声;第四,从入声消失后的归向看,清入归阴平、全浊入归阳平,各点基本一致,次浊入分归阴平和去声,各点情况不一,但总的趋向是自北向南,次浊入声字由多归去声而转为多归阴平。这些情况,充分反映了河北东南角方言的过渡性特点。

　　附记　本文调查各点多数不是县市政府所在地,发音人大多是青年学生。调查材料除少数几点使用《汉语方言调查简表》以外,都统一用事先编定的 1200 常用字表,字表中入声字占三分之一。对特殊情况或有较大疑问的地方,则作专题性的补充调查,主要是为了解音类特点补充字例,并对音类进行核实,比较。傅根清、丁启阵、孟子敏、寇志凤参加了部分点的调查。调查工作蒙沧州师专、河北师专及河北师大师生的大力协助,谨致谢忱。

　　　　　　　　(原载《方言》1987 年第 3 期,合作者曹志耘、罗福腾)

嵊县长乐话语法三则

　　嵊县位于浙江省曹娥江的上游，剡溪之滨。嵊县方言东乡跟西乡有明显的差别，嵊县城关属东乡话，西乡可以长乐话为代表。

　　长乐话的声、韵、调情况如下。

　　声母三十个：p pʻ b m f v t tʻ d n l ts tsʻ dz s z tɕ tɕʻ dʑ ȵ ɕ ʑ k kʻ g ŋ h ɦ ∅

　　韵母五十三个：a ia ua ɛ iɛ uɛ ɒ cɑ i ɔ uɔ o er ɿ i u y øy iøy ã iã uã õ iõ uõ ən in uən yn oŋ ioŋ aŋ iaŋ uaŋ ɑŋ iɑŋ uɑŋ m̩ n̩ aʔ iaʔ uaʔ æʔ uæʔ əʔ iəʔ uəʔ ɔʔ iɔʔ oʔ ioʔ iʔ yʔ

　　声调八个：阴平˧ 阳平˨ 阴上˧ 阳上˨ 阴去˧ 阳去˨ 阴入˧ 阳入˨

一　名词词尾"头"

　　长乐话"头[ˌdøv]"做词尾都要变调，有两种情况：

　　1. 在非去声后读阴上，例如：工头、花头（前字阴平），甜头、苗头（前字阳平），斧头、苦头（前字阴上），件头、两头（前字阳上），骨头、笔头（前字阴入），石头、木头（前字阳入）。

　　2. 在去声后读阳上，例如：罐头、灶头（前字阴去），地头、念头（前字阳去）。

　　以"头"为词尾构成的名词在长乐话中是很多的，就内容说大体可以分为以下两大类。

（一）表示具体事物的普通名词和方位词等,有三项内容:

1. 表示人的身体各部分名称的:

額角头_{前额}　眼角头_{眼角}　鼻头_{鼻子}　舌头

嘴角头_{嘴角}　肩胛头_{肩膀}　手掌头_肘　拳头

脚髁头_{膝盖}　手指头　脚指头　骨头

2. 表示人或一般事物名称的:

咿哇头_{婴孩}　田作头_{长工}　姘头　件头_{事情}

山头　热头_{太阳}　浪头　岩头_{岩石}

石头_{包括小石子儿}　　砖头_{包括成块的砖}

屋檐头　墙头_{墙的上部、顶端}　　灶头

水龙头　木头　树梢头

树头_{树木砍伐后截下靠根部的部分}　蒲头_{植物根部较硬的块状物}

脑头_{植物顶部比较嫩的那部分}　蕊头_{花骨朵}

六殳灯盏头_{玉米面窝头}　　腌萝卜头_{一种家制咸萝卜}

馒头_{包子}　芋头_{专指芋头母子}　　罐头_{专指罐头食品}

臛头_{面条、羹汤中肉、金针等佐料}　梨头_{梨子}　篮头_{篮子}

榔头　钵头　斧头

砧头_{剁肉、切菜用的树段}　　床头_{床上放枕头的一端,也指枕头}

枕头　布头　线头　袜头_{短袜}

笔头_{钢笔尖、毛笔头}　　锄头　钟头_{钟点、小时}

天头_{书页上端空白处}　　地头_{书页下端空白处}　　行头

3. 表示处所、方位和时间的:

272　汉语方言研究的方法与实践

里头① 里边儿　外头外边儿,兼指外乡　　　　前头

后头　　　　角头　　　　角落头　　　　田塍头阡陌

田头田边　　　地头地边　　　岸头岸边　　　渡头渡口

步头河边有石阶可上下岸或洗衣物的地方　　　东司头厕所

料缸头厕所　　　镬埕[k'oʔ₂]头灶后面烧火的地方

高坎头地名　　　大岭头地名　　　城里头专指嵊县城里

轮船码头　　　　空心头早晨,多说空心

早上头上午,多说早上　　　　晏昼头中午,多说晏昼

午牌头下午,多说午牌　　　　夜头晚上　　　月头月初

其中第一和第二两项的一部分可以直接放在数词后,表示物品数量或行动的单位。例如:

一钵头水　　　　两罐头鱼　　　　三篮头毛笋

十箩头谷　　　　碰得一鼻头灰　　　一拳头打过去

敲两榔头伊敲它几锤　　三锄头掏掘落去下去

这种可以直接放在数词后面表示数量或行动单位的一般是双音节词,能表示物品数量的在意义上还往往是一些容器。

数量词加"头",也可表示某一物品所含有的单位意义,以表货币的更为常用。例如:

五分头五分面值的货币　五尺头五尺长的可用尺量的某一物品

两角头两角面值的货币　三斤头三斤重的可用秤称的某一物品

十块头十元面值的货币　两亩头两亩大小的那块田或地

此外,还有几个是通称的,有:

———————————

① "里[ˈɬi]",原阳上调,但"里头"的"里",按去声的规则变调,"里头"跟"外头"声调一样。

嵊县长乐话语法三则　273

角头：桌等角头桌角、衣裳角头、箱角头、田角头、眠床角头、门角头门后。

骨头：肉骨头、鱼骨头、轻骨头骂不大自重的人、贼骨头贼、小偷、贼骨头儿童玩具杂；骂人话，即贱胎、贱胚、下作骨头骂下流、轻贱的人。

蒲头：菜蒲头、笋蒲头、儿蒲头小男孩、□['nɛ]蒲头小女孩。

以"头"为词尾的名词，在指人时常有表示"卑微"、"小"的作用，像"轻骨头"、"儿蒲头"，此外像"老三头"、"阿五头"等，还含点"多余"的意思。除去指人的名词以外，也有少量表示"小"的词，像"线头"、"袜头"，但这种情况不多。"头"尾名词通常是可以兼有大小不同含义的，像"石头"，可以指很小的石子儿，也可以指很大的石块；"砖头"，可以指一块碎砖，也可以指一块整砖；货币单位可以小到"一分头"，也可以大到"十块头"，决不因有了"头"尾产生轻而视之的意味，相反地，只要前面的数值大，还往往具有强调、重视的意思。

（二）含有特殊意义的比较抽象的名词，其意义往往是前面那个词素义的引申，或者是以前一词素作比况的。这类词中，有一些在普通话中是找不到恰切的对应词的。有两项内容：

1．表示事物名称的：

囊[ˌnaŋ]头①指人员，人数：看囊头，分馒头。②面子：['fiɔ]看囊头办事体。

牌头来头：考学堂是话靠牌头就弗算真本事。是话：如果。

名头名望：介医生名头顶大。

风头如：风头出足。

望头指望：伊葛毛病没有['møɤ]望头了['lia]。

苦头如：苦头食杀。

274　汉语方言研究的方法与实践

肉头 丰实、柔软的感觉：眼石头洞溜摸归去一大把鱼，葛有肉头啦！

甜头 好处、利益：伊食着甜头了。

对头 如：冤家对头。

□[da²]头 有"头绪"、"事儿"一类的意思。

傸[zæ²]头 骂声：阿妈一傸头把伊骂哭了。

□[gæ²]头 义近"傸头"，常用于指顶撞人的话。

年头 年境，时局。

念头 如：转念头。

想头 如：想头弗错。

2. 表示人或事物的性质状态的，又分三种：

一是表示某人的性格特点而又可以用来指称这个人的：

木头 借指迟钝不灵活的人。　　　　**寿头** 对有点傻气的人的蔑称。

踱头 指呆板不灵活的人。如：书踱头。**滑头** 指油滑的人。

滕头 指说话诙谐、表情有点滑稽可笑的人。

□[cz]头 指灰里灰气、比较怯懦的人。

以上的名词全都可以在后面加"×脑"构成"×头×脑"格式的形容词，像"寿头寿脑"、"滑头滑脑"、"踱头踱脑"等。在实际运用中，后面总是跟着"介［ˈka]"，专用于形容人的。例如：

介小囊人木头木脑介，一点也勿灵光机灵葛。

阿叔介囊是，踱头踱脑介，讲两句话末多少要笑也话勿来葛。在长乐话中，"×头×脑"这样格式的还有不少，但前面的"×头"未必都是能独立运用的名词。例如，有"呆头呆脑、贼头贼脑、鬼头鬼脑、探头探脑、没头没脑、夹头夹脑、□[huæʔ]头□脑摆动着头部的样子"等等说法，却没有与之相应的"呆头、贼头、鬼头、探头、没头、夹头、□[huæʔ]头"这样的名词。

二是表示某人在某一方面的性格特点而可以用来说明这个人的：

谈头很会说道，夸夸其谈。如：伊谈头好。

山头牛皮。如：介囊会搭山头猛。　　盘头会打算，有计谋。如：盘头多。

花头会出点子、花样。如：花头大。　　想头会用脑子：想头好。

柳［ˈløɤ］头会出花样，而且常是没事找事、节外生枝：柳头嬛［ˈɕio］介多。

三是表示某事物的性质情况的：

镬头火力。如：镬头旺勿旺？　　火头火力。如：火头够勿够？

水头水分、汤水。如：水头足勿足？　　刀头刀锋。如：刀头够够快来？

脚头行路速度。如：脚头飞快。　　笔头写作能力。如：笔头弗歹。

此外，用"头"加在某些动词后面构成的名词，还可以含有进行某种行为的价值的含义，像"食头"、"张看头"、"听头"等，不过这种词只有在具体的语言环境中才能存在，如果单独出现，就会不知所云，而且在使用上也总是表示否定的意思。例如：

张画介难看，没有［ˈmøɤ］张头葛。

茶叶茶烂苦介，有豪割什么呷喝头来？

二　代词

（一）人称代词

单、复数，分别有 A、B 两式：

	A式：单　数	复　数	B式：单　数	复　数
第一人称	我［ˈŋo］	□［ˈua］	什我［zəʔ ˈŋo］	什□［zəʔ ˈua］
第二人称	尔［ˈ̩ŋ］	□［ˈŋaŋ］	什尔［zəʔ ˈ̩ŋ］	什□［zəʔ ˈŋaŋ］

276　汉语方言研究的方法与实践

　　第三人称　　伊['i]　　□['ia]　　什伊[zəʔ˧ 'i]　　什□[zəʔ˧ 'ia]

A式较为通用，B式常用于说话比较随便的场合。例如，有人问："□['ŋaŋ]三个囊明朝介哪侬到城里头去来_{你们三人明天谁去城里?}"回答的"我"或"伊"都可以是"什我"或"什伊"。问句中的复数第二人称，也可以在前面加"什"。

　　长乐话的人称代词没有尊称。第一人称的复数"□['ua]"，也可以包括听话的对方在内，没有普通话中"我们"跟"咱"的区别。例如"□['ua]妈"的意思可以是"我们的妈妈"，也可以是"咱妈"，具体内容就看听话的人跟说话的人是什么关系。

　　长乐话的人称代词还有：

　　自[zi²]_{自己。如：自顾自、自讲自话、自烧自食、件衣裳伊自做葛。}

　　大家[do² ˏkɔ]_{如：伊罪过生，大家帮衬帮衬伊。罪过生：可怜生。帮衬：帮助。}

　　别囊[bəʔ˧ ˏnaŋ]_{或：别囊家[bəʔ˧ ˏnaŋ˧ ˏkɔ]别人、人家。如：嬲['fie]对别囊去打架、讨相骂。讨相骂：吵嘴。}

（二）指示代词

　　1. 指具体的人或物的，近指用"葛[kəʔ˧ˏ]"，远指用"篷[ˏboŋ]"。这两个指示代词都不像普通话的"这"、"那"一样可以直接跟其所指的名词相连。普通话可以说"这人"、"那人"，长乐话不说"葛囊"、"篷囊"，而说"葛个囊"、"篷个囊"。长乐话的指示代词"葛"、"篷"总跟量词连用。量词用在"葛"、"篷"的后面，凡原来是舒声调的，一律变为阴上声，入声调则不变。例如：

近指	远指	近指	远指
葛双鞋_{这双鞋}	篷双鞋_{那双鞋}	葛蓬草_{这丛草}	篷蓬草_{那丛草}

葛口屋这栋房子　篷口屋那栋房子　葛桶酱油这桶酱油 篷桶酱油那桶酱油

葛套衣裳这套衣服 篷套衣裳那套衣服 葛面镜这面镜子　篷面镜那面镜子

葛只鸡这只鸡　　篷只鸡那只鸡　　葛盒香烟这盒烟 篷盒香烟那盒烟

上面的量词中,"双"原阴平、"篷"原阳平、"口"原阴上、"桶"原阳上、"套"原阴去、"面"原阳去,在"葛"、"篷"后面都读阴上;"只"和"盒"阴、阳入不变。

在平常说话的时候,近指的"葛"一般省略。这时,后面的量词兼有近指"葛"的意思,可以单独跟远指的"篷"相对,像"株树这棵树"跟"篷株树那棵树"相对称。特别值得注意的是:量词的舒声调仍然读阴上,这个阴上调,起了定形的作用。例如:

张['tsaŋ]桌等石牢介这张桌子很结实。

双['saŋ]手套大猛这副手套太大。

片['p'iæ]药烂苦介这片药非常苦。

眼['ŋæ]井溜葛水永生百世也盒[fɛ']燥葛这井里的水永远也不会干的。

个['ka]货顶弗听话这家伙最不听话。

不论近指、远指,也不论近指省"葛"、不省"葛",量词后的名词在一定场合也可省去。例如:

哪口田种糯稻?　答话可为:"口"或"葛口"、"篷口",名词"田"省去。

在省去名词后,量词后面有时可以再加一个"货[ho']"。这时,近指的"葛"一般省去,而且前面的量词不再读阴上,而要读阴去。像上面那句话的回答,可以是:

口[k'øɤ']货　或:篷口['k'øɤ]货

又如:哪个碗是新加买来葛哪个碗是新买的?

回答可以是："个[ˈka]"、"篷个[ˈka]"。

　　　　或："个[kaˈ]货"、"篷个[ˈka]货"。

这个"货"还经常用于指人，表示轻蔑的口气，含有"这个家伙"、"这个东西"的意思。例如：

　　　　个货顶笨这人最笨!　　　篷个货来勿来来那个人来不来呢?

　　2.　表示处所、行为方式、事物状态等的，近指用"介[ˈka]"，远指仍用"篷[ˌboŋ]"。如：

近指	远指
介块	篷介块
或：块、介□[uˈ] 堂这儿	或：篷块、篷介□[uˈ]堂那儿
介葛这样	篷介葛那样
介种东西这样的一种东西	

"介"跟上文的"葛"都是近指，都可跟量词连用，但是意思不相同。例如：

　　　　介个囊这样的一个人!　　葛介囊　或：个囊这个人

　　　　介双鞋这样的一双鞋!　　葛双鞋　或：双鞋这双鞋

　　此外，"介"有时也含有"那"的意思，这跟上下文很有关系。例如："介大"，可以解释为"这么大"或"那么大"。"他那儿"说成"伊介块"而不说"伊篷介块"，这可能是因为第三人称的代词"伊"本身就带有点"远"的意味。

（三）疑问代词

　　问人，普通话的"谁"，长乐话用"□[ˌɦa]侬"或"哪侬"（两可，前者居多）。例如：

　　　　个是□[ˌɦa]侬这是谁?　件线衫□[ˌɦa]侬结葛这件毛衣谁织的?

问具体的人或事物,要求回答在某几个人或事物中确定一个时用"哪[ˌna]"。这个"哪"往往也跟量词合在一起放在被问的名词前面;这时的量词舒声也都读成阴上声。例如:

哪个[ˈka]囊哪一个人?　　哪本[ˈpən]书册哪一本书?

哪张[ˈtsaŋ]眠床哪一张床?　　哪块[ˈkʰuɛ]布哪一块布?

哪份[ˈvən]囊家哪一户人家?哪笔[piʔˌ]账弗灵清哪一笔账不清楚?

"哪"跟量词之间还可插进不定数词"两[ʔˌliaŋ]",像:"哪两个囊哪几个人"、"哪两瓶老酒哪几瓶酒"等。确定的数词如果用在"哪"的后面,中间一般要插入一个"葛",像"哪葛两[ˈliaŋ]个囊那两个人"、"哪葛三瓶老酒哪三瓶酒"等。确数的"两"跟不定数的"两"在读音上有明显不同:前者阳上调不变,后者读阴上声,而且前面有喉塞音[ʔ]。

问事物性状和行为方式等其他方面的疑问代词有:

哪介[ˈna kaˀ]怎么样　例如:哪介装　或:哪介调怎么办;哪介做怎么做?

豪葛[ˌɦɒ kəʔˌ]什么　　例如:豪葛东西什么东西、豪葛件头什么事情?

糟"做豪"合音葛[ˌtsɒ kəʔˌ]做什么　例如:伊喊我去糟葛他叫我去做什么?

糟来[ˌtsɒ ˌlɛ]义同"糟葛"　例如:尔碰记我糟来你碰我一下干什么?

哪伊[ˈna ˈi]为什么,怎么啦　例如:尔哪伊弗去来你为什么不去呢?

伊哪伊□[løɤ²]葛他怎么的啦?

三　一种近指和远指的表示法

普通话用指示代词"这"、"那"表示近指和远指的区别，长乐话近指、远指的表示方法十分细致，除去上文代词中讲到的近指和远指代词以外，还有另一种特殊的方法。这种表示法在近指时还有能看见（或摸着了）的和看不见的区别，下面分静态和动态两种情况来说明。

（一）静态

表示事物存在或行为原已完成的，事物存在或行动地点的近、远分别用"□[ku˧]"、"□[løɤ˨]"、"□[moŋ˨]"表示。前两种是近指，后一种是远指。

1．跟"来"结合，相当于普通话动词"在"。

例：铅笔来□[ku˧]块铅笔在这儿。

铅笔来□[løɤ˨]书包溜铅笔在书包里。——书包在近处。

铅笔来□[moŋ˨]学堂溜铅笔在学校里。——学校在远处。

2．跟"有"结合，相当于普通话的动词"有"。

例：纸刀我有□[ku˧]葛小刀我有的。

纸刀伊有□[løɤ˨]葛小刀他有的。——说话时，他在这儿。

纸刀伊有□[moŋ˨]葛小刀他有的。——说话时，他在别处。

3．在一般动词后，"□[ku˧]"、"□[løɤ˨]"、"□[moŋ˨]"大多相当于普通话的介词"在"。

例①：碗筷安□[ku˧]块碗筷放在这儿。

碗筷安□[løɤ˨]斉橱溜碗筷放在碗橱里。——碗橱在这儿。

碗筷安□[moŋ²]食堂溜碗筷放在食堂里。——食堂在那儿。

例②：张画本来是贴□[ku²]块葛这张画本来是贴在这儿的。

张画本来是贴□[løɤ²]房间溜葛这张画本来是贴在房间里的。

张画本来是贴□[moŋ²]大街溜葛这张画本来是贴在大街上的。

例③：我晓得□[ku²]葛我知道的。

伊晓得□[løɤ²]葛他知道的。——说话时，他在这儿。

伊晓得□[moŋ²]　葛他知道的。——说话时，他在别处。

4．用在句末，"□[ku²]"、"□[løɤ²]"、"□[moŋ²]"除表示远和近以外，还起一个语气词的作用，有强调存在的意味。

例：眼洞溜有个鱼□[ku²]这洞里有一条鱼。——说话人的手正伸进洞里，摸着了鱼。

眼洞溜有个鱼□[løɤ²]这洞里有一条鱼。——只是知道有鱼，不是正在摸着。

篷眼洞溜有个鱼□[moŋ²]那个洞里有一条鱼。

"□[ku²]"跟"□[løɤ²]"都是近指，但意思不同，区别有二：

第一，"□[ku²]"是贴近的，"□[løɤ²]"相比来说要远一点。

例①：剪刀来□[ku²]我块剪子在我这儿。

剪刀来□[løɤ²]伊块剪子在他这儿。

例②：六谷种□[ku²]菜园溜玉米种在菜园里。——说话人在菜园里面。

六谷种□[løɤ²]菜园溜玉米种在菜园里。——说话人在菜园外，但离菜园很近。

第二，"□[ku²]"是看得见或者摸得着的，"□[løɤ²]"看不见、摸不着。当然，看见（或摸着）看不见跟贴近不贴近是一致的，上述贴近不贴近的例子也存在看见（或摸着）看不见的区别。再如：

282   汉语方言研究的方法与实践

例①：手巾来□[ku']块_{手绢在这儿。}——看得见，或者是又看见又摸着
了的。

手巾来□[ku']我葛袋溜_{手绢在我的口袋里。}——虽看不见却是
可以摸着的。

手巾来□[ku']伊块_{手绢在他这里。}——说话人跟他离得很近，手
绢在他手上拿着，看得见的；或者说话的人已伸手到他的口袋里摸
着了的。

手巾来□[løɣ²]推斗溜_{手绢在抽屉里。}——抽屉在这儿，但手绢
看不见。

例②：晚稻种□[ku']块葛_{晚稻种在这儿的。}——秧插下，能看见。

花生种□[løɣ²]块葛_{花生种在这儿的。}——种子埋在土里未出芽，
看不见。

（二） 动态

表示事物产生或行为完成的，产生事物或行动地点的近、远分
别用表静态的"□[ku']"、"□[løɣ²]"、"□[moŋ²]"加"□['ɦia]"构
成，两音合而为一，成为"□['kua]"、"□['lia]"、"□['maŋ]"，其中
只有第三种还可"□['maŋ]"、"□□[moŋ² 'ɦia]"两说，第一、二种
合音已很固定。

"□['kua]"、"□['lia]"、"□['maŋ]"都相当于普通话的"了"，
前两种是近指，后一种是远指。

例①：伊来□['kua_{他来了。}——在这儿，就在眼前。

伊来□['lia_{他来了。}——在这儿，就在里间房里。

伊来□['maŋ_{他来了。}——在那儿。

例②：我有本书册买来□['kua_{我买了一本书。}

尔书册有得买来□['lia_{你书买了没有？}

嵊县长乐话语法三则　283

　　学堂溜没计介书册买来□['maŋ]学校里买来了许许多多书。

　　"□['kua]"跟"□['lia]"也都是近指,其差别跟上文静态的"□[ku']"、"□[løɤ²]"一样,有贴近不贴近、看见(或摸着)看不见的区别。

　　例①:米食完□['kua]米吃完了。——可以看到盛米的容器是空的。

　　　　米食完□['lia]米吃完了。——盛米容器虽在近处,但是看不见;或者虽然看得见容器,却看不见容器里面是空的。

　　例②:晏饭烧好□['kua]中饭做好了。——饭就在眼前,也可盖在锅里,但要能看见饭做好的现象,例如正冒着热气等。

　　　　晏饭烧好□['lia]中饭做好了。——饭盖在锅里,看不见饭或饭做好了的现象。

　　综合以上所述,长乐话近指和远指的特殊表示方法可用下表总结:

近指、远指 静态、动态	近　　指		远　　指
	贴近(看得见或摸得着)	次近(看不见也摸不着)	
静　态	ku'	løɤ²	moŋ²
动　态	'kua	'lia	'maŋ(或 moŋ² 'ɦa)

　　　　　　(原载《吴语论丛》,上海教育出版社,1988 年)

嵊县长乐话的特殊语序*

　　语序是重要的语法手段，各种语言有自己约定俗成的规则。同种语言不同方言的语序有基本相同的特点，但也存在一些差异。本文讨论长乐话的特殊语序，主要是长乐话跟普通话不同的几种情况，包括构成复合词的语素序、短语或句子的语序，并从方言地理学的角度或其他一些可注意的方面略加说明或分析。

一　复合词构成的语序

　　复合词的语素序属于构词的范畴。长乐话的语序跟普通话不同的如：

| 长乐话 | 菜蔬 | 花菜 | 菜干 | 人客 | 兄弟 | 魂灵 |
| 普通话 | 蔬菜 | 菜花 | 干菜 | 客人 | 弟兄 | 灵魂 |

| 长乐话 | 气力 | 衣胞 | 闹热 | 齐整 | 欢喜 | 来起 |
| 普通话 | 力气 | 胞衣 | 热闹 | 整齐 | 喜欢 | 起来 |

　　以上长乐话"人客"和"客人"两说；长乐话"兄弟"指哥哥和弟弟，普通话"弟兄"和"兄弟"两说，但普通话"兄弟"的"弟"如读轻

---

　　* 本文是全国汉语方言学会第八届年会（武汉 1995 年）的论文，曾在大会宣读，并在日本青山学院大学汉语史研究会上报告（东京 1997 年 11 月 2 日），1999 年春应早稻田大学古屋昭弘先生之约，于 7 月改定。

声,则用于称呼弟弟,长乐话不这么说;普通话"衣胞"和"胞衣"两说;"齐整"在长乐话中的意思是小儿或青年女子长得漂亮,跟普通话的词义不同,长乐话除重叠式"整整齐齐"跟普通话"整齐"的意思相当以外,一般不单独说"整齐"。长乐话的"菜干"和普通话的"干菜"都是偏正式复合词,但两者的词根不同,是属于两个不同的构词系列。食品名称的这两种构词系列在普通话中都较常见,见下面的比较:

词根干:　　菜干　面包干　豆腐干　葡萄干　萝卜干　牛肉干
　　　　　　鱼干

词根菜等:　干菜　干粮　　干粉　　干果　　干草　　干贝

以上词根"干"的一组例词在长乐话中全部通用。词根"菜"等的一组除用得不多的"干贝"以外都不说,可见长乐话的食品名称一般不用以"干"作修饰语的方式构词。以下着重介绍趋向动词"来起"和区别家禽家畜性别的构词形式。

普通话的"起来"可以单独用作动词,长乐话的"来起"则不能,长乐话的"来起"只能用在动词或形容词之后作趋向动词。像普通话"不早了,快起来"、"你起来让他坐下"这样两句话,用长乐话说是"弗早□ ₌kua 了,豪燥快□ ₍ʔuɔ,起床来起""尔隁站来起好□ ₍ta,让伊坐落来","来起"的前面都是有动词的。普通话的"起来"可以拆开用,长乐话的"来起"不能拆开。普通话说"唱起歌来很好听",长乐话则说"歌唱来起□ ₍ʔmɛ,很好听葛"。长乐话的"来起"用在动词或形容词后,表示某一动作、某种状态的开始、出现或完成,所表示的趋向如有正反义的区别,则"来起"是表示向上、向高等积极意义的,其反义词"落去"表示消极意义,从语序看,两者也是相反的。比较如下:

286　汉语方言研究的方法与实践

来起$_{sIɛ}$ ·tɕ'i	隑站来起	坐来起由躺而坐	驮拿来起	烧来起
落去 lɔʔɿ ·tɕ'i	困睡落去	坐落去由站而坐	遁掉落去	食落去

来起	安放来起	壮胖来起	红来起	长来起
落去	颓淹落去	□瘦落去	淡落去	矮落去

长乐话"落去"的"去"跟"来起"的"起"同音，相当于普通话的"下去"。长乐话跟"落去"相当的趋向动词还有"落来"，相当于普通话的"下来"。"落去"和"落来"的不同在其趋向跟说话人是相向还是相背，例如："走落去"是离说话人走下去，"走落来"是向说话人走下来。当然两者并非全部都能对说，如"食落去"就不能说"食落来"。下面是长乐话用"来起"的常用句式。

1　"动＋来起"　用于祈使句，动作未进行：

坐来起食！坐起来吃！

尔前食来起，我去烧碗菜来添。你先吃起来，我再去做碗菜来。

块布□pɛʔ我安来起！替我把这块布放起来。

2　"动/形＋来起＋啊"　表示动作开始进行或状态开始出现，含有持续义：

坐来起啊　　喊叫来起啊　　笑来起啊　　打来起啊

壮胖来起啊　面孔脸红来起啊　毛病病慢慢介地好来起啊

3　"动/形＋来起＋□①"　表示动作完成或状态出现，着重于说明现状，已经完成：

坐来起□　　想记来起□　　　饭烧做来起□　　安放来起□

———

① ·kua、·lia、·maŋ，这里的意思相当于普通话的"了"，这几个音表示动作或状态出现的位置跟说话人所处位置的不同。（参见《嵊县长乐话语法三则》）

壮胖来起□　日子好过来起□　面孔脸也红来起□

4 "会＋动/形＋来起＋葛"　表示某事将会实现：

伊屋会造来起葛。他房子会盖来起的。

糉两字合音'fiɔ,下同担心事,伊葛毛病会好来起葛。别担心,他的病会好起来的。

5 "动/形＋得＋来起＋葛"用于可能句,表示某人有能力或某事能实现：

伊屋造得来起葛。他房子能盖起来的。

糉担心事,伊葛毛病好得来起葛。别担心,他的病能好起来的。

6 "动/形＋记＋来起"　表示动作或变化已经完成,常含有猛一下子、出乎意外、刚刚等意思：

尔买来支笔带伊囥记来起末我就寻勿着啊呢!　你买的那支笔被他藏了起来我就找不着了。

尔三没头子介喊记来起末伊吓杀啊呢。你突然叫起来他吓坏了。

伊隑记来起就去啊。他站起来就去了。

尔毛病新加好记来起末糉去做生活。你病才好别去干活。

袁家骅(1983)《汉语方言概要》从汉语词汇最稳固的核心部分中发现,"家畜雌雄性别的词形和第三人称代词几乎把汉语分成了南北两大派"。该书介绍动物雌雄性别词形南北方言的不同时说："北方话一般总在动物名称前面加上'公、母'或'雌、雄'。吴方言在这一特点上接近北方话,可是浙南各地(如温州)却接近东南各方言。东南各方言一般总在动物名称的后面加'公、母','牯、婆'(湘、赣),'角'(雄性,闽东),'嬎'(雌性,粤)等。家畜的豢养跟农业经济几乎是同样的古老和悠久。构词原料(如粤方言的'嬎','项','嬡')和构词方法的差别反映了古老的方言分歧。"(袁家骅,

288　汉语方言研究的方法与实践

1983)袁书没有具体介绍浙南各地接近东南方言是什么范围,具体是什么情况,虽然长乐离浙江温州等地还有一段距离,但从长乐话家禽家畜雌雄性的词形来看,也可说是接近北方话又具有东南方言特点的。见下表:

名称	雄性	雌性		其他
		通称	产卵或哺乳的	
鸡	雄鸡	草鸡	鸡娘	抱鸡娘_{抱窝鸡}抱鸡娘抱窝鸡
鸭	雄鸭秋	子鸭	鸭娘	
鹅	雄鹅	雌鹅	鹅娘	
黄牛	牯牛	？	牛娘狗	结牛阉割后的牛
水牛	水牯	水雌		登牛敲碎睾丸的牛
羊	牯羊	雌羊	羊婆	
猪	雄猪	雌猪	猪娘	肉猪阉割后的猪
狗	雄狗	雌狗	狗娘爿	启狗娘发情雌狗
猫	雄猫	雌猫	猫娘	哮猫发情雌猫

家禽家畜名称性别的区分,在构词上存在于汉语方言的不同正如袁书所指出的两点,即所用性别词（"构词原料"）的不同和性别词所处的位置（语序）不同。用这两项分析长乐话可见:所用的性别词大多是"雌、雄",属北方方言,但也有属东南方言的"婆、牯"等;语序方面大多也是性别词在前,同北方方言,但也有东南方言性别词在后的特点,值得注意的是这类性别词在后的情况一律是雌性中产卵或哺育幼崽的。

　　以上长乐话的实例可为袁著"浙南温州等地接近东南方言"的论断作出两点补充:第一,家禽家畜性别差异词形分歧吴语接近东南方言的地区从浙南至少可以延伸到浙江中部。第二,长乐话家禽家畜性别差异的构词从一个实例说明,浙江南部等地吴方言"接近东南方言"的具体内容,这种接近不论是构词材料还是语序都不是非此即彼的简单跳跃,而是甲中有乙的包融式过渡。从现有的方言资料可以查到,长乐话的这种过渡形式还见于温州、长沙等地。另一方面,即使东南方言如厦门,其"鸡角、鸡母,牛牮、牛母,狗公、狗母"等中的性别词"公、母",又显然跟北方方言是相同的。

二　副词后置

普通话修饰形容词或动词等的副词通常放在形容词或动词的前面,例如:"很好、很喜欢","极少数、极有价值","太大、太过分了","煞白、煞费苦心","重做","再去一趟","只老张一人在家",等等。长乐话也有这种形式,例如"□ <small>ʔmɛ</small> 好葛<small>很好的</small>"、"烂疲介<small>很坏的</small>"、"豪燥去<small>快去</small>",但有几个常用的副词更习惯于放在形容词或动词的后面,以下分别介绍。

1. 猛 ʻmaŋ　表示达到很高的程度或程度过头,意思相当于普通话的"很、太"等,可以广泛用于单、双音节的形容词或一些形容词性的词组之后。例如:

单音节形容词　好猛　疲坏猛　大猛　小猛　多猛　少猛

　　高猛　低猛　早猛　晏晚猛　红猛　白猛　咸猛　淡猛

　　暖猛　冷猛　痛猛　痒猛　□ ʔua<small>能干</small>猛　奸猛　刁<small>聪明</small>猛

双音节形容词　闹热猛　冷清猛　　客气猛　　老实猛

　　罪过<small>可怜</small>猛　懒惰猛　勤力<small>勤快</small>猛　高兴猛　省快<small>舒服</small>猛

　　肉痛<small>心疼</small>猛　心烦猛　肚饥<small>饿</small>猛　口燥渴猛　有数猛

词组　好食<small>好吃</small>猛　要食<small>好吃</small>猛　要笑<small>好笑</small>猛　会做<small>能干</small>猛

290　汉语方言研究的方法与实践

气囊气人猛　　吓囊吓人猛　　做囊家节俭会过日子猛

会读读书好猛

以上"猛"所表示的程度是达到很高还是过头没有绝对的界限，但有许多可以从语义或语境作出判断。从语义看，一般只表示程度高的如"好猛、够猛、有猛、老实猛、省快猛、好食猛"等，而"大猛、少猛、红猛、冷猛、冷清猛、笨猛"等则多表示程度过头。从语境看，例如"早猛"，在不同语境中可以有"很早"的意思，也可以有"太早、过于早"的意思，比较：

早猛□.ku 来，坐漫辰添。还很早，再坐一会儿。

尔来得早猛，前归去，过漫辰再来。你来得太早，先回去，过一会儿再来。

长乐话"形 + 猛"的形式大多还可在前面再加副词"忒音 t'ə꜖ 或 t'iꜙ,葛"，构成"忒葛 + 形 + 猛"的格式。这种双料副词全部表示程度过头，而且带有强调的意味。例如上面"尔来得早猛"如果说成"尔来得忒葛早猛"，超过正常要求的意思就更明确。再如上文说的"老实猛"、"省快猛"等，通常没有程度过头的意思，但一旦前面也加上"忒葛"，那就也有了"太"、"过于"的意思，比较下面两组句子：

伊介囊老实猛溜葛，䏡两字合音 fɛꜙ 骗尔葛。他人很老实，不会骗你的。

伊介囊忒葛老实猛，常司介□ɖta 溜别囊欺待。他人太老实，常被人欺负。

件衣裳小猛，穿来起紧绷绷介。这件衣服很小，穿起来紧紧的。

件衣裳忒葛小猛，我硬介绷也绷勿归去。这件衣服太小，我硬撑也撑不进。

长乐话的"忒葛"必须跟"猛"合用为"忒葛……猛"，不能单独用在形容词之前, 不说"忒葛好"、"忒葛大"、"忒葛有"、"忒葛客气"、"忒葛高兴"等。

2. 杀 sæʔ₂　用在表示身体感觉、心理活动等动词或形容词之后表示程度达到极点。例如:

好杀	悔杀	气杀	急杀	苦杀生活苦	涨杀心情郁闷
望杀	忙杀	冷杀	暖杀	想杀思念	哽杀噎
饱杀	挤杀	痛杀	痒杀	高兴杀	肉痛杀心疼
头痛杀	口燥杀	肚饥杀	难过杀	碎烦杀麻烦琐碎	心烦杀

"杀"跟"猛"相比, 二者有以下不同:

从使用范围看, "杀"限于在身体感觉和心理活动的一些词后面, 而"猛"除上述"杀"的范围以外, 还可广泛地用在一般性的形容词之后。以下是可用"杀"也可用"猛"和只能用"猛"的两组例子:

| 好杀 | 忙杀 | 痒杀 | 暖杀 | 饱杀 | 高兴杀 | 肉痛杀 | 肚饥杀 |
| 好猛 | 忙猛 | 痒猛 | 暖猛 | 饱猛 | 高兴猛 | 肉痛猛 | 肚饥猛 |

大猛　多猛　早猛　够猛　湿猛　老实猛　闹热猛　下作猛

从意义看, "杀"比较单纯, 只是表示程度到了极点, 而"猛"则不绝对, "猛"除表示程度高以外, 还可表示嫌乎程度过头的口气。细比起来, "杀"比"猛"程度更深, 带有夸张的语气, 但是并不绝对, 两者常常可以通用。

从跟其他词的配搭看, 如上文所说, 后加"猛"的形容词前还可以再加"忒葛", 而"杀"不行, 不能说"忒葛好杀"、"忒葛忙杀"、"忒葛高兴杀"之类。

个别词后加"猛"或"杀"在意义上有分工, 如"苦猛"多指味觉苦, "苦杀"则是生活苦;"好猛"是一般的很好, "好杀"则多指感情、

292　汉语方言研究的方法与实践

关系好，而且带有一点贬义。

长乐话"形＋杀"表示程度深，跟"杀"在动词后作结果补语在形式上没有什么区别，例如"哽杀"，可以指喉咙有东西感到很堵，也可以指吞咽的食物把人噎死了。"气杀"和"吓杀"，可以指气或吓的程度大了到了极点，也可以指因生气或惊吓而死亡，但是这样的情况不多，因为一般来说，身体感觉、心理活动到不了死人的程度。

3．添 ₍t'iæ　用在动词短语之后，意思相当于普通话的"再"，表示以前已进行的动作或事物需要再次重复或补充。例如：

坐漫辰添。再坐一会儿。

碗弗够用，去买两个来添。碗不够用，再去买几个来。

伊听勿见，尔喊两声伊添。他听不见，你再叫他几声。

头漫辰没有两字合音'møy 得寻着，我去寻遍伊添。刚才没找着，我再去找他一次。

还忒葛长猛，剪点了添。还太长，再剪去一点。

上述"动词短语＋添"的形式还可以在前面加"再"，构成"再＋动词短语＋添"的格式，如"坐漫辰添"可以说成"再坐漫辰添"，其余例句同样适用，但不能说"再坐漫辰"，就是说，不能省略"添"。

4．过 ko'　用在动词之后，意思相当于普通话的"重新"、"再"，表示某些做过的事情需要再做以达到满意的结果。例如：

张字写得弗好，扯了写过。这张字写得不好，撕了重写。

件衣裳领口开得小猛，拆开来做过。这件衣服领口开得太小，拆了重做。

遁了歇了，好去买过葛。丢了算了，可以再去买的。

考不归去也没有两字合音'møy 法子，剩得下年考过。考不上也没法

嵊县长乐话的特殊语序　293

儿,只好明年再考。

以上"动词＋过"也可说成"再＋动词＋过"的形式,如"再做过"、"再来过"等。加"再"有点强调的意味,一般以不加"再"为常。

5. 还ₛɦuɐ̃　用在动词短语之后,表示某些事物因受到损耗、破坏等各种原因而发生了变化,与原先不同,需要重新做或使之恢复,也含有普通话"重新"、"再"的意思。例如:

个碗是尔倒破葛,尔要赔我还。这个碗是你打破的,你得赔我。

伊借我本书册,尔去把我驮归来还。他借了我一本儿书,你去替我拿回来。

伊把尔葛搞本夺去末,尔弗好去夺归来还葛啊? 他把你的玩具夺去了,你不好去夺回来啊?

乘桥□꜀ta 溜大水□ʻtʻən 去□˳kua,豪燥把伊造来起还! 这座桥被大水冲走了,赶快把它再修起来!

"还"跟"过"的不同,是"还"有恢复原先状态的意思,如桥,原先有,被水冲了,重新修,就又有了;而"过"则是要改变原先状态的,今年考不上,明年重新考,目的当然要考上。

6. 货ho'　用在数量词或数量名词组之后,意思相当于普通话的"只",常含有嫌乎数量少的口气。例如:

介点货哪伊会够呢? 只这么一点怎么能够呢?

食得半碗饭货哪伊会饱呢,再食点添! 只吃了半碗饭怎么能饱呢,再吃一点儿。

两角洋钿货,半碗汤包也买勿着。只有两毛钱,半碗馄饨也买不着。

三个梨头货,五个襄分勿过来。只有三个梨,五个人分不过来。

长乐话"数量词组＋货"常常与前面的"剩得"连用。这里的"剩得"可以有"剩下"的实际意义,但也可以和后面的"货"合为一

294　汉语方言研究的方法与实践

个"只有"的意思。例如：

　　剩得一点货□·kuaᵒ 只剩下一点点了。

　　介许多钞票□_ᵗta 伊用去，剩得三四块货□·kuaᵒ 这么多钱被他用了，只剩下三四块了。

　　剩得两个囊货，介许多生活今日是随拼哪介也做勿完葛。只有两个人，这么多活今天是无论如何也干不完的。

　　伊剩得介点力气货，介重葛东西会驮得动葛啊？她只有这么点儿力气，这么重的东西能拿动吗？

三　宾语的位置

　　1. 宾语提前　宾语是动词的连带成分，普通话通常在动词的后面，长乐话则往往在动词之前。这种提前的宾语大多是受事宾语，也可是表示存在的事物。全句突出了动作所涉及的事物。例如：

　　[尔]① 饭食过□·lia! [你]吃过饭了!

　　[尔]饭有得食过[来]? [你]吃饭了吗?

　　[尔]饭食[勿]食来? [你]吃不吃饭?

　　伊鸡弗食葛。他不吃鸡。

　　伊京戏弗欢喜看葛，小歌班末要看猛□løy²葛。他不喜欢看京剧，但很爱看越剧。

　　我铅笔没计个□ku'，尔直管驮两支去。我有许多铅笔，你尽管拿几支去。

　　尔钞票有[勿]有□·løy 来? 借葛两音'ʔliaŋ 块我! 你有没有钱? 借

----

　　① 例句中的[ ]号，表示其中的词可以有也可以没有。下同。

嵊县长乐话的特殊语序　295

我几块。

为进一步突出事物,宾语还可以提到主语之前,例如:

　　块糖尔食[勿]食来? 这块糖你吃不吃?

　　种糖我前世也弗食! 这种糖我绝不吃!

　　2. 双宾句　双宾句的位置,普通话通常是指人的宾语在前,指物的宾语在后,即"动词＋人＋物",例如"他送我一本书"。长乐也可这样说,但习惯的说法还多是指物的宾语在指人的宾语之前,有三种情况:

　　第一,动词后加"得",构成"动＋得＋物＋人"的格式,有强调动作完成的意味。例如:

　　伊送得本书册我。他送给我一本书。

　　我欠得十块洋钿伊。我欠他十块钱。

　　伊□₍ta 得两个杏梅我。他给了我两个杏子。

　　伊借得一枝钢笔我。他借给我一枝钢笔。

　　第二,"动＋物＋人",此式跟上式的不同在于动词前没有"得",动作未进行,通常是命令句或祈使句。指人的宾语如果是第一人称,还可在后面加"□tE",构成"动＋物＋人＋□tE",表示委婉的语气。例如:

　　[尔]借枝笔我! [你]借我一枝笔!

　　[尔]借枝笔我□tE! [你]借给我一枝笔罢!

有时要说明动作的目的或其他内容,指人的宾语后面可以再带出短语。例如:

　　借枝笔我用用。借一枝笔给我用一下。

　　送块布伊做衣裳。送一块布给他做衣服。

　　伊繁难,前送葛十斤米伊食食再话。他困难,先送他十斤米吃着再说。

296　汉语方言研究的方法与实践

第三,为突出物品,双宾语中指物的宾语也可提到动词前面,这时,表示物品数量的词被单独留在动词之后。例如:

[尔]笔借枝我[□tɛ]！ [你]借给我一枝笔[罢]!

[尔]书册送两本伊！ [你]送他几本书!

3. 处置式　普通话处置句中介词"把"的宾语是后面及物动词的受动者,构成"把＋名＋动＋补"的格式,有命令和陈述等不同内容。例如:"把头抬起来"(命令,比较非处置句"抬起头来")、"把酒瓶[给]砸碎了"(陈述,比较非处置句"砸碎酒瓶了"、"酒瓶被砸碎了")。长乐话中表陈述的处置句一般说成被动句,如"酒瓶□·ta伊倒破□·kua"。命令句比较特殊,介绍如下。

长乐话表命令的处置句也用介词"把音 poʼ或ᴄpɛ",但跟普通话有一个很大的不同是宾语大多要提到"把"字前面,可是"把"又不能直接跟后面的动词相连,其间必须加进第一或第三人称代词,说明为谁做某事,也就是不能说"头把抬来起",能说"头把我抬来起"。"把"有"给"、"替"的意思。长乐话表命令的处置句有甲"名＋把＋代＋动＋补"和乙"名＋把＋代＋动＋伊＋补"两种格式,比较如下:

甲式:	乙式:	
名＋把＋代＋动＋补	名＋把＋代＋动＋伊＋补	
[尔]房间把我扫干净。	[尔]房间把我扫伊干净。	[你][给/替]我把屋子扫干净。
[尔]只鸡把我杀杀了。	[尔]只鸡把我杀伊了。	[你][给/替]我把这只鸡杀了。
[尔]头发把我剪剪短。	[尔]头发把我剪伊短。	[你]替我把头发剪短。
[尔]碗饭把我食落去！	[尔]碗饭把我食伊落去！	[你]给我把这碗饭吃下去!
[尔]双破鞋把伊驮去掼了。	[尔]双破鞋把伊驮去掼伊了。	[你]把这双破鞋给/替他拿去扔了。
[尔]条凳把伊掇过去。	[尔]条凳把伊掇伊过去。	[你]替他把这条凳端过去。

甲、乙两式在意义上没有什么区别。乙式在动词后面多了一

个"伊",从结构看是近乎对动词后面被提前了的宾语的填空,从意义看则比较虚,因为他完全可以略去而不影响语义,再从下列词组比较:

缚伊牢　　　　　　捏伊紧　　　磨伊快　　　张伊灵清_{看清楚}

汰伊干净_{清洗干净}　走伊快　　隑伊直_{站直}　食伊饱_{吃饱}

以上如果前面一行的"伊"是指具体的东西如绳子、刀子、衣服之类,那么后面一行"走伊快"等的"伊"指的是什么就说不清了。

4. 代词宾语和数量补语的位置　普通话的通常格式是"动＋代＋宾＋数补",例如"我去看他两次"。长乐话宾语和数量补语的位置可以互为前后,有已然和未然的区别,可以归纳为甲、乙两式。

甲式　"动＋代宾＋数补"表已然,例如:

我去张伊两遍。_{我去看他两次。}

伊[头漫辰]来喊尔好两声。_{他[刚才]来叫你好几声。}

我[前日]归去问伊两遍。_{我[前天]回去问他两次。}

乙式　"动＋数补＋代宾"表未然,例如:

我[想]去张两遍伊。_{我[想]去看他几次。}

尔[顶好]来喊声伊。_{你[最好]来叫他一声。}

我[明朝介]归去问问他。_{我明天回去问问他。}

甲式表已然的语序跟普通话一致,动词前可以插进表过去的时间词"头漫辰_{刚才}"、"昨日_{昨天}"、"旧年_{去年}"之类;乙式表未然的语序跟普通话不同,动词前可以插进能愿动词或表未来的时间词等,如"想"、"后日_{后天}"、"打算"、"顶好_{最好}"。

值得注意的是,甲、乙两式都可以在动词之后加"得_{音 tə},_{或 ta},"字,这时,两式都表已然,且都有表示动作完成的意思。例如:

298　汉语方言研究的方法与实践

甲式：	乙式：	
"动＋得＋宾＋数补"	"动＋得＋数补＋宾"	
我去寻得伊五遍！	我去寻得五遍伊！	我去找了他五次！
伊来张得尔三遍。	伊来张得三遍尔。	他来看了你三次。
骂得伊两句伊就叫来起啊！	骂得两句伊伊就叫来起啊！	骂了他几句他就哭起来了！

　　加"得"后，如果重读数量补语，就有强调完成动作次数的意味。又因为加"得"后都是表示动作完成，动词前就只能加表过去的时间词而不能加表未来的时间词或能愿动词之类的了，如：可以说"我昨日去张得伊两遍"，而不能说"我明朝介去张得伊两遍"。

　　在音节搭配上，甲、乙两式还稍有不同，比较下面两组例子：

甲　骂得伊几句　掐得伊好两记好几下　敲打得伊一顿　喊得伊一声

乙　骂得几句伊　掐得好两记好几下伊　敲打得顿伊　　喊得声伊

　　在长乐话中，量词前的数词"一"通常要省略，如"买块糖来"、"送枝笔伊"。以上乙式的"一"正是被省略的，如"喊得声伊"，如果说成"喊得一声伊"，就不合常规了；但是甲式的"一"习惯于不省略，如"喊得伊一声"，不说"喊得伊声"。

参考书目

袁家骅　《汉语方言概要》，文字改革出版社，1983 年。

（原载［日本］《开篇》1999 年 18 期）

嵊县长乐话的一二等群母字

李荣先生《从现代方言论古群母有一、二、四等》(见《音韵存稿》,商务印书馆,1982 年),通过对江苏、上海、浙江、安徽、福建、广东等省市一些方言读音对应关系的比较研究,说明"《切韵》时代有的方言群母出现范围较广,一、二、四等也有群母"。李先生提出讨论的例证有 13 个。这些字《切韵》音系分别属于"见、溪、疑、匣"四母,见李文表:

	一　　　等	二　　　等	四　　　等
见	搁	掼鲠	
溪	陲		
疑		咬	
匣	寒汗猴厚	环衔怀	悬

李先生又将上述 13 字在东南一些方言有群母读音的地域制表如下:

	寒	汗	猴	咬	悬	厚	环	衔	掼	陲	搁	怀	鲠
闽语		+				+	+	+					
浙江						+	+	+	+	+	+		+
上海、江苏						+	+		+	+	+		
苏北							+		+				
安徽									+	+			

笔者的母语浙江嵊县长乐方言中也有一些群母不是属于三等的字,由字音推断初步认定有 26 个。长乐话群母字今声母洪音读 g、细音读 dʑ。目前还没有发现四等字,所以 26 字的声母全部属

300　汉语方言研究的方法与实践

于一、二等，读 g 声母。以下将这些字按《方言调查字表》十六摄的顺序排列，每字在字形或"□"号后注音、释义、举例，括号内标出在《切韵》音系的音韵地位（摄、开合口、等、韵、声调）。26 字分为两种情况：一是写出了字形的，按照李先生的方法，根据音义，可以判断在《广韵》或其他文献中属于见、匣、疑、影等声母，在标出音韵地位之后，又分别标明该字在《广韵》或其他文献中的反切和所属声母，共 17 字；二是，在《广韵》或其他文献中一时找不到相应的字，用"□"号代替，考虑到这个字的音韵地位还需要证实，所以在标出音地位之后，又选择一两个同韵字加上长乐话的注音，共 9 字。凡前面有"＊"号的是李先生文中论述到的。

1.　□꜀go，用腿跨过小孩头顶，一般是调皮的大孩子捉弄小孩子的动作：带伊～得记去_{被他}～了一下（假开二麻平）。同韵字"加"音꜀kɔ，"牙"音꜀ŋo。

2.　竣ꜗgɐ，（人）站立，～来起_{站起来}|～得脚骨_腿酸杀（蟹开一海上）。《广韵》"胡改切"，匣母。

3.　＊隑 gɐʔ，倚，多指梯子一类粗长或长的板块形物体斜靠在墙上或能起支撑作用的地方：竹扶推_{竹扶梯}～□kuʔ在墙角头（蟹开一代去）。文献注音有溪、疑、群三种：《方言》十三卷"隑，陭也。"郭璞注："江南人呼梯为隑，所以隑物而登者也。音剀切也。"《玉篇》"巨慨切，又五哀切"，"梯也，企立也"。《广韵》"五来切"，"企立"。《集韵》"巨代切，《博雅》陭也"，又"口溉切"。这是 26 字中惟一有又读为群母的字。

4.　懈ꜗga，性格、行动松懈拖沓，慢：～遢遢|伊介㬠_{他这人}做生活_{干活}忒葛太～猛（蟹开二卦去）。《广韵》"古隘切"，"懒也，怠也"，见母。《说文》"怠也，从心，解声"，段玉裁注"古隘切"。按，长乐话

"懈"单字音阳上声,上面两例连读皆阳去。

5. ＊怀ɕgua,胸前:～里头(蟹合二皆平)。《广韵》"户乖切","抱也",匣母。按,"怀抱"、"胸怀"等书面语词中的"怀",长乐读ɕɦua。

6. □ɕgɒ,(祖宗)遗传下:上代～落来没计介许许多,无数东西(效开一豪平)。同韵字"高"音ɕkɒ、"豪"音ɕɦɒ。

7. 搅ɕgɒ,头绪纷乱不清:～七廿三介乱七八糟的|～勿不灵清清楚(效开一皓上)。《说文》"乱也,从手觉声",《广韵》"古巧切,手动",均见母。

8. ＊猴ɕgøy,蜷起身形似猴子:己身身体～拢来(流开一侯平)。《广韵》"户钩切",匣母。按:长乐话"猴"音ɕiøy,"猴子"称"猢狲"。

9. ＊厚ɕgøy,厚薄的厚:～磴磴介|(葛)床被(忒葛)～猛这条被子太厚(流开一厚上)。《广韵》"胡口切",匣母。按:括号中的(葛这)和(忒葛过于,太)皆可省略,但省去后"这"和"过于"的意味减弱。

10. ＊衔ɕgæ,叼,用牙咬住:香烟～溜嘴部溜纸烟衔在嘴上|肉骨头带被狗～去□lia˙了(咸开二衔平)。《广韵》"户监切",匣母。

11. □gæ²,嵌:塞头塞子～□ku˙在瓶溜里|～杀堵死□kua˙了(咸开二舰去)。同韵字"监"音kæ³。也用"嵌",音kʻæ³:～中心打麻将时指嵌在中间的和法|～溜在当中|～伊牢。但两者不能全部互用,以上五例句中,只有"～溜当中"、"～伊牢"可以互用。按:比起"23. □gaŋ²","□gæ²"在其中的物体显得细小。

12. □gæ²,粗鲁地用言语顶撞,犟嘴:好心好意去劝伊,伊他反到带给我食得介吃了个～头|一句话～过去,把伊气得要命(咸开二舰去)。同韵字见上。

302　汉语方言研究的方法与实践

13．夹 gæʔ₂，专指夹在腋下：妹妹把我～过来替我将妹妹～过来｜稻草把我～把来替我～一把稻草来（咸开二洽入）。《说文》"持也"，《广韵》"古洽切"，见母。

14．轧 gæʔ₂，拥挤：～杀｜市日逢集的日子大街溜大街上～猛，我～也～勿不过去（山开二黠入）。《广韵》"乌黠切"，"车碾"。也说"挤"，两者用法相同，以上例句皆可互用，但以说"挤"的较多。

15．＊环 ₅guæ̃，环形：～背｜～洞门拱门｜～洞桥拱桥（山合二删平）。《广韵》"户关切"，"玉环"，匣母。

16．□ʿguæ̃，背负，因物体下压成环形：把妹妹～过来｜袋这一袋麻袋六谷玉米介重葛那么重的，我～勿动（山合二潸上）。同韵见系无常用字。也说"背"，但是背的东西如果太小，如小孩背书包上学，一般不用"□ʿguæ"。

17．掼 guæ̃²，环形提手：篮～｜铜踏旧时取暖用品～｜浇挈一种接尿、浇水农具～（山合二谏去）。《说文》"毌也"，"从手瞏声"，段玉裁注"毌，穿物持之也"，"胡惯切"，匣母。

18．＊掼 guæ̃²，甩，扔：～出去｜～杀乌鲤子黑鱼｜～伊了把他扔了｜辫记～记～记介辫子一甩一甩地｜～头～脑介头部摆动的样子｜～倒摔倒（山合二谏去）。《广韵》"古患切"，"掼带"。

19．□₅guen，蹲：～落来（臻合一魂平）。同韵字"魂"音₅ɦuen、"温"音₅ʔuen。

20．昂 ₅gɑŋ，涌现：面火因激动或害羞等而在脸上涌现的红晕也～来起起来□kua˙了（宕开一唐平）。《广韵》"五刚切"，"举也"，《集韵》"鱼刚切"，"日升也，一曰明也"，均疑母。

21．□gɑŋ²，粗大，憨：伊是介一个～大｜介囊这人～头～脑介（宕开一宕去）。同韵字"抗"音kʻɑŋ˙。

22. 螃 gaŋ², 石～, 一种生长在山涧中的蛙类动物, 形似今之牛蛙, 可食用(宕开一宕去)。《广韵》、《集韵》均"补矿切", "虫名, 似虾蟆"。《集韵》另有并母一音: "蒲浪切", "虫名, 似虾蟆, 陆居可食"。按, 《集韵》并母字"螃", 今长乐话读为 g 声母, 应是受到舌根韵尾发音部位逆同化的结果。长乐话声母同化的例子又如: "宁波"ɕn̩in ᵴbo, 有的人读ᵴmin ᵴbo, 前字声母读为双唇音, 其发音部位显然也是受后字同化的结果。

23. ＊搁 gɔʔ₂, 搁置, 架高, 利用一种支撑物搁置腿或某些物体使不着地: 双脚肿来起□kua‧了高高介地～来起会退消落去下去葛的|安溜放在地下潮猛太潮, 掇端条凳来～来起起来(宕开一铎入)。同音字"各"音 kɔʔ₂, "鄂"音 ŋɔʔ₂。

24. □gɔʔ₂, 被伙伴孤立(多指儿童): ～出来弗不对跟伊他搞玩儿|～出佬(宕开一铎入)。同韵字见上。

25. □gaŋ², 梗阻, 多指硬物堵塞: 阳沟溜里有块石头～溜葛的, 水也弗大□t'en流, 淌得落去□lia‧了|～溜块这儿葛的(梗开二映去)。同韵字"硬"音 ŋaŋ²。比起"□gæ²(嵌)", "□gaŋ²"较粗大坚硬。按, 长乐话食物堵塞在喉, 用"哽", 音ᶜkaŋ, 与《广韵》"古杏切"(见母上声)、"哽咽"音义相合, 不用 gaŋ²。

26. 摑 guaʔ₂, 殴打, 比较沉闷的声音, 如掌耳、重物落地等: 再弗不听话我～记尔揍你一下|～哒一记一下遁掉落来下来□ɦa‧了(梗合二麦入)。《广韵》"古获切", "打也", 《玉篇》"古获切, 掌耳", 均见母。

值得一提的是, 上述几组同音或近音的群母字表现几种近似意思的现象比较突出。我国传统训诂学"因声求义"的声训方法, 认为特征相似、事理相近的事物往往有相同或相近的命名, 长乐话

304　汉语方言研究的方法与实践

几组群母字的音义关系,可为"声近义通"的训诂原理补充鲜活的例证。以下举出四组说明。

一,2 和 3:"竑"和"隑"都有竖立义。但是前者阳上调,指人站立;后者阳去调,指物体斜靠在某一支撑体上。

二,9 和 10、25:"衔"和"□gæ²"、"□gaŋ²",都有嵌塞在里面的意思。前者阳平调,指物体被叼在人或动物上下齿或上下唇间,后二者阳去调,指物体被嵌塞在某一容器或空间。后面两字韵尾不同,所表现的嵌在其中的物体有粗细大小的不同。

三,15、16、17、18:皆有环形义,但所用场合不同。15"环",阳平调,只用于指驼背的人、拱门或拱桥;16"□'guæ",阳上声,用于"背负"义,但所背的人或物体应是足以使背负者的腰部弯曲的;17"撮",物体的环状把手,把手不是环形的,一般称为"柄",如"斧头柄"、"镂铲柄"、"锄头柄";18"掼",阳去声,丢弃,物体扔出的抛物线呈环状。四者形体相近。

四,23 和 24:音相同。23"搁",搁置起来,24,被小伙伴孤立不予理睬,犹"挂起来",两者事理相通。

（本文于 2001 年在第二届国际吴方言研讨会[苏州]上宣读）

回忆丁声树老师

　　1956 年 7 月的一天傍晚，一辆三轮车拉着我和行李来到和平里普通话语音研究班，下车后一位在门口的老师走过来问我是从哪儿来的，简单问话之后，我被安排到了四楼的学员宿舍。以后才知道，这位就是丁声树先生。当初我没有想到，这位丁先生，竟会在我的一生中产生如此重大的影响。我真庆幸能够成为丁先生的学生。

　　为了促进汉语规范化，中华人民共和国教育部和中国科学院语言研究所联合举办了普通话语音研究班。这个班从 1956 年 2 月开始，每期半年，我是第二期的学员。我们这一期分甲、乙两班：甲班好多是地方教育部门负责推普工作的干部，也有部分中小学老师，主要学习训练普通话，也许还有推普管理方面的内容；乙班多数来自高等学校，除学习普通话的内容以外，主要学习方言调查。甲乙两班分设不同的课程，为乙班开设的有音韵学、方言调查、语音学、北京语音四门，授课的老师前两门是丁声树、李荣，后两门分别是周殿福和徐世荣。两班学员按方言地区分组，我被分配在乙班的一个方言混杂的小组，因为我母语是吴方言，又在北方方言区的山东省工作。为配合讲授，每个小组还安排两位辅导老师，一位辅导音韵学和语音学，一位辅导北京语音，辅导课都是在教学时间表上排定的，非常严格。

　　在语音研究班，丁先生的和蔼是有名的，见学生总是带着笑

306　汉语方言研究的方法与实践

容,大家都很愿意接近他,向他请教。我还听说有的同学称他"开口呼",这可能是一种背称,表示亲切,我可从来不敢。我方言音韵方面的基础很差,连调类和调值的问题都很长时间搞不清,同班的许多同学资历深、见识广,我比他们差远了。可是丁先生还是很鼓励我的,我自己也很努力,音韵学期终考试得 99 分,错在把止合三的"翠"答成蟹合三了,丁先生说情有可原,两分的题只扣一半。方言调查记音实习开始,按规定每个组调查一个方言,在本组的学员中找发音人,我被指定为我们小组调查浙江嵊县话的发音人。我那个组方言调查的辅导员是语言研究所专为参加方言调查而来的任老师,人称任大姐。记音内容是《方言调查字表》,步骤是辅导老师和发音人先行一步,等到我和任老师全部记完了字表,再由我给全组同学发音。说实话,虽然当时已经听过"方言调查"课了,可到底这调查是怎么做的,至少我是心中无数的。辅导老师和发音人的记音都在课余时间进行,丁先生差不多每次都来指导,特别是嵊县音系声韵调的音值,实际上是丁先生确定的。记得有一次记到梗摄开口二等影母的上声梗韵,字表空白。我忽然想起在我的母语中有一句谚语"冬冷弗算冷,春冷冻杀□",我说这个"□"(音'ʔaŋ)是不是应该在这里。丁先生一听很高兴,接着就在纸上写了一个"犄",说你的"'ʔaŋ"就是这个字,见于《集韵》,意思是小牛。后来我查《集韵》,见梗韵"犄"两见:一是"乌猛切","犊也,一曰牛鸣";二是"于杏切","吴人谓犊曰犄"。"冬冷弗算冷,春冷冻杀犄",这话我从小常听大人说,可这个"'ʔaŋ"是什么,家乡的人都搞不清。这一下子丁先生给我揭开了谜底,我感到这音韵学还很有趣的,丁先生真是了不起,他怎么这么难的字也记得这么清楚!

　　我有收集、保存方言调查资料的习惯。在各种资料中有我第一次记录母语的《方言调查字表》和后来整理的《嵊县方言同音字表》、《嵊县方言探索》。当时提倡勤俭节约，《同音字表》和《嵊县方言探索》都是用旧讲义的纸反过来写的，用旧报纸当封面，上面还请我的老同学王定伟书写了标题。所谓《探索》，无非是一份嵊县话的音系报告，有声韵调描写、嵊县音跟北京音的对应关系，实在谈不上什么"探索"，我印象中这题目好像也跟王定伟讨论过，记得当时交给丁先生时丁先生还笑了，我忽然意识到这"探索"二字真有些不知深浅，还挺不好意思的。这份作业虽然纸张粗劣，经历了四十多年的岁月沧桑，现在已经发黄变脆，我却倍加珍惜，因为这不仅是我从事方言调查的初次实习，而且还保留着丁先生为我字字句句批改的手迹。今天当我回忆丁先生的时候，我着实得意保存了一份如此珍贵的资料。在那份实在是幼稚倒也说得上认真的作业上面，丁先生用红、黑两种铅笔为我修改的地方不少于 30 处。修改的内容可以概括为两方面：一是专业方面，通过丁先生的修改，使我了解应该怎样描写方言音系；二是语言修养方面，包括作文的逻辑性、文字的简练乃至错别字和某一个具体音标的书写形式等等。以下是几个具体的例子：

例 1　嵊县声母表（以下只列与丁先生修改内容有关的部分）：

ts 祖主	ts' 粗处	dz 池	s 苏生	z 视
tɕ 举	tɕ' 去	dʑ 旗	ɕ 虚	ʐ 墙又

丁先生在表的左边批了"表现尖团"四个字。这里，我原来只注意到例字表现嵊县话 [ts tʂ] 不分的问题，忽略了嵊县话分尖团也应从例字中体现出来。

例 2　嵊县声母和北京声母的对应关系：

嵊县的 m，北京多数念 m；少数是零声母。

308　汉语方言研究的方法与实践

　　念 m 的如：妹 mɐ²——mèi

　　念零声母的如：晚、网、问、忘、微、尾、砚、袜。在这些字中，多数是说话音，它们的读书音是以 v 为声母的。由此可见，凡是嵊县声母中，m v 两读的，北京都是零声母。如问 mən³ vən²——uèn。

　　丁先生将第一行"少数是零声母"一句，改为"m（白）v（文）两读的北京是零声母"，并划去念零声母的例字"袜"字以后的全部。这显然比我原先的文字简明多了。

例3　ʑ声母在入声字和 iøɣ 这个韵母前面时，常常有它的又读音，入声字和舒声字一样变 ʑ 为 z，去掉韵母中的 i 介音。在这样的情况下，北京音必是念 tʂ 组声母。例如：

　　手　ˈsøɣ　　ˈɕiøɣ　　—— ʂŏu

　　仇　ˌdzøɣ　　ˌdʑiøɣ　—— tʂˈóu

　　食　zəʔ²　　ziəʔ²　　—— ʂí

　　丁先生将我第一行的"入声字"改为"iəʔ"，旁边写："未提 s：ɕ、dz：dʑ"，又在本段下面写："应当指出，s—ɕ 两读、dz—dʑ 两读、z—ʑ 两读的字，在北京是 tʂ 组声母"。

例4　嵊县韵母和北京韵母的对应关系：

　　a(ai a ie ɣ)

　　1 大部分的 a 韵母，北京读 ai，如：派 pˈaˀ—pˈài。

　　2 小部分读 a 的字，如：爸 paˀ—pà，不包括 k 组声母在内。

　　3 k 组声母除了读 ai（揩）以外，多读 ie（街）。

　　4 读 ɣ 时，声母限于 ts 组，而且北京音的声母由嵊县的 ts 变为 tʂ。如扯、赦等。

　　例外字：uo——它　　uai——帅　　ua——耍　　o——破

　　丁先生把以上 1 的"大部分的 a 韵母"改为"a 韵大部分北京读 ai",在 2 的"小部分读"下划一红杠,将 3 改为"k 组声母有 k(白)tɕ(文)两读的,多读 ie(街)"。

　　1957 年 1 月,语音研究班第二期结业,我拿到了由教育部和中国科学院语言所发给的大红证书。为了能进一步跟着各位老师学习,我继续留在语音研究班半年。丁先生让我参加研究班第三期的辅导工作,辅导音韵学、语音学和方言调查。我辅导的那个组,方言也是比较杂的,记得有北京的,也有西南地区的。我重复听了丁先生等老师的第二次讲课,还在丁先生指导下辅导这个小组记录了云南保山的方言,发音人是范斐章同志。自我感觉这次听课的收获比第一次要大得多,因为除了有前次听课垫底以外,更重要的是接着就得去辅导学员,他们中有的已经是讲师了,好几个都是挺有学问的样子,我怕被问倒了,压力特别大,听得就更加上心。这几天写回忆丁先生的文章,重新翻开当时的笔记,发现有的内容当时虽然记下了,实际上并不了然,直到现在才能有所领悟。以下随便摘录一段,1957 年 1 月 2 日丁先生讲"汉语音韵与方言调查的关系",其中关于特字问题:

　　　特字,是指在语言的演变上有特殊的地方。就特字情况来看,可以了解到我们语言的发展不是一条线的。特殊情况如下:

　　　1,大多数方言都特殊,不是《广韵》、《切韵》系统的。如"玻",方言都是阴平声,而且是不送气的,但它是在"滂"母下的字。我们不能说"玻"是由从前的送气变到现在的不送气。而应该说,"玻"好像是古代帮母发展来的,因为没有一个方言是读送气的。因而可以推想,在很早的时候,这个字就有 p 的读法。

　　　2,一部分方言合乎韵书上的读法,另一部分方言不符合。

310　汉语方言研究的方法与实践

譬如，"谱"，北京语音是 p'，而许多方言是 p。在《广韵》上它是帮母。我们不能说，从前有个帮母，后来分成 p、p'，只能说，读 p 的合乎《广韵》系统，读 p' 好像是滂母来的，我们不能把 p' 推到帮母上去。

3，现在两个不同的读音，是两个不同的来源，在韵书上都是有的，可见韵书是采用一些方言的。以"松"来说，在我们表上是邪母字，按北京应该是阳平。从北京声调看，它好像是从心母来的。再看看在《集韵》上的心母就有松的读法。《广韵》"松"只有一个音，《集韵》就有两个。方言中的"松"字，有的是浊音，是从邪母来的。（钱按：《集韵》鍾韵"松"有"祥容"、"思恭"二切。）

由此想到，济南的冰叫"冻冻"、冰锥叫"冻冻凌子"，许多济南人把"冻"字写作"冬"，这样写是因为这个"冻"字读阴平。殊不知"冻"在《广韵》中有两个音：一个是去声送韵"多贡"切，"冰冻，又音东"；另一个是平声东韵"德红"切，"冻凌，又都恭切"。济南"上冻"的"冻"还是去声，可见济南分别保存了《广韵》的两个音。看来我还得再仔细琢磨丁先生讲课的笔记才是。

研究班第三期开学后，我搬到了二楼女教师宿舍，而且在辅导员的办公室里有了一张办公桌。这间办公室除我之外都是语言所的青年同志，有五六个人。我随着这些老师活动。当时语言所对青年同志的学习抓得很紧，我们除了随班听课以外，还得学习外文和古文。外文以自学为主，古文的学习方法是定期对某篇文章进行逐字逐句的讨论。我们的办公室正好在丁先生办公室兼宿舍的对门，丁先生常常过来指导我们学习。从那以后，我跟丁先生的接触就比过去多多了。丁先生喜欢下五子棋，乒乓球也打得很好，这两项我们几个青年人都不是他的对手。许多朋友都回忆说丁先生好送书给学生。丁先生也送书给我。丁先生送给我的书有商务印书馆的《四角号码新词典》、鲁迅校录的《唐宋传奇集》。大概丁先生喜欢宋词，好几次指定了某一篇让我背，我记得最清楚的是柳永的《八声甘州》，"对潇潇暮雨洒江天，一番洗清秋……"，那文字用韵，那意境情感，都深深地刻在我的心里。

我也受过丁先生的批评。那是我回到山东大学以后的 1959年，山东方言普查的总结工作即将开始，我担任总结组的组长，被派去北京请教工作如何进行。当时丁先生见我们的工作还没有着手有点着急，说了我几句，之后就详细交代了山东方言总结工作的要求、内容和方法，还送给我一份词汇调查表。临回山东前我去向丁先生告别，丁先生又表扬起"山东的工作还是不错的"来了，鼓励我们一定写好山东方言普查报告。这项工作，我们完成于 1960年，写出了《山东方言语音概况》。此后，见丁先生的机会就少了。

1974 年，我们集体编写的《学习字典》由山东人民出版社出版。这本小字典，考虑到中小学教师和自学者的需要，收字达10800 余个，业务方面又有蒋维崧先生把关，发行后社会上反映不错，也得到丁先生的肯定，但是仍然不免存在缺陷，于是常有读者来信指正，这些信件一般都由我处理。在我那本集中记有各方意见的字典中，也用醒目的红笔记录着丁先生的意见。记不清是什么时间了，那天丁先生一见我就说：你们《学习字典》的"乘"字，读 shèng 的第三个义项"佛教教义"应该改为读 chéng，现在北京"大乘胡同"的"乘"就是读 chéng 的（胡同名我记不准了，但北京胡同名称中有一个"大乘"、"小乘"的"乘"读 chéng，丁先生说得很清楚）。你们现在读为 shèng，恐怕是受了以前《现代汉语词典》的影响，我们改过来了，你们也要改。我后来查过几种字典、词典，"乘"

312　汉语方言研究的方法与实践

字有 chéng、shèng 二音，佛教教义这个义项，《新华字典》（1971 年商务印书馆本）没有收，《辞海》读 chéng。《四角号码新词典》读 shèng，从丁先生的话来看，可能早年的《现代汉语词典》也读 shèng，后来改为读 chéng，根据是地名读音。

最后一次见到丁先生，那时语言所还在学院路北京语言学院附近。那一天丁先生见我去了特别高兴，一再嘱咐我一定要把我的母语嵊县话写出来，说这个方言八个声调，是很有特色的，写出来后可以拿到《方言》杂志发表。可惜我忙于应付山东方言的调查，一直没有腾出手来深入研究嵊县话，实在是辜负了丁先生的希望。我现在已经为家乡的地方志写了一个简单的方言志，写过一两篇语法方面的文章，但这些都只能说是我研究母语的开始。

丁先生的学问博大精深，这只有当我在以后《学习字典》的编写中、在不断的方言调查和教学实践中，才能慢慢有所体会。丁先生一直是我心目中的榜样，无论治学、为师，只要想到丁先生，我立刻就觉得自己做得不够。听说建立汉语方言音档是丁先生的遗愿，所以毫不犹豫地承担了《济南话音档》的编写任务，后记中说："在本书的编写过程中，脑子里不时浮现梧梓师亲切的笑容，督促我务求学术上有所创新，工作上一定要认真仔细"。

在市场经济的负面影响下，知识有时就成了资本，甚至权术可以胜过学术。但是人间总有真情在，正气在。丁先生离开我们十年了，"惟有长江水，无语东流"。丁先生的精神，永远默默地滋润着学术大地，净化着学术空气。

（原载《方言》1999 年第 3 期）

从 1979 年的复查情况
看烟台方言的发展

　　1963 年,《烟台方言报告》的语音部分在《山东大学学报》(语言文学版)正式发表。自己深知:整个报告还是很粗略的,许多地方有待于审核,初步看到的一些现象,也有待于进行补充的调查和较细的研究。但当时已处于"文革"前期,1964 年后,方言课停开。随之十年动乱,几经沧桑,学校来回搬迁于济南和曲阜之间,许多方言资料也是在劫难逃。值得庆幸的是,《烟台方言报告》(油印本)等属于私人的一批材料,还被不少老师和同学完好地保存着,在我,也许主要还是出于对自己一滴心血的爱惜。

　　1979 年 4 月,我有了重赴烟台核实《烟台方言报告》的机会。十六年过去了,当时调查的材料准确性如何? 十六年来的方言变化情况又是怎么样呢? 那时的发音人,老的还健在么? 青年人是否还可找到?

　　到了烟台,住在烟台师范专科学校,因为参加当时实习的同学之一陈洪昕同志现在是该校教师。他除了参加具体的业务讨论外,还为我提供了许多工作上的方便,尤其是顺利地解决了发音人的问题,找到了十六年前的主要发音人陈淑芳。当时,陈淑芳同志是烟台市二中的学生,才十八岁;现在,她已是外贸烟台机械模具厂的工人,两个孩子的母亲了。

　　观察一种方言的动态,挺有意味。十六年的时间在语言发展

314　汉语方言研究的方法与实践

的长河中虽说是短暂的，但是语言毕竟还是按着自身的发展规律在变化。十六年前，我们已发现：烟台方言中，存在着少数青年人的口音跟中老年人有些不一致的地方，像尖团分不分、中古果摄一等见系字"哥、可、课、河、禾"等的韵母是读 uo 还是读 ɤ。以当时的情况来说，分尖团、"哥"等字的韵母读 uo 的老派是绝对优势，不仅成年人、老年人这样说，就是青年人中，不分尖团、"哥"等字的韵母读 ɤ 的新派也不算多。可也必须看到，新派的说法虽然在当时还不占优势，却是客观存在了；而且经过这十六年足够长成新一代学生的时间，它的优势至少在这一代的青年学生中确已逐渐形成了。

　　是不是可以这样说呢？青年人常常是语言发展中的先行者。在这次烟台方言的复查中，我们把青年学生作为调查的重点，主要想看看烟台方言的发展动向。我们的中心发音人共四个：其中三个青年学生，有两个是烟台市内人，一个是南郊世回尧人，再一个就是十六年前的主要发音人陈淑芳。四个人中，两个市内的学生代表新派；陈淑芳的口音未变，跟郊区的学生都属老派。新、老派的语音有明显不同。从这些不同里，我们欣喜地看到普通话语音的影响。

　　新、老两派在语音上究竟有哪些不同呢？个别字的音读，例如：

磕　ʻkʻa(老)　　ʻkʻɤ(新)

喝　ʻxa(老)　　ʻxɤ(新)

下　xaˀ(老)　　ɕiaˀ(新)

那　ȵieˀ(老)　　naˀ(新)

损　ʻɕyn(老)　　ʻsun(新)

从 1979 年的复查情况看烟台方言的发展　315

呢　mi'~子(老)　n̠i'(新)

这种例子还可举出一些,这里不再细叙。下面主要介绍新旧读音中能影响到整个烟台方言音系的三个问题。

（一）uo 韵母字的多少

老派读 uo 韵母的字多而新派少。老派读 uo 韵母而新派读 ɣ 韵母,这样的字主要有下述两类。

一类是,中古果摄一等见系字,老派不论开合口一般读 uo 韵母。普通话的开口字大部读 ɣ,个别读 uo,合口字多数读 uo,少数读 ɣ。烟台新派介于两者之间而略近于普通话。见下列二表:

表　一

果摄开口一等歌韵	普通话	烟台新派	烟台老派
哥　歌　个	ɣ	ɣ	uo
轲　可			
何　河　荷　苛			
俄			
贺			
蛾　鹅　饿		uo	
我	uo		

表　二

果摄合口一等戈韵	普通话	烟台新派	烟台老派
锅　果　裹　过	uo	uo	uo
火　货　和~面			
卧　倭　窝			
戈	ɣ	ɣ	
科　棵　颗　窠　课			

再一类是少量的入声字,烟台老派读 uo,新派跟普通话相同,

316 汉语方言研究的方法与实践

读 ɣ，也限于见系声母字，有以下几个：

咸摄开口一等合韵：鸽、合、盒。

宕摄开口一等铎韵：阁、恶。

上述两类字在烟台方言中不论新老派还都存在着两读的情况。十六年前，学生中的老派虽然习惯上读为 uo 韵母，却也知道另有一种韵母为 ɣ 的读音，而且有个别字也读成了 ɣ。现在的青年学生一般属于新派，如果把"唱歌"的"歌"说成了 ₍kuo，就会被认为这个人说话"土气"，要被笑话了。可是虽然单独的"河"字和"黄河"的"河"都读成了 xɣʼ，日常生活中，"上河洗衣裳"的"河"却还是说成 xuoʼ。

（二）尖团分不分

老派分尖团，中古精组细音字声母是 tɕ、tɕ'、ɕ，见组细音字的声母是 c、c'、ç；新派不分尖团，见组细音字的声母发音部位较老派靠前，跟精组细音字的声母一样，都读 tɕ、tɕ'、ɕ。例如：

精组字	见组字	老派			新派	
精	经	₍tɕiŋ	≠	₍ciŋ	₍tɕiŋ	= ₍tɕiŋ
酒	九	ʽtɕiu	≠	ʽciu	ʽtɕiu	= ʽtɕiu
焦	骄	₍tɕiao	≠	₍ciao	₍tɕiao	= ₍tɕiao
全	权	tɕ'yanʼ	≠	c'yanʼ	tɕ'yanʼ	= tɕ'yanʼ
千	牵	₍tɕ'ian	≠	₍c'ian	₍tɕ'ian	= ₍tɕ'ian
秋	丘	₍tɕ'iu	≠	₍c'iu	₍tɕ'iu	= ₍tɕ'iu
西	希	₍ɕi	≠	₍çi	₍ɕi	= ₍ɕi
修	休	₍ɕiu	≠	₍çiu	₍ɕiu	= ₍ɕiu
箱	香	₍ɕiaŋ	≠	₍çiaŋ	₍ɕiaŋ	= ₍ɕiaŋ

据说,直到现在,有些语音属于老派的家长仍然要训斥自己的子女,责怪他们把 c、c'、ç 说成了 tɕ、tɕ'、ɕ,说这是"咬舌头"。因此,有的学生虽然平时说话不分尖团,却由于受到家庭的影响,也能把老派读 c、c'、ç 声母的字从自己习惯说的 tɕ、tɕ'、ɕ 声母字中区分出来。当然,许多人是根本不知道像"经、轻、兴"这类字还跟精、清、星有不同的读音了。

（三）声母 tɕ tɕ' ɕ 跟 tʃ tʃ' ʃ

上述尖团问题牵涉到 tɕ、tɕ'、ɕ 声母字范围的大小。新派不分尖团,读 tɕ、tɕ'、ɕ 的字必然比老派要多。但还有另一种情况,即新派特有一套 tʃ、tʃ'、ʃ 声母,使得新派读 tɕ、tɕ'、ɕ 声母的字数又大为减少,以致烟台方言新老两派在读 tɕ、tɕ'、ɕ 声母的具体字上虽有许多不同,而在字数的多少上却并无多大悬殊。另外,我们知道烟台方言是没有卷舌声母 tʂ、tʂ'、ʂ 的。普通话 tʂ、tʂ'、ʂ 声母的字,烟台老派读 ts、ts'、s 或 tɕ、tɕ'、ɕ。例如以下五组字:

(一)资此私　造草扫

(二)辎齿师　罩抄梢

(三)知迟失　照超烧

(四)挤七洗　焦樵消

(五)鸡起喜　交敲楛

普通话(一)组字读 ts、ts'、s;(二)、(三)组读 tʂ、tʂ'、ʂ;(四)、(五)组读 tɕ、tɕ'、ɕ。烟台老派(二)组同于(一)组,读 ts、ts'、s;(三)组同于(四)组,读 tɕ、tɕ'、ɕ;(五)组团音读 c、c'、ç。新派的读法,(一)、(二)、(四)组跟老派相同;(三)组读成了舌叶音 tʃ、tʃ'、ʃ;尖团不分,(五)组同于(四)组。如表三:

318   汉语方言研究的方法与实践

表三

组　别	普通话	烟台新派	烟台老派
（一）	ts①	ts	ts
（二）	tʂ		
（三）		tʃ	tɕ
（四）	tɕ	tɕ	
（五）			c

现在主要来看（三）组，普通话读 tʂ、tʂʻ、ʂ，烟台老派读 tɕ、tɕʻ、ɕ 而新派又读 tʃ、tʃʻ、ʃ 的。这组字，究其来源，绝大多数是中古开口三等知章组字；反过来说，中古开口三等的知、章组字，除去支、脂、之三韵的章组及很少几个入声字外，一般都是（三）组，见表四：

表四

例字　古声母　古韵母	知　组	章　组	例　外
假开三　麻		遮者车扯蛇社	
蟹开三　祭		制世势誓	
止开三　支	知池		章组"支是"等为（二）组
止开三　脂	致迟		章组"至视"等为（二）组
止开三　之	置治耻持		章组"之诗"等为（二）组
效开三　宵	召赵超潮	招照绍烧少	
流开三　尤	肘宙绸抽丑	周舟丑收受售	
咸开三　盐叶	沾辄	占闪陕涉	
深开三　侵缉	沉	针审执十	
山开三　仙薛	展哲缠彻	毡战蝉善浙舌	
臻开三　真质	珍阵尘趁侄	真晨肾质失	
宕开三　阳药	张账肠丈	章掌昌常上尝	药韵"着勺"等为（二）组
曾开三　蒸职	征惩直	蒸证乘升织食	
梗开三　清昔	贞呈郑掷	正整成声尺石	

---

① ts 代表 ts、tsʻ、s 声母，另外 tʂ、tɕ、tʃ、c 亦各代表同部位的三个声母。

从 1979 年的复查情况看烟台方言的发展　319

(三)组的第二个来源是遇摄合口三等的知、章组字,见表五。

表五

例字　古声母　古韵母	知　组	章　组
遇合三　鱼	猪著除储	诸煮处书鼠暑
遇合三　虞	蛛驻住厨	朱主铸输树竖

此外,还有少数几个字像傻(假合二麻韵生母)、谁(止合三脂韵禅母)、出术述秫(臻合三术韵昌母、船母)、叔(通合三屋韵书母)等,也是属于(三)组。个别字像说(山合三薛韵书母)则是ʻsuo、ʻɕyø两读的。

从方言普查的资料看,上述(三)组字在胶东方言中跟(二)组的读音不同是共同的特点。这第(三)组字,胶东方言中跟第(四)组混读的,除了烟台老派以外,还有福山、黄县、栖霞、莱阳、莱西等地;跟第(四)组字分读的,主要在烟台的东面那些地方,有牟平、海阳、威海、乳山、文登、荣成等。

烟台方言新派第(三)组跟第(四)组的分读,显然是向普通话语音靠近了一步,受到普通话语音的影响是毋庸置疑的。但就其从 tɕ、tɕʻ、ɕ 变为 tʃ、tʃʻ、ʃ 而不直接转变为 tʂ、tʂʻ、ʂ 这点来说,可能是受到它东面那些方言的影响。从这里,我们看到方言统一为民族共同语的曲折性的一面。

变调的情况也很值得一提:按 1963 年的记音,上声字在去声前,ᴧ214 一般是不变调的;这次复查看到,去声前的上声,后面上升的部分已经减弱或基本消失,这种情况在快读时更为明显。

在词汇方面,1979 年未作补充调查,只是在核对旧报告中看到一些变化情况。1963 年,我们把烟台方言词语调查的中心发音

320　汉语方言研究的方法与实践

人确定为所城里的一位老大娘,所收集记录的词语中有相当一部分是比较土、比较旧的。这次在青年学生中进行核对就颇费周折。有少量的词语,他们已经是闻所未闻的了;有的虽然已经不用,可还能想起来,知道这个词在老人中还有说的。

随着旧事物的消亡,一些相应的词语在人们的口语中也就逐渐地销声匿迹了。例如:

斑子(有花的戒指)

手镏儿(无花的戒指)

脖圈儿(项圈)

大襟儿(围裙一类衣物,做菜时穿的)

油蜡(过年点的蜡烛,平时点的称洋蜡)

老牛婆(旧时接生的妇女)

烧忌(人死去三年后,亲属为他做生日)

吃花斋(规定在一定的日子吃斋)

红胡子(土匪)

明火(土匪)

逛梨花(春游)

半朝銮驾(形容人说精不精、说傻不傻的)

康维爷的后人(指不争气、不能干的青年人)

词语发展的另一情况是旧的说法逐渐被新的说法所代替。例如:

旧说	新说
爹	爸、爸爸
妈	妈妈
将媳妇(娶亲)	结婚

从 1979 年的复查情况看烟台方言的发展　321

出门儿(出嫁)	结婚
嫁人家(寡妇改嫁)	结婚
休老婆	离婚
喜雀	猫头鹰
咕咕喵	猫头鹰
寻无常	自杀
大礼糕	冰糖葫芦
犍子	公牛
树栽子	树苗
打嚏喷	打喷嚏

表现在词义的发展变化方面,例如"袜子"这个词,原来专指长的袜子,短的叫"袜套",跟"袜子"分别使用。现在人们的习惯已由过去的一般穿长袜而变为穿短袜了,"袜子"这个词已概括了"短袜"的意思,"袜套"一词趋于消失。又如"打"的一个意思是"买",原来只限于购买流质的东西,像"打油"、"打酒",现在范围扩大,买粮食也可叫"打",像"打粮"、"打面"、"打米"等。再如:"蜂窝",现在通常指蜂窝煤,而蜜蜂的窝则叫"蜂子窝"。

词汇的发展也可说是一种新陈代谢,从时间来说是有长有短的,但都有一个渐变的过程,绝非一朝一夕可以完成的。从以上烟台方言词语发展的零碎介绍,我们可以看到,社会生活的变化、科学文化知识的传播,甚至自然条件等等,都是促进词语发展的重要因素。

附:1979、1981 年发音人

马泉照　男　三十岁　学生(不分尖团)

烟台市内人。

322　汉语方言研究的方法与实践

苏洪泰　男　二十六岁　学生（不分尖团）
　　烟台市内人。
曲凤家　男　十九岁　学生（分尖团）
　　世回尧人。
王立权　男　二十八岁　学生（不分尖团）
　　烟台市内人。

　　　　　　　（本文是《烟台方言报告》的后记，齐鲁书社，1982 年）

后　　记

　　这本文集选收我 1958 年以来汉语方言研究的论文 24 篇,大体按研究方法和调查实践分为两类。长期实地调查所累积的方言材料和由这些材料所引起的一些思考,形成我对方言研究方法论的点滴认识。

　　从 20 世纪 50 年代初走进方言研究的领域,转瞬到了 21 世纪,时间的跨度竟已是四十余年! 本文集所收不同时期的文章,体现了我在学术道路上逐渐成长的历程。由于调查范围的不断扩大、对方言面貌了解的日渐深入、原文写作时所依据的材料来源不同、以及文章发表时按照刊物的特殊要求,文集中不同时期的文章,或某篇文章跟我其他论著在内容上、处理上,存在着不完全一致的地方,这次整理文稿时作了一些必要的修改和调整,有的则保持原样不变,举例说明如下:

　　一,已发现的错误一律改正。如《胶东方音概况》表十一,普通话 tʂ 组声母而胶东分为两组的一类字与中古音对照,其中蟹摄合口三等祭韵“税”等字应属章组(原表误为庄组)、止摄开口支脂之韵的章组字应为 tʂ 组(原表误为 ts 组)。以上及其他包括错别字在内的大大小小错误不少,有的是文章一经发表就已发现了的,一直感到有愧于读者,很庆幸终于有了这么好的一次修正的机会。

　　二,《济南话的变调和轻声》发表于 1963 年,原先的做法是按照各种组合关系找例词进行调查,即 4 个声调的两字组共有“阴 +

324　汉语方言研究的方法与实践

阴"、"阴＋阳"等 16 种组合关系,轻声则是"阴＋轻"、"阳＋轻"等 4 种。这样的结果自然会受到原始设定类型的限制。90 年代,我承担了"普通话基础方言基本词汇"和"现代汉语方言大词典"济南点的任务,发现另有小部分(时间词、叠音词等)比较特殊,轻声前的音节 4 个单字调都存在不变的情况,如阴平"稀罕"为 xi^{213-21} ha^1,而"歇歇"则读 xie^{213} xie^4。这使我们对方言语流音变的复杂性有了进一步的认识。但为保持二十多年前原文的面貌,此次对该文的处理除纠正一些例词和印刷错误以外,文章内容基本不动。

　　三,方言分区的结果决定于分区标准的设定。《方言》杂志发表的有关方言分区的文章,力求能够跟《中国语言地图集》的标准一致。《地图集》官话方言分区的标准是中古入声字的归类,《山东方言的分区》西区的分片,采用了中古次浊入声今归去声还是阴平作为西齐片和西鲁片的划分标准。山东方言声母特点显著,内部分歧也比较大,所以在山东分区研究中,我们一般以声母分类作为分区的标准。西区西齐和西鲁的分片也是这样,即以北京开口呼零声母字(古影疑母一二等)读 ŋ 还是读 ɣ 为条件来划分西齐和西鲁。以上两个标准虽然在两片的地域分布上大体一致,但也存在交界地区某些具体点的归属不同。具体来说有西部肥城、平阴、茌平、东阿、聊城、阳谷、莘县、冠县八点。这些点古次浊入声归去声,按声调标准归西齐片,而北京开口呼零声母字读 ɣ 声母,按声母标准则归西鲁片。又,经过后来的调查,我们还发现,在西区两片交界地区的阳谷、东平、宁阳、泗水等自西到东一线,古次浊入声实际上存在部分字读去声、部分字读阴平的情况。

　　四,1984 年－1985 年,主要以山东方言普查材料为基础,我绘制了山东方言地图 24 幅。《方言》在《山东方言的分区》一文中选发了其中的 14 幅。当初在绘制古知庄章三组声母（例字"增争蒸"）和尖团分混（例字"精经"）的地图时设计了繁简两种样式：简式单纯表示音类的分混，繁式则还可以看到各种类型的具体读音。也许为了地图的清晰，《方言》发表时选择了其中的简式。但是繁式可以包含简式，为了给读者提供更多的语言信息，这样，本书《山东方言的分区》地图改用为繁式。

　　五，关于东区三个声调的方言点，早期的文章按普查材料是属于同一种类型，即阳平与去声合并，调类名称为平声、上声、去声，经过文革后的多次实地调查，发现胶东地区三个声调的类型应该分为两类：一类是上述阳平、去声合一的烟台型，分布于东北部地区的威海、福山、栖霞等地；一类是莱州型，全浊上声、全部去声、次浊入声基本上是无条件分归阴平和阳平，调类名称为阴平、阳平、上声，分布于莱州及其东部的平度、即墨一线。这种不同时期前后不一的地方，皆以后出的文章为准。

　　六，半个世纪以来，山东政区有了一些变动，有的县市名称也有所变化，本书各时期文章正文的地名如旧，但地图一般采用了新地名。新旧地名对照如下：龙口—黄县、莱州—掖县、寒亭—潍县、胶州—胶县、青州—益都、滨州—滨县、滕州—滕县。此外，范县今归河南、新汶现已撤县，这两点也在地图上删除。

　　岁月如流，回顾汉语方言调查研究的历程，我是幸运的。我遇到了一流的好老师、好同道、好学生。难以忘怀老师的指引和严格要求、各地同行学友的无私关怀和热情帮助。我的学生是我志同道合的朋友，无论在课堂讨论的热烈争辩中，还是在一篇篇论文习作、课程作业的批阅中，常常会发现他们在专业方面一些不乏创意的体悟。这些亮点，不仅是我因材施教想方设法使之发扬、进一步

326   汉语方言研究的方法与实践

完备的基础，同样也启发我在学术上对于某些问题的思索。学生们往往也是我论文初稿的首批读者，他们从各个不同角度提出的意见使我能够重新审视论文的某些观点，哪怕是指出一个错别字，我都感激在心。"教学相长"，使我受惠无穷！这次论文的结集出版，最初的动议也是出于我的学生。他们在文集的命名、文稿的录入、地图的绘制等诸多方面都很尽心尽力。

学也无涯，我的所见所识却很有限。这本文集肯定还有一些不够周全乃至错误的地方，相信我的同行会一如既往地给我以指正。如果它能为汉语方言研究的学科建设添砖加瓦，使同行学友得到一点启发，我将十分高兴。

谢谢商务印书馆，谢谢冯爱珍、周洪波同志和所有为本书的出版付出辛勤劳动的朋友！

钱 曾 怡

2002 年 2 月 8 日写于山东大学

订 补

序号	页码	行数	条目	原句	改为
1	7	倒数第8行	左数第3、4个字	擦音	塞擦音
2	14	正数13行	左数第4个字	漳	潭
3	14	倒数第8、7行	8行右数第1个字、7行左数第1个字	漳	沧州
4	21	正数第6行	左数第13个字	桓台	桓台